멜트다운

편리한 위험의 시대

KB073512

멜트다운

편리한 위험의 시대

MELTDOWN: Why Our Systems Fail and What We Can Do About It

크리스 클리어필드 · 안드라스 틸시크 지음

장상미 옮김

arte

우리에게는 더 많은
내부고발자, 이방인, 귀 기울여 듣는 리더가
필요하다.

리네아, 토르발드, 소렌에게
– 크리스 클리어필드

부모님과 마빈에게
– 안드라스 틸시크

차례

멜트다운 meltdown / ˈmelt-daʊn / 명사

1. 원자로에서 연료가 과열되고 노심이 녹는 사고. 지진, 쓰나미, 부주의한 검사, 일상적 실수, 또는 단지 막힌 밸브 때문에도 발생할 수 있다.

2. 시스템 붕괴 또는 고장.

평범한 어느 날

"'empty'라는 단어에 붙은 인용부호가 눈길을 끌었습니다."

1.

6월 하순의 더운 월요일, 교통체증이 시작되기 직전이었다. 병원 자원봉사자 설명회에 참석했다가 집으로 돌아가던 앤Ann Wherley과 데이비드 월리David Wherley는 워싱턴 D.C.로 가는 메트로 112호 열차 맨 앞칸에 올랐다.[1] 마침 열차 앞쪽에 앉아 있던 젊은 여성이 좌석을 양보해줘서 월리 부부[2]는 고등학교 때부터 그랬듯 나란히 붙어 앉았다. 부부는 결혼 40주년 기념일과 유럽 여행을 한껏 기대하고 있었다.

62세로 최근 은퇴한 데이비드는 훈장을 받은 전투기 조종사이자 공군 장교였다.[3] 사실 그는 9·11테러 당시 워싱턴으로 전투기를 급파하면서 도시를 위협하는 여객기가 있다면 재량권을 발휘해 격추하라고 명령한 장군이었다. 그럼에도 그는 사령관이 되어서도 기사를 두고 차량을 운행하라는 걸 거절했다. 대신 메트로를 즐겨 탔다.

오후 4시 58분, 기관사가 비상 제동을 걸자 규칙적으로 덜컹대던 바퀴 소리가 끽하는 소리와 함께 멈췄다. 그리고 곧 유리 깨지는 소리와 금속이 구겨지는 소리, 비명이 뒤섞인 불협화음이 몰아쳤다. 무슨 이유에서인지 112호 열차가 선로 위에 멈춰 서 있던 다른 열차와 충돌했다. 충격에 부서진 좌석, 천장 패널, 철제 기둥이 한데 뭉친 13피트 두께의 잔해 더미가 112호 열차를 덮쳤고, 데이비드와 앤을 포함해 일곱 명이 목숨을 잃었다.

이런 충돌이 일어나는 것은 불가능한 일이었다. 선로 길이가 100마일이 넘는 워싱턴 메트로는 열차를 탐지하고 제어하기 위해 전체가 하나로 연결된 시스템으로 운영된다. 이에 따라 열차들이 서로 지나치게 근접하면 자동으로 속도를 줄이게 되어 있다. 그러나 그날 112호 열차가 커브를 돌 때, 실제로는 존재하고 있었지만 어쩐 일인지 선로 센서에는 잡히지 않은 또 다른 열차 한 대가 그 앞에 멈춰 서 있었다. 하지만 센서에는 선로가 비어 있는 것으로 나타나 있었고, 112호 열차는 자동으로 가속했다. 기관사가 멈춰 선 열차를 발견하고 비상 제동을 걸었을 때는 이미 충돌을 피할 수 없는 상황이었다.

구조대원들이 잔해더미에서 부상자를 구조하는 동안 메트로의 기술자들은 작업에 착수했다. 또 다른 사고가 발생하지 않도록 확실히 해야 할 필요가 있었다. 그러자면 미스터리를 풀어야 했다. **축구장 길이의 두 배나 되는 긴 열차가 어째서 센서에 포착되지 않은 걸까?**

2.

112호 열차 충돌 사고 같은 경고 실패 사건은 늘상 일어난다. 아래에 열거한 신문 머리기사 목록은 단 일주일 사이에 나온 것들이다.

> 브라질에서 비극적인 광산 재난 발생
>
> 해킹 일상화되나: 신용카드 탈취 악성 소프트웨어 호텔 체인 공격
>
> 현대차, 브레이크 스위치 결함으로 리콜 시행
>
> 플린트시 물 부족 사태, 워싱턴서 '정부 실패론' 제기돼
>
> '대규모 첩보 활동 실패' 파리 테러 공격으로 이어져
>
> 밴쿠버, 30여 년 부당 수감당한 남성과 소송 합의
>
> 에볼라 대응: 과학자들 맹비난 '전 지구 시스템 위험할 정도로 취약'
>
> 일곱 살 살인사건 심문, 보호 시스템 실패의 대서사를 쓰다
>
> 인도네시아, 농지 태우기가 들불로 확산, 생태 재앙 일으켜
>
> FDA(Food and Drug Administration, 식품의약국), 워싱턴·오리건

주 멕시칸 식당 대장균 감염 조사 착수

유독 운 나쁜 일주일인 듯싶겠지만, 전혀 특별할 것 없는 한 주였다. 멜트다운Meltdown 사건이 발생하지 않고 넘어가는 주는 거의 없다. 한 주는 공장에서 사고가 나는가 하면, 다음 주는 파산 사태가 일어나고, 끔찍한 의료 과실이 그 뒤를 잇는다. 아주 작은 문제가 엄청난 혼란을 불러일으키는 경우도 있다. 예를 들어, 최근 몇 년 동안 사소한 기술적 결함 때문에 자사 비행기 전체를 띄우지 못해 승객들의 발을 며칠씩 묶어둔 항공사[4]가 여럿이다. 이런 문제를 보면 화가 나지만 더 이상 놀랍지는 않다. 21세기를 산다는 것은 전력망, 상·하수 처리장, 대중교통 시스템, 통신망, 보건, 법률에 이르기까지 우리의 삶에 중대한 영향을 미치는 수많은 복잡한 시스템에 의존해 살아가는 것이다. 하지만 시스템은 종종 무너진다.

BP*의 멕시코만 석유 유출 사고나 후쿠시마핵발전소 사고, 세계 금융위기 같은 큰 규모의 멜트다운을 포함한 이런 실패들은 아주 상이한 문제들로부터 발생한 것처럼 보인다. 그러나 그 근본적인 요인은 놀라울 정도로 닮았다. 이런 사건들에는 공통된 DNA가 있는데, 연구자들은 이제 막 그 정체를 이해하기 시작했다. 그 공통된 DNA가 뜻하는 바는 특정 산업에서 발생한 실패

---

* 구 브리티시 석유회사British Petroleum, 영국에 기반을 둔 다국적 석유회사.

가 다른 분야의 사람들에게도 교훈을 줄 수 있다는 것이다. 치과 의사가 조종사들로부터, 마케팅 팀이 특수기동대로부터 배울 수 있다. 심해 시추와 고산 등반처럼 위험부담이 큰 특수한 분야에서 발생한 실패의 근본 요인을 이해하면 그보다 더 평범한 시스템이 왜 실패할 수밖에 없었는지 교훈을 얻을 수 있다. 실패한 사업과 잘못된 채용 결정, 심지어 끔찍한 저녁 모임까지, 일상에서 벌어지는 멜트다운은 기름 유출이나 등반 사고와도 공통점이 많은 것으로 드러났다. 다행히 지난 몇십 년 동안 세계 곳곳의 연구자들이 의사결정, 팀 구성, 시스템 설계방식 전환으로 일상화가 되어버린 이런 멜트다운을 방지할 해법을 발견해왔다.

이 책은 2부로 이루어져 있다. 1부에서는 시스템이 왜 실패하는지 살펴보겠다. 스타벅스의 소셜미디어 대응 실패, 스리마일섬 핵 사고, 월스트리트 붕괴, 영국의 지역 우체국에서 발생한 기이한 스캔들 등 겉보기에는 아주 다른 사건들 속에 같은 원인이 숨어 있음이 드러날 것이다. 이를 통해 시스템이 갖춰질수록 복잡도는 늘고 융통성은 줄어들어 작은 실수가 거대한 실패를 불러올 수 있다는 진보의 역설을 탐구해볼 것이다. 또한 한때 무해하던 시스템이 이제는 사람을 죽이고, 기업을 도산시키며, 무고한 이를 가둘 수 있다는 것과 그 변화가 시스템을 갑작스러운 사고에 취약하게 만들 뿐 아니라 해킹과 사기 등 의도적인 부정행위가 자라기 좋은 토양을 제공한다는 점도 살펴볼 것이다.

책 대부분을 차지하는 2부에서는 누구나 활용할 수 있는 해법에 대해 살펴보도록 하겠다. 작은 오류에서 더 큰 위협이 발생할 수 있는 지점을 찾아내는 방법, 상사에게 적극적으로 의견을 제시해 누군가의 목숨을 살려낸 접수 담당자의 사례, 초기에는 '교양수업'이라며 조종사들에게 무시당하던 훈련 프로그램이 비행을 그 어느 때보다 안전하게 만드는 데 기여한 연구 성과 등을 볼 수 있을 것이다. 또한 다양성이 커다란 실수를 막는 데 어떤 도움을 주는지, 에베레스트 등반 원정대와 보잉 항공기 기술자로부터 배울 수 있는 단순함의 힘이란 무엇인지도 살펴볼 것이다. 영화 촬영 팀과 긴급 구조대가 예기치 못한 사태에 어떻게 대처하는지, 그들의 접근법이 기업공개(IPO)를 망친 페이스북과 캐나다 진출에 실패한 타깃Target*에 어떤 도움을 줄 수 있었는지를 배울 수 있을 것이다. 마지막에는 메트로 열차 증발 사건의 미스터리로 되돌아가 기술자들이 그 비극을 막을 수 있는 가능성이 얼마나 높았는지를 알아볼 것이다.

이 책을 함께 쓴 우리 둘은 각자 다른 분야에서 경력을 쌓아왔다. 크리스Chris Clearfield는 파생상품derivatives 거래자로서 사회생활을 시작했다. 2007~2008년 세계 금융위기 당시, 그는 사무실 책상에 앉아 리먼브러더스Lehman Brothers가 파산하고 전 세계 주식시장이 해체되는 것을 목격했다. 같은 시기 그는 조종 훈련을 받기 시작했고, 재앙을 불러오는 실수를 피하는 방법에 관해 개인적으

---

* 미국의 대형 할인점.

로 관심을 가졌다. 안드라스András Tilcsik는 조직이 복잡도를 극복하는 데 애를 먹는 이유를 조사하고 연구하는 분야 출신이다. 몇 년 전, 그는 다양한 분야에서 모인 관리자들이 잘 알려진 실패 사례를 연구하고, 자기 분야에서 일상적으로 발생하는 멜트다운 경험을 공유하는 조직 내 재앙적 실패Catastrophic Failure in Organizations라는 연구 과정을 개설했다.

우리는 사건보고서, 학계의 연구자료, 그리고 CEO(최고경영자)부터 처음 집을 장만한 사람들까지 다양한 사람들과 진행한 면담 내용 등을 참고 자료로 썼다. 그 자료로부터 온갖 종류의 실패를 설명할 아이디어를 찾았고, 누구나 활용할 만한 실용적인 통찰을 얻었다. 이런 통찰은 멜트다운 시대에 업무적으로나 개인적 삶에 대해서나 적절한 결정을 내리고, 조직을 성공적으로 운영하며, 거대한 전 지구적 도전에 맞서는 데 꼭 필요할 것이다.

3.

나사NASA 연구원이자 비행기 기장이며 전직 사고조사관으로 하버드에서 경제학 학위를 받은 벤 버먼Ben Berman은 이 책을 쓰던 초기에 인터뷰한 사람 중 한 명이다. 버먼은 항공술이야말로 작은 변화로 어떻게 커다란 멜트다운을 막을 수 있는지를 여러 측면에서 이해할 수 있는 가장 알맞은 실험실이라고 했다.

개별 비행에서 사고가 날 가능성[5]은 무시할 수 있을 만큼 낮다. 그러나 여객기들의 비행 횟수는 하루 10만 건이 넘고, 점검 목록이나 경고 시스템 같은 오류 탐지 장치가 미리 잡아낸 덕에 파국으로 치닫지 않은 비재앙적 실패 역시 상당히 많다.

그러나 사고는 여전히 발생한다. 사고가 나면 무엇이 잘못되었는지를 알려주는 자료들은 많다. 조종실의 녹음기와 블랙박스는 승무원의 행동과 비행기 자체에 발생한 결함에 관한 정보를 충돌 순간까지 모두 기록한다. 이런 기록은 버먼처럼 미래에 일어날 사고를 방지하기 위해 충돌 현장의 인간적 비극을 파헤쳐야 하는 이들에게는 매우 중요하다.

1996년 5월의 어느 아름다운 오후, 가족과 함께 뉴욕시에 머물고 있던 버먼의 호출기가 울려댔다. 버먼은 대형 사고 발생 시 연방교통안전위원회 National Transportation Safety Board가 파견하는 조사단인 '고 팀 Go Team'의 일원이었다. 그는 곧 승객 100여 명을 실은 밸류젯 ValuJet 592편이 마이애미에서 이륙한 지 10분 만에 레이저에서 사라져 플로리다의 에버글레이즈 습지에 추락했다는 무서운 소식을 들었다.[6] 조종사가 항공교통관제에 보낸 무선통신에 따르면 기내에서 화재가 발생한 것까지는 확실했는데 그 원인은 미스터리였다.

다음 날 버먼이 사고 현장에 도착했을 때도 공기 중에는 여전히 제트연료 냄새가 가득했다. 농밀한 습지 위로 잔해가 나뒹굴고 있었지만, 동체나 비행기처럼 보이는 물체의 흔적은 찾아볼 수 없었다. 조각난 파편과 유리창만이 늪 속 진흙과 뒤섞인 채 물속 깊이 잠겨 있었고, 그 표면에 운동화와 샌들 따위가 둥둥 떠다니고 있을 뿐이었다.

수색대가 검은 늪 속에서 잔해를 수습하는 동안, 팀원들을 마이애미공항으로 불러 모은 버먼은 지상에서 비행기를 제어했던 사람들과 면담을 시작했다. 조사단이 자리 잡은 밸류젯사의 공항 사무실에서 이뤄진 관제사들과의 면담은 대부분 이런 식으로 진행되었다.

버먼: 비행기로부터 뭔가 감지한 것이 있었습니까?

관제사: 별다를 게 없었어요, 정말로…….

버먼: 관제작업을 담당하는 동안 평소와 다른 점이 하나도 없었다고요? 이륙 준비 과정을 지원하는 동안은요? 아니면 다른 때라도?

관제사: 아뇨, 모든 게 평상시와 같았어요.

버먼: 신경 쓸 만한 점이 전혀 없었습니까?

관제사: 없었어요. 정말 아무것도 없었어요.

누구도 아무것도 보지 못했다.

그런데 면담 중간에 커피를 홀짝이던 버먼은 공항 사무실 직원 책상에 쌓인 서류 더미에서 뭔가 흥미로운 것을 발견했다. 서류 더미 맨 밑바닥에 서명이 되어 있는 서류 한 장이 삐져나와 있었는데, 바로 그 비행기 기장인 캔덜린 쿠벡Candalyn Kubeck의 서

명이었다. 버먼은 서류 더미를 끌어당겨 서류 하나하나를 살펴봤다. 밸류젯 592편의 비행에 필요한 기본 서류일 뿐 특별한 것은 없었다.

하지만 곧 서류 한 장이 그의 눈길을 끌었다.

세이버텍

선적표

번호: 01041

선적 기종: 밸류젯 항공사, 중앙 홀 C, 28번 게이트,
하츠필드 공항, 애틀랜타, GA, 30320

날짜: 5/10/96

경유: 밸류젯(COMAT)

번호	수량	U/M	구성	일련번호	COND.	설명
1	5	개별	'5상자'			산소통
						'비었음'

· · ·
· · ·
· · ·

서류는 항공기 정비회사인 세이버텍SabreTech에서 보낸 선적표[7]로 밸류젯 'COMAT'(company-owned materials, 회사 소유 물품)을 비

행기에 실었다는 사실이 적혀 있었다. 버먼은 흥미를 느꼈다. 비행기에서 불이 났는데, 거기에 산소통이 실려 있었다는 문서가 나타났던 것이다. 그뿐만이 아니었다. "'비었음empty'이라는 단어에 붙은 인용부호가 눈길을 끌었습니다"라고 버먼은 우리에게 말했다.

조사관들은 공항에 있는 세이버텍 사무실로 달려가 선적표에 서명한 직원을 찾아냈다. 선적표에 산소통이라고 적힌 물건은 사실 화학적 산소 발생기chemical oxygen generators, 즉 기내 압력이 떨어질 경우 머리 위에서 내려오는 마스크에 산소를 공급하는 장치였다.

"그래서 뭐가 비어 있었던 거죠?" 버먼이 물었다.

"폐기하는 것이었어요. 쓸 수 없는, 기한이 지난 것들이요."

커다란 위험신호였다. 화학적 산소 발생기는 가동 시 어마어마한 열기를 내뿜는다. 따라서 상황이 안 좋을 경우에는 생명을 살리는 장치가 반대로 불지옥을 불러올 수도 있다. 만약 상자 속에 완전히 빈 통(산소 발생기)이 아니라 사용 기한이 만료된 산소 발생기가 담겨 있었다면, 비행기에 강력한 시한폭탄을 실은 셈이었다. 어떻게 이런 일이 일어날 수 있었을까? 어째서 여객기에 이토록 치명적인 화물을 실었던 걸까?

조사단은 실수와 우연, 그리고 사소한 혼란이 뒤섞인 난국을 밝혀냈다. 밸류젯은 비행기 세 대를 사들여 마이애미공항 격납고에 둔 뒤 세이버텍에 재정비 작업을 의뢰했다. 이 비행기들의 산소 발생기 중 다수는 기한 만료로 교체를 해야 하는 상태였고, 밸류젯은 **소모되지**expended 않은, 즉 여전히 산소를 발생시킬 수 있는 기기가 있다면 안전 덮개를 씌워야 할 것이라고 세이버텍에 전했다.

그러나 **기한이 만료된**expired 산소통과 **소모되지 않은** 산소통을 정의하는 데서 혼란이 발생했다. 산소통 중 다수는 기한이 만료되었지만 소모되지 않은 상태였다. 일부는 기한이 만료되고 소모된 것들이었다. 그 밖에 소모되었지만 기한이 만료되지 않은 것들도 있었다. 그리고 소모되지 않고 기한도 남아 있는 교체용 산소통도 있었다. 기자이자 조종사인 윌리엄 랑게비셰William Langewiesche는 《애틀랜틱Atlantic》지에 이렇게 썼다. "너무 복잡해 보인다면, 이해하는 데 시간을 허비하지 말라. 세이버텍 정비사들은 그러지 않았을뿐더러, 그래야 할 이유도 없었다."[8]

그렇다. 정비사 중 누군가는 이전의 밸류젯 작업 카드를 뒤져보고, 방대한 MD-80 정비 매뉴얼의 35-22-01장의 'h' 열을 찾아 '산소 발생기 적재 또는 폐기' 방법을 숙지했을 수도 있다. 자기 재량을 충분히 발휘해 매뉴얼의 다른 부분에서 "사용할 수 있는 것serviceable과 사용할 수 없는unserviceable(소모되지 않은unexpended) 모든 산소 발생기(통)는 각 기기가 고온 또는 발생 가능한 위험에 노출되지 않을 것이 확실한 구역에 적재해야 한다"는 사실을 알아낼 수도 있었을 것이다. 괄호 친 부분이 뜻하는 바를 곰곰이 따져봄으로써 그는 '소모되지 않은' 산소통은 '사용할 수 없는' 통이며, 밀폐용 덮개가 없었다면 그런 통은 2.D장에 서술된 절차에 따라 안전구역으로 가져가 '초기화initiate' 해야 한다고 추론할 수도 있었을 것이다.

이처럼 더 많은 세부사항, 더 많은 정의, 더 많은 개념, 더 많은 경고, 더 많은 기술적 설명이 요구되는 상황이었다.

그러나 기기들은 안전 덮개가 설치되지 않은 채 그냥 종이 상자에 담겼다. 그리고 몇 주 후 이 상자들은 세이버텍의 선적 및 하역 부서로 넘어갔다. 선적 담당자 한 명이 공간을 비우라는 지시를 받을 때까지 상자들은 거기 그대로 놓여 있었다. 그 직원이 보기에 상자들은 애틀랜타에 있는 밸류젯 본부로 보내는 게 맞을 듯했다.

통에는 초록색 딱지가 붙어 있었다. 원래 초록색 딱지는 '수리 가능repairable'을 뜻하지만, 정비사가 무슨 뜻으로 그것을 붙여 놓았는지는 확실치 않았다. 아무튼 직원은 그 딱지가 '사용 불가unserviceable' 또는 '폐기out of service'를 뜻한다고 생각했다. 그는 통이 비어 있다고 판단했다. 또 다른 직원이 선적표를 기재하면서 '비었음'과 '5상자'라는 단어에 인용부호를 덧붙였다. 단어를 인용부호 사이에 넣는 것은 단지 그의 습관일 뿐이었다.

상자들은 정비공에서 직원에게로, 화물 램프에서 적재실로 차례차례 시스템에 맞춰 이동했다. 승무원들은 문제를 인지하지 못했고, 기장 쿠벡은 비행 서류에 서명했다. 랑게비셰는 이렇게 썼다. "그 결과 승객들의 마지막 방어선이 뚫렸다. 그들은 운이 나빴고, 시스템에 살해당했다."

워싱턴 메트로 112호 열차와 밸류젯 592편 조사보고서는 그러한 사고가 시스템의 복잡도 증가라는 동일한 뿌리로부터 발생했음을 보여주었다. 112호 열차 충돌 당시 미국 공영 라디오 프로듀서 재스민 가르드Jasmine Garsd[9]는 우연히 사고 열차 뒤쪽 칸에 타고 있었다. 그녀는 "열차 충돌은 끽하고 멈추는 장면을 아주 빠르게 보여주는 영화 같았다"고 회상했다. "이런 순간에는 두 가지 사실을 깨닫게 된다. 우리가 만든 거대한 기계의 세계 속에서 우리 자신이 얼마나 취약한 존재인지, 그리고 그 취약성을 우리가 얼마나 모른 채 살아가는지."

그러나 희망은 있다. 지난 몇십 년 동안 복잡도, 조직행동, 인지심리학 분야의 이해가 높아지면서 작은 실수가 어떻게 거대한 실패를 불러오는지 들여다볼 수 있는 창이 열렸다. 그런 사고가 어떻게 발생하는지뿐 아니라, 얼마나 적은 노력으로 그 사고를 막을 수 있는지까지 이해할 수 있게 된 것이다. 세계 각국에서 소수의 기업이나 연구자, 또는 팀들이 멜트다운을 막을 해법을 찾는 혁명을 이끌고 있는데, 여기에는 선진 기술이나 수백만 달러의 예산이 필요치 않다.

2016년 봄, 항공 분야의 위험 관리가 주는 교훈에 관심이 있는 청중으로 가득 찬 강연장에서 우리는 벤 버먼의 강연을 진행했다. 인사 전문가, 공무원, 기업가, 의사, 비영리조직 관리자, 변호사, 심지어 패션 산업 종사자까지 놀라울 정도로 다양한 청중이 모여들었다. 그러나 버먼의 강의는 분야를 넘나들었다. 그는 사람들에게 이렇게 말했다. "시스템이 실패하면 엄청난 비용이 드는데, 흔히들 과소평가합니다. 그리고 그런 일은 여러분의 직업이나 삶 속에서도 일어날 가능성이 아주 높습니다." 잠깐 말을 멈춘 뒤 그는 청중을 둘러보았다. "제 생각이지만, 좋은 소식이 있다면, 여러분이 실제로 변화를 일으킬 수 있다는 점입니다."

프롤로그

1부

실패로 가득한 세상

Failure all around us

1장 | 위험구역

"와, 재밌겠다."

1. 뭔가가 잘못됐다

벤타나Ventana 핵발전소는 로스앤젤레스에서 동쪽으로 겨우 40마일 떨어진 장대한 샌 가브리엘산맥 기슭의 한 언덕에 자리 잡고 있다. 1970년대 말 어느 날, 약한 지진이 발생하자 발전소가 흔들렸다. 경보가 울리고 경고등이 깜빡였고, 제어실은 공포에 휩싸였다. 측정기로 가득 찬 제어판에서 계기 하나가 노심 냉각수가 위험수위에 다다랐음을 알렸다. 캘리포니아가스전기California Gas and Electric 직원인 제어실 요원들은 과잉수를 제거하려고 방출 밸브를 열었다. 그러나 실제로는 수위가 높지 않았다. 정확히는 노심이 노출되기까지 몇 인치밖에 남지 않았을 정도로 수위가 매우 낮은 상태였다. 감독관 한 명이 마침내 수위 표시기가 고장 났다는 것을 알아차렸다. 바늘이 고정되어 있었던 탓이었다. 멜트다운(노심용융)을 막기 위해 직원들은 밸브를 잠그려고 달려들었다. 두려웠던 그 몇 분 동안 발전소는 핵 참사를 목전에 두고 있었다.

"제가 틀릴 수도 있지만, 여러분이 살아남은 건 행운이라고 말하고 싶군요." 핵 전문가 한 명이 사고 당시 우연히 발전소에 있었던 기자들에게 말했다. "그 점은 남부 캘리포니아 주민 모두 마찬가지라고 봐야겠죠."

다행히도 이 사고는 실제 일어난 사고가 아니다. 1979년, 잭 레먼Jack Lemmon과 제인 폰다Jane Fonda, 그리고 마이클 더글러스Michael Douglas가 출연한 스릴러 영화 〈차이나 신드롬The China Syndrome〉[1] 이야기다. 영화가 나오기도 전에 맹공격해댄 일군의 핵산업 경영진들에 따르면 이 이야기는 완전한 허구다. 그들은 과학적으로 전혀 신빙성이 없다고 했다. '산업 전체를 향한 비방'이라는 사람[2]도 있었다.

영화 공동제작자이자 출연자인 마이클 더글러스는 그 말에 동의하지 않고 이렇게 말했다. "영화에 담긴 많은 일이 앞으로 2~3년 안에 실제로 재현되리라는 예감이 듭니다."[3]

하지만 그렇게까지 오래 걸리지도 않았다. 〈차이나 신드롬〉이 극장에 걸리고 12일 후, 펜실베이니아 서스쿼해나강 중앙 모래톱 위에 지은 콘크리트 성채인 스리마일섬핵발전소에 붉고 긴

머리카락을 지닌 26세의 미남 톰 카우프만Tom Kauffman[4]이 출근했다. 수요일 오전 6시 30분, 카우프만은 뭔가 문제가 생겼다는 걸 알았다. 거대한 냉각탑에서 솟아오르는 수증기 기둥이 평소보다 훨씬 적었던 것이다. 보안 수색을 받는 동안에는 비상경보까지 들렸다. "아, 아래쪽 2호기에 문제가 좀 생겼답니다"[5]라고 경비원이 알려주었다.

발전소 안 제어실은 운전원들로 북적이고, 거대한 제어판 위로 전구 수백 개가 깜빡였다.[6] 방사성물질 누출 경보가 시설 전체에서 울려댔다. 7시가 되기 직전, 현장 감독관이 긴급 사태를 선언했다. 발전소 내에 '통제되지 않은 방사성물질 누출' 가능성이 있다는 뜻이었다. 8시가 되자 원자로 두 개 중 한 개에서 핵연료 절반이 녹아내렸고, 10시 30분에는 방사능 가스가 제어실로 새어들었다.[7]

미국 역사상 최악의 핵 사고였다.[8] 과열된 원자로를 안정시키려 기술자들이 며칠 동안 사투를 벌였고, 책임자 중 일부는 최악의 사태를 염려했다. 과학자들은 원자로에 생성된 수소 거품이 폭발할지 여부를 두고 토론을 벌였는데, 축적된 휘발성 가스를 제거하기 위해 밸브를 직접 열려고 다가갔다가는 누구든 방사능에 목숨을 잃을 게 분명했다.

백악관 상황실에서 긴박한 회의를 마친 후, 카터Jimmy Carter 대통령의 과학 보좌관이 핵규제위원회Nuclear Regulatory Commission 위원 빅터 길린스키Victor Gilinsky에게 다가가 말기 암 환자를 파견해 밸브를 여는 것이 어떠냐고 조용히 제안했다.[9] 그를 바라본 길린스키는 농담이 아니라는 걸 알 수 있었다.

주민 14만 명이 지역을 빠져나가자 발전소 주변은 유령도시로 변했다. 위기 발생 5일째, 카터 대통령과 영부인이 공포를 잠재우려 현장을 찾았다. 신발을 신은 채 지표면의 방사성물질을 막아줄 샛노란 작업복을 덧입은 그들은 발전소를 둘러보며 국민들을 안심시켰다. 같은 날, 과학자들은 수소 거품이 직접적인 위협을 주지 않는다는 사실을 밝혀냈다.

일단 냉각수를 복구하자 노심 온도가 떨어지기 시작했는데, 가장 뜨거운 부위가 식기 시작하는 데는 꼬박 한 달이 걸렸다. 마침내 모든 경보가 해제되었다. 그러나 많은 사람이 스리마일섬을 최악의 공포가 실현될 뻔한 장소로 기억하게 되었다.

스리마일섬 멜트다운 사고는 간단한 배관 문제에서 시작되었다. 작업자 한 명이 발전소 내 비핵구역에서 일상적인 정비작업을 수행했다. 그때 아직도 완전히 이해할 수 없는 어떤 이유로 인해 평소 발전기에 물을 보내던 펌프가 고장 났다. 한 가지 가설은 정비작업 도중의 실수로 발전소의 기기를 제어하고 펌프를 조절하는 에어 시스템air system*에 습기가 스며들었다는 것이다. 아무튼 증기 발생기에 물이 공급되지 않자 노심의 열을 제거할 수 없게 되었고, 그로 인해 원자로 내부 온도가 오르고 압력이 올라갔

---

* 핵발전소에서 공기 흐름을 관장하는 설비를 통칭한다.

다. 그러자 설계대로 조그만 압력 완화 밸브가 자동으로 열렸던 것이다. 하지만 곧 또 다른 문제가 발생했다. 압력이 정상으로 돌아왔는데도 압력 완화 밸브가 닫히지 않은 것이다. 밸브는 열린 채 고정되었고, 노심을 덮어 냉각시켜야 할 물이 빠져나가기 시작했다.[10]

운전원들은 제어실 표시등을 보고 밸브가 잠겼다고 믿었다. 그러나 실제로 표시등이 보여준 것은 밸브 잠금을 **지시했다**는 것일 뿐, **잠겼다**는 것이 아니었다. 노심 수위를 직접 보여주는 기기가 없었기 때문에 운전원들은 다른 장치 중 가압기라는 기기 수위에 의존했다. 그러나 열린 채 고정된 밸브를 통해 물이 빠져나가 노심 수위가 떨어지고 있는데도 가압기에서는 수위가 **상승 중**인 것으로 나타났다. 그래서 실제로는 정반대인 상황임에도 운전원들은 물이 너무 많다고 판단했고, 비상 냉각장치가 자동으로 작동해 노심에 물을 주입하자 그걸 꺼버렸다. 그리고 노심은 녹아내리기 시작했다.

운전원들은 곧 뭔가가 잘못되었다는 걸 알았다. 하지만 그게 무엇인지는 몰랐고, 물이 빠져나가고 있었다는 걸 알아채기까지는 몇 시간이 걸렸다. 그사이 빗발치듯 울리는 경보가 불안감을 안겨주었다. 온갖 사이렌과 경적이 울리고 경고등이 번쩍이는 통에 치명적인 경보와 사소한 경고를 구분하기 어려웠다. 방사선 수치가 높아져 제어실 내의 모든 인원이 차단 마스크를 써야 하는 상황이 오자 소통은 더욱더 어려워졌다.

노심이 얼마나 뜨거워졌는지도 파악하기 힘들었다. 어떤 계기는 높고 어떤 데는 낮았다. 한동안 원자로 온도를 감시하던 컴퓨터는 아래와 같은 표시만 줄줄이 내보냈다.[11]

??
??
??
??
??
??
??
??

핵규제위원회 상황도 이에 못지않게 나빴다. "불확실하고 모순된 정보를 처리하기가 힘들었지요"[12]라고 길린스키는 회상했다. "사방에서 쓸모없는 조언을 무수히 했어요. 무슨 일이 벌어지고 있는지, 또는 뭘 해야 하는지 상황을 확실히 파악한 사람은 아무도 없는 듯했어요."

곤혹스럽고 유례없는 위기였다. 이 사건은 현대 시스템의 실패에 관해 우리가 알던 모든 것을 바꾸어놓았다.

2. 정상 사고, 조직이 만드는 참사

스리마일섬 사고가 나고 몇 달 후, 우편 트럭 한 대가 뉴욕주 힐즈데일의 버크셔스 산기슭에 숨어 있는 오두막을 향해 구불구불한 산길을 올라갔다. 무더운 8월이었고, 배송지를 찾기까지 운전사는 몇 차례 헛걸음해야 했다. 트럭이 멈춰 서자 곱슬머리에 호리호리한 50대 중반의 남성이 오두막에서 나와 서둘러 우편물에 서명했다. 상자 안에는 산업재해에 관한 책과 문서가 가득했다.

그는 찰스 페로Charles Perrow,[13] 친구들 사이에서는 칙Chick이라 불리는 남자였다. 페로는 재앙적 실패 연구에 일대 혁신을 일으킬 것이라 기대하기 어려운 인물이었다. 그는 기술자가 아니라 사회학 교수였다. 이전에 사고나 핵 발전, 안전에 관한 연구를 한 적도 없었다. 그는 재난보다는 조직 분야의 전문가였다. 가장 최근에 쓴 논문 제목은 「힘없는 자들의 반란: 1946~1972 농장 노동자 운동」이었다. 스리마일섬 사고가 발생했을 때, 그는 19세기 뉴잉글랜드의 직물 공장 조직을 연구하고 있었다.

사회학자가 핵 안전과 같은 생사가 걸린 문제에 큰 영향을 끼치는 일은 거의 없다. 언젠가 《뉴요커The New Yorker》의 만평[14]에 "사회학자들 파업 돌입!!! 국가적 위기 발생!!"이라고 적힌 신문을 읽는 남자가 등장해 이 분야를 풍자했듯 말이다. 그러나 페로의 오두막에 상자가 도착한 지 불과 5년 후, 그의 책 『무엇이 재앙을 만드는가? — '대형 사고'와 공존하는 현대인들에게 던지는 새로운 물음』은 학계에서 일종의 컬트 클래식이 되었다. 핵 기술자에서 소프트웨어 전문가, 그리고 의학 연구자에 이르기까지 다양한 영역의 전문가들이 이 책을 읽고 논쟁을 벌였다. 페로는 예일대 교수직을 얻었고, 재난에 관한 두 번째 책을 냈을 때는,《아메리칸 프로스펙트American Prospect》지로부터 그의 연구가 '상징적 지위를 확보'[15]했다는 평을 들었다. 그를 "모두가 인정하는 '재난의 대가'"[16]라고 칭한 추천사도 있었다.

페로는 스리마일섬 사고 특별위원회로부터 사건 연구를 부탁받고서야 멜트다운에 처음 관심을 가졌다. 조사 초기, 위원회는 기술자와 변호사에게만 의견을 들을 계획이었지만, 위원 중 유일한 사회학자 한 명이 페로에게도 조언을 듣자고 제안했다. 그 위원은 조직이 현실 세계에서 실제로 어떻게 작동하는지를 숙고해온 사회학자로부터 무언가 배울 게 있으리라 직감했다.

위원회로부터 청문 기록을 넘겨받은 페로는 반나절 만에 자료를 전부 읽었다. 그날 밤 몇 시간 동안 뒤척이다 겨우 잠이 든 그는 제2차 세계대전 중 겪은 군 생활 이후 최악의 악몽을 꾸었다. 몇 년 뒤 그는 이렇게 회상했다. "운전원들의 증언은 내게 깊은 인상을 안겨주었다. 거대하고, 엄청나게 위험한 기계 앞에서 몇 시간이 지나도록 무슨 일이 벌어졌는지 전혀 몰랐다는 것이다……. 나는 갑자기 그 위태로운 상황 한가운데에 내가 서 있다는 걸 깨달았다. 무엇보다 이것은 조직의 문제였다."[17]

3주 동안 보고서를 10쪽밖에 못 썼던 그는 오두막으로 자료 상자를 보내준 대학원생들 덕분에 마감일까지 40쪽짜리 문서를 끝낼 수 있었다. 그런 다음 나중에 그가 '나하고든 자기들끼리든 입씨름을 해댄, 유독하고 해로운 대학원 보조연구원들'[18]이라고 칭한 사람들과 합류했다. 그 집단에 대해 페로는 이렇게 회상했다. "교수들끼리 농담으로 학내에서 최고로 암울한 집단이라 불렀다. 월요일 정기 모임 시간이면 누군가 '우리 연구에는 최고로 좋은 주말이었어요'라고 말하고는 직전에 발생한 재난에 관해 줄줄 읊어대곤 했다."

이 집단은 페로의 성격을 보여준다. 어떤 학자는 그를 괴팍한 노인네라고 부르면서도 그의 연구를 '등불'이라 칭했다.[19] 그가 요구사항이 많은 선생이었음에도 학생들은 배울 것이 무척 많은 그의 수업을 아주 좋아했다. 학자들 사이에서 그는 대단히 격렬하지만 귀담아들을 만한 비판[20]을 내놓는 사람이라는 평을 받았다. 한 저자는 이렇게 썼다. "칙이 내 연구에 가하는 비판적인 평가는 성공을 가늠하는 척도가 되어주었다. 그는 언제나 논리정연하게, 때로는 뼈아플 정도의 의견을 수 쪽에 걸쳐 써놓고는 '사랑을 담아, 칙'이라거나 '언제나처럼 섬세한 마음으로' 같은 말로 마무리하곤 했다."[21]

3. '소급 오류'라는 무시무시한 결론

연구를 하면 할수록 페로는 스리마일섬 사고에 점점 더 빠져들었다. 그렇게 심각한 사고를 일으킨 원인이 이렇게나 사소한 것이었다니. 대지진이나 엄청난 기술적 실수가 아니라 배관 문제, 고장 난 밸브, 모호한 경고등 같은 작은 고장이 맞물려 생긴 일이었다.

게다가 사고는 믿을 수 없을 만큼 빨리 일어났다. 처음에는 배관에 작은 문제가 생기고, 그 때문에 증기 발생기의 급수펌프가 고장 나고, 원자로 내부 압력이 상승하고, 압력 완화를 위해 개방한 밸브가 닫히지 않고, 밸브 상태를 제대로 파악하지 못한 이 모든 일이 불과 **13초** 사이에 발생했다. 10분도 지나지 않아 노심은 이미 손상을 입었다.

페로가 보기에 운전원들을 비난하는 것은 확실히 비열한 짓이었다. 공식 조사에서는 발전소 직원들을 주범으로 지목했지만, 페로는 그들이 저지른 실수는 지나고 나서야 실수라고 할 만한 것들임을 깨달았다. 이런 판단을 '소급 오류retrospective errors'라 불렀다.[22]

예를 들어, 수위가 너무 낮은 게 아니라 너무 높다고 판단한 결정적 실수를 들여다보자. 운전원들이 확인할 수 있는 수치로는 냉각수 수위가 낮지 않았다. 그들이 가진 지식을 총동원해봤을 때 노심이 드러날 위험이 없었으므로, 그들은 수위가 너무 높아서 벌어질 또 다른 심각한 위험에 집중했다. 문제의 정체를 드러내줄 표지들이 있긴 했지만, 운전원들은 그런 표지가 기기 오작동 때문에 나타난 것으로 생각했다. 기기가 **실제로** 오작동하고 있었으니 합리적인 판단이었다. 조사관들이 발전소에서 벌어진 작은 고장의 기이한 상승작용을 알아내기 전까지 운전원들의 결정은 합당해 보였다.

무시무시한 결론이었다. 역사상 최악의 핵 사고가 났는데 명백한 인적 과실이나 외부의 커다란 충격을 탓할 수가 없었다. 어쩐지 이상한 방식으로 결합한 잔고장이 빚어낸 일일 뿐이었다.

페로가 보기에 이 사고는 기이한 사건이 아니라 핵발전소라는 **시스템**이 지닌 근본적인 속성이 만든 일이었다. 문제는 개별 부분 그 자체가 아니라 서로 다른 부분 사이의 **연관성**을 통해 발생했다.[23] 에어 시스템에 스며든 습기 자체에는 별문제가 없었다. 그러나 펌프, 증기 발생기, 한 무더기의 밸브, 그리고 원자로와 결합하면서 엄청나게 큰 사건으로 발전했다.

수년에 걸쳐 페로와 제자들은 비행기 충돌에서부터 화학 공장 누출 사고까지 수백 가지 사고의 세부사항을 꾸역꾸역 파헤쳐나갔다. 그러자 계속해서 같은 패턴이 드러났다. 시스템의 서로 다른 부분이 뜻하지 않게 상호작용하고, 작은 실패들이 예상치 못한 방식으로 결합하는 동안 사람들은 무슨 일이 벌어지고 있는지 이해하지 못했다.

페로는 시스템이 이런 실패에 취약하게 되는 요인을 두 가지로 정리했다. 이 요인들을 이해하면 어떤 시스템이 사고에 가장 취약한지 찾아낼 수 있다.

첫 번째 요인은 시스템의 서로 다른 부분이 상호작용하는 방식과 관련이 있다. 시스템이 선형linear일 경우, 자동차 공장의 조립 라인에서처럼 쉽게 예상할 수 있는 순서대로 일이 진행된다. 각 자동차가 첫 번째 구역에서 두 번째, 세 번째 등으로 이동하는 동안 매 구역에서 다른 부품을 조립한다. 만약 고장이 나면 그게 어느 구역인지 즉시 드러날 것이며 그 결과도 분명할 것이다. 자동차가 다음 구역으로 이동하지 못하고 이전 구역에 줄줄이 밀려 있는 거다. 이런 시스템에서 각 부분은 거의 다 눈으로 볼 수 있고 예상할 수 있는 방식으로 상호작용한다.

핵발전소같이 복잡한 시스템에서는 각 부분이 눈에 보이지 않고 예상할 수 없는 방식으로 상호작용할 가능성이 높다. 복잡한 시스템은 조립 라인보다는 정교한 거미줄에 더 가깝다. 수많은 부분이 복잡하게 연결되어 서로 영향을 주기 쉽다. 때로는 관련이 없어 보이는 부분도 간접적으로 연결될 수 있고, 하위 시스템이 시스템의 많은 부분과 연결된 경우도 있다. 그래서 뭔가 고장나면 여기저기서 문제가 튀어나오는데 무슨 일이 벌어지고 있는지 파악하기 어렵다.

더군다나 복잡한 시스템 속에서 벌어지는 일의 상당수는 맨눈으로는 볼 수가 없다. 절벽 가장자리를 따라 난 등산로를 걷는다고 상상해보자. 벼랑 끝에서 딱 한 걸음 떨어진 정도지만 감각기

관들 덕에 안전하게 걸을 수 있다. 발을 헛디디거나 벼랑에 너무 가까이 다가가지 않도록 머리와 눈이 계속 지켜봐준다.

이제는 같은 길을 쌍안경으로 보면서 탐험해야 한다고 상상해보자. 이제는 모든 감각기관을 동원할 수 없다. 대신에 좁은 렌즈를 통해 간접적으로 바라보며 사방에 주의를 기울여야 한다. 먼저 왼발이 내디딘 바닥을 내려다본다. 그런 다음 벼랑에서 얼마나 떨어져 있는지 파악하기 위해 쌍안경을 움직여본다. 그러고는 오른발을 내디딜 준비를 하고 다시 바닥에 초점을 맞춰야 한다. 이제 이 띄엄띄엄 분절된 간접적인 시야에만 의지해 **달려** 내려간다고 상상해보자. 이게 바로 복잡한 시스템을 관리하는 사람들이 하는 일이다.

페로는 곧바로 복잡한 시스템과 선형 시스템의 차이가 정교함에 있지는 않다고 덧붙였다. 예를 들어 자동차 조립 공장은 결코 정교하지 않다고는 할 수 없는데, 그래도 각 부분은 대체로 직선적이며 투명하게 상호작용한다. 한편 댐은 어떨까. 경이로운 공학의 산물이기는 해도 페로의 정의에 따르면 복잡하지 않다.

복잡한 시스템에서는 야수의 뱃속에서 무슨 일이 벌어지는지 살펴보러 들어갈 수가 없다. 상황을 대부분 간접적인 계기에 의존해 가늠해야 한다. 예를 들어 핵발전소에서는 노심에 무슨 일이 벌어지고 있는지 보라고 누군가를 들여보낼 수 없다. 압력 계기, 유수 측정기 등 조그만 조각들을 맞대어 전체 그림을 그려내야 한다. 뭔가를 보기는 해도 전부를 볼 수는 없다. 그러니 우리가 내리는 진단은 알고 보면 틀린 것이기 쉽다.

그리고 복잡한 상호작용이 벌어질 때는 작은 변화가 커다란 영향을 끼칠 수 있다. 스리마일섬에서는 방사능 없는 물 한 잔이 방사능 냉각수 1000리터를 흘려보내게 했다. 브라질에서 날아오른 나비 한 마리의 날갯짓이 텍사스에 토네이도를 일으킬 수 있다는, 카오스이론에서 말하는 나비효과[24]다. 카오스이론 선구자들은 우리가 그 날갯짓의 효과를 예측할 수 있을 만큼 모형과 도구를 발달시키지 못하리라는 걸 알았다. 페로도 비슷한 주장을 했다. 우리는 결코, 아주 사소한 실패일지라도 그것이 불러올 수 있는 모든 결과를 예측할 만큼 복잡한 시스템을 충분히 이해할 수 없다고 말이다.

4. 긴밀한 결합과 복잡도

페로 이론에서 실패를 부르는 두 번째 요인은 시스템 안에 얼마나 많은 여유가 있는지와 관련이 있다. 그는 공학 기술에서 **긴밀한 결합**tight coupling이라는 개념을 빌려왔다. 시스템이 긴밀하게 결합하면 각 부분 사이에는 여유나 완충장치를 두기 어렵다. 한 부분이 고장 나면 다른 부분이 쉽게 영향을 받는다. 반대로 **느슨한 결합**loose coupling은 각 부분 사이에 여유가 많아서 시스템의 한 부분이 고장 나도 대개 나머지 부분은 살릴 수 있다.

긴밀히 결합한 시스템에서는 **대부분** 정상인 것만으로는 충분하지 않다. 투입하는 총량이 반드시 정확해야 하며, 그것들은 특정한 순서와 시간대에 따라 결합해야 한다. 첫 번째 시도에서 제대로 되지 않은 작업을 재실행하는 일 역시 드물다. 대체품이나 대안적 방법은 거의 없으며, 갈 길은 오직 하나다. 모든 일이 빠르게 돌아가는 와중에 문제에 대처하느라고 시스템을 잠시 꺼둘 수조차 없다.

핵발전소를 보자. 연쇄반응을 제어하려면 특정한 일련의 조건을 갖춰야 하는데 (열린 채 멈춘 밸브처럼) 적절한 진행 과정에서 발생한 차질은 사소한 것이라도 커다란 문제를 유발할 수 있다. 그리고 문제가 발생했다고 시스템을 잠시 멈추거나 꺼버릴 수 없다. 연쇄반응은 제 속도에 따라 일어나고, 만약 그 과정을 막는다고 해도 여전히 엄청난 열기는 남는다. 시기 또한 중요하다. 원자로가 과열되고 있다면 즉시 냉각수를 추가 급수해야지 몇 시간 지나서는 아무 소용이 없다. 게다가 멜트다운이나 방사능 누출 같은 문제는 확산 속도가 매우 빠르다.

항공기 생산 공장은 느슨한 결합에 더 가깝다. 예를 들어 꼬리와 동체는 따로 생산하므로 한쪽에 문제가 발생한다 해도 양쪽을 연결하기 전에 고칠 수 있다. 어느 쪽을 먼저 생산하느냐는 중요치 않다. 문제에 맞닥뜨리면 일단 작업을 연기하고 부분적으로 조립을 끝낸 꼬리와 같이 미완성 상태인 생산품은 그대로 보관해두었다가 나중에 꺼내 와도 된다. 그리고 기계를 전부 끄면 시스템은 멈춘다.

페로의 분류에 완벽히 맞아떨어지는 시스템은 없겠지만, 어떤 시스템은 다른 시스템들에 비해 더 복잡하고 긴밀히 결합한 상태일 수 있다. 정도의 차이를 나타내는 것이므로 이런 기준에 따라 각 시스템을 배열해볼 수 있다. 페로가 초기에 그린 그림[25]은 아래와 같았다.

도표 상단에 있는 댐과 핵발전소는 둘 다 긴밀하게 결합한 시스템이지만, 댐은 (적어도 전통적으로는) 훨씬 덜 복잡하다. 부품도 적게 쓰고 예측할 수 없거나 보이지 않는 상호작용이 발생할 기회도 적다.

도표 하단에 있는 우체국과 대학은 느슨하게 결합한 시스템으로, 엄격한 질서에 따를 필요가 없고 문제를 해결할 시간 또한 많다. 페로는 이렇게 쓰고 있다. "우체국에서는 우편물이 한동안 무

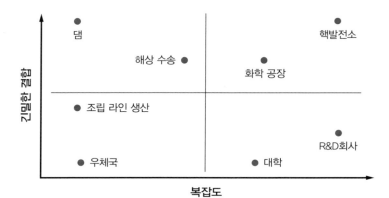

더기로 쌓여 있어도 경고음이 울리지 않는다. 학생들이 가을학기 등록 기간에 긴 줄을 참고 기다리듯이 사람들은 성탄절에 우편물이 밀려도 참는다."[26]

우체국은 시스템이 상당히 간단하다. 반대로 대학은 각종 부서, 하위 조직, 행사, 규칙에다가 연구자, 교사, 학생, 직원에 이르기까지 제각기 다른 과제를 안은 채 중구난방 예측할 수 없는 방식으로 접촉하기 일쑤인 사람들로 가득 찬 복잡한 관료 시스템이다. 이 시스템 안에서 수십 년을 보낸 경험을 바탕으로 페로는 학교 안에서 일상적으로 일어나는 사건, 즉 학생과 지역사회 구성원들에게는 인기 있지만, 연구 성과가 너무 적은 조교수에게 교수직을 주지 않기로 한 결정 같은 일이 어떻게 해서 총장에게 예기치 못한 골치 아픈 문제를 안겨주는가를 생생하게 서술했다. 그러나 대학은 느슨한 결합인 덕에 이런 사안에 대응할 시간과 융통성이 많고, 그 사건 하나로 시스템 전체가 피해를 보지도 않는다. 대체로 사회학과에서 물의가 빚어졌다고 의과대학이 영향받을 일은 없다.

페로의 도표에서 위험구역은 오른쪽 위 끝 사분면이다. 복잡도와 긴밀한 결합이 만나 멜트다운을 일으킨다. 복잡한 시스템에서는 사소한 오류를 피할 수 없는데, 일단 일이 틀어지기 시작하면 시스템은 당황스러운 증상을 보인다. 아무리 애를 써도 진단을 내리기가 쉽지 않고, 문제를 해결하려는 행동이 일을 도리어 더 악화시킬지도 모른다. 거기다 시스템이 긴밀하게 결합해 있다면 도미노 현상을 막을 수 없다. 실패는 급격하고 통제 불가능하게 퍼져나간다.

페로는 이런 멜트다운을 **정상 사고**normal accidents[27]라 불렀다. "정상 사고는 모든 사람이 안전을 유지하려고 부단히 노력하지만, (상호작용하는 복잡도로 인해) 두 개 또는 그 이상의 실패 사이에 작동하는 예기치 않은 상호작용이 (긴밀한 결합 때문에) 연속적으로 실패를 일으키는 경우다." 이런 사고는 자주 일어나서가 아니라 자연스럽고 피할 수 없다는 뜻에서 정상이다. 그가 쓴 재치 있는 문장처럼 "죽는 것은 정상이지만, 죽음은 단 한 번뿐이다."[28]

페로가 인정하듯 정상 사고는 극히 드물다. 재난은 대부분 막을 수 있으며, 그 직접적 원인은 복잡도와 긴밀한 결합이 아니라 관리 실패, 경고신호 무시, 의사소통 오류, 훈련 부족, 무모한 위험 감수와 같이 피할 수 있는 실수들 때문이다. 그러나 페로의 체계로 이런 사고를 바라보면, **복잡도와 긴밀한 결합 역시 막을 수 있는 멜트다운을 일으키는 요인이 된다**는 점을 이해할 수 있다. 시스템이 복잡하면 이것이 어떻게 작동하며 무슨 일이 벌어지고 있는지 정확하게 이해하기 어렵고, 한 가지 실수가 다른 오류와 복잡하게 결합할 가능성이 높다. 게다가 긴밀한 결합은 발생한 사고를 제어하기 더 어렵게 만든다.

정비 기사가 엉뚱한 밸브를 잠근다든지 하는 식으로 뜻하지 않은 작은 문제를 일으켰다고 상상해보자. 수많은 시스템이 매일같이 그런 사소한 실수를 처리해내지만, 스리마일섬 사건은 적정한 조건에서 일어난 작은 실수가 얼마나 큰 피해를 줄 수 있는지를 여실히 보여준다. 복잡도와 긴밀한 결합은 작은 실수를 멜트다운으로 키우는 위험구역을 만들어낸다.

그리고 멜트다운이란 거대한 공학기술 관련 재난만을 뜻하지 않는다. 복잡하고 긴밀하게 결합한 시스템, 그리고 그 시스템의 실패는 우리 모두의 주위에, 심지어 전혀 뜻밖의 장소에도 존재한다.

5. 스타벅스가 칙 페로의 세계에 떨어졌다

2012년 겨울, 스타벅스는 연말 휴가 분위기 속에서 커피 애호가들을 불러모으기 위해 소셜 미디어 홍보 프로젝트를 개시했다.[29] 고객들에게 #SpreadTheCheer라는 해시태그를 써서 트위터에 성탄절 메시지를 올려달라고 요청했다. 회사는 또 런던 국립 자연사박물관 아이스링크에 광고비를 내고 해당 해시태그가 붙은 모든 트윗을 띄워줄 거대한 스크린을 마련했다.

영리한 마케팅 아이디어였다. 소비자는 스타벅스에 무료로 콘텐츠를 보내 다가오는 연말연시를 기대하며, 좋아하는 스타벅스 음료에 관해 따뜻하고 보송보송한 메시지로 인터넷을 가득 채울 것이다. 이 메시지는 온라인상에서만 뜨는 게 아니라 아이스링크에서 스케이트를 타는 사람, 카페에서 커피를 마시는 고객, 박물관 관람객, 행인 등 수많은 사람이 보는 거대한 스크린에도 뜰 것이다. 부적절한 메시지는 필터 프로그램이 자동으로 걸러낼 테니 따듯한 스타벅스 음료와 어우러진 연말 분위기만이 넘쳐날 예정이었다.

12월 중순의 어느 토요일 저녁, 아이스링크에서는 모든 일이 순조롭게 돌아갔다. 그러다 스타벅스 측에서는 인지하지 못하는 사이에 콘텐츠 필터가 고장 났고, 아래와 같은 메시지가 거대한 스크린 위에 뜨기 시작했다.

> 난 세금 내는 매장에서 맛있는 커피를 사는 게 좋아. 그래서 @starbucks에는 안 가. #spreadthecheer
>
> 저기, #Starbucks. **제기랄 세금이나 내.** #spreadthecheer
>
> 스타벅스 같은 회사가 세금을 제대로 냈으면 박물관은 광고에 몸을 팔지 않아도 됐을걸. #spreadthecheer
>
> #spreadthecheer 썩을 세금 기피자들.

이 메시지들은 당시 스타벅스가 합법적으로 세금을 회피했다는 논란에 대한 반응이었다.

20대 초반의 지역공동체 운동가 케이트 탤벗Kate Talbot은 스크린을 휴대폰 카메라로 찍어 트위터에 올리면서 이렇게 썼다. "세상에, 스타벅스가 국립자연사박물관 스크린에 #spreadthecheer 트윗을 보여주고 있네." 탤벗이 쓴 트윗도 금방 스크린에 떴다. 곧

이어 그녀는 글을 하나 더 올렸다. "아이고, 이제 내 트윗도 보여! 홍보 담당자가 이걸 알려나…… #spreadthecheer #Starbucks #payyourtaxes."

대참사가 벌어지고 있다는 소식은 트위터를 통해 빠르게 확산됐고, 그 덕에 더욱더 많은 사람이 동참했다. 누군가 이런 트윗을 올렸다. "런던에서 스타벅스가 #spreadthecheer 해시태그가 달린 모든 트윗을 스크린에 띄운다고 한다. 와, 재밌겠다."

몰아치는 트윗을 막을 도리가 없었다.

이번 크리스마스에는 스타벅스가 노동자 착취를 그만두고 세금도 좀 내기 시작하면서 #SpreadtTheCheer 하려나? #taxavoidance #livingwage

@StarbucksUK 보세요. 박물관 스크린에 회사에 관한 트윗을 죄다 올리는 게 현명한 일이었을까요? #spreadthecheer #payyourtaxes

망해라 스타벅스! 혁명 만세. 비싸게 받아먹는 시럽 범벅 밀크커피밖에 잃을 게 뭐 있겠어. #spreadthecheer

스타벅스는 최저임금에 직원 복지나 점심 식사비도 없는 '바리스타' 한 명 채용해서 #spreadthecheer 달린 트윗부터 걸러야 할걸.

홍보 실패에 관해 이야기해보자. #spreadthecheer

스타벅스는 칙 페로의 세계에 떨어졌다.

소셜 미디어는 복잡한 시스템이다. 서로 다른 시각과 동기를 지닌 셀 수 없이 많은 사람이 만들어내는 세계다. 그들이 누구이며, 특정한 홍보 프로젝트에 어떤 반응을 보일지 파악하기란 어렵다. 케이트 탤벗이 보인 반응은 스크린을 촬영해 공유하는 것이었다. 그러자 해당 해시태그를 단 트윗이 전부 유명한 공공장소에 노출된다는 소식에 반응하는 사람들이 나타났다. 전통적인 언론매체들은 휘몰아치는 트윗 물결에 반응했다. 그들은 무모한 홍보 전략이 어쩌다가 역효과를 유발했고, 그 망한 프로젝트가 어떻게 주요 언론에 오르내려 더욱더 많은 사람에게 알려지게 되었는지 보도했다. 콘텐츠 필터 고장, 탤벗의 사진, 트위터 사용자들의 반응, 그에 관한 언론 보도 사이에 의도치 않은 상호작용이 발생했다.

콘텐츠 필터가 고장 나 모든 트윗이 자동으로 스크린에 노출되면서 긴밀한 결합은 더 강해졌다. 그리고 스타벅스가 홍보 중에 재앙을 맞이했다는 소식은 애초부터 긴밀하게 결합한 시스템인 트위터를 통해 빠르게 확산됐다. 처음 몇 명이 정보를 공유하자 그들의 팔로어 중 일부가 다시 그 소식을 공유하고, 그 팔로어의 팔로어들이 또 공유하는 식이었다. 필터가 복구된 후에도 부정적인 트윗은 계속해서 무더기로 쏟아져 나왔다. 스타벅스는 그들을 막을 수 없었다.

연말연시 홍보 프로젝트는 핵발전소와는 아주 거리가 멀어 보이지만, 페로의 아이디어가 그대로 적용되는 사례다. 사실 우리는 어디서나, 심지어는 집안에서까지도 복잡도와 긴밀한 결합과 맞닥뜨릴 수 있다. 보통은 시스템이라고 여기지 않는 추수감사절 만찬을 예로 들어보자. 제일 먼저 고려할 것은 이동과 교통수단이다. 사람들이 많이 움직이는 명절 앞뒷날은 1년 중 가장 붐비는 시기다. 미국에서 추수감사절은 항상 11월 네 번째 목요일에 돌아오는데, 1년에 단 하루뿐인 명절이니 페로의 관점에 비추어보면 여기에는 여유가 부족하다. 어마어마한 이동 행렬은 또한 복잡한 상호작용을 유발한다. 도로를 가득 채운 자동차는 정체를 일으키고, 거미줄처럼 엮인 항공 이동 경로는 시카고, 뉴욕, 애틀랜타 같은 주요 거점 공항의 날씨가 나쁠 경우 온 나라 여행객들의 발이 묶이는 파급효과를 낳는다.

다음은 저녁 만찬이다. 오븐이 하나뿐인 집이 많기 때문에 칠면조, 캐서롤casseroles*, 파이 등 전통적으로 오븐에 구워 만드는 추수감사절 요리가 줄을 이루어 순서대로 조리된다. 캐서롤이나 칠면조가 예상보다 오래 걸리면 나머지 음식은 다 뒤로 밀린다. 그리고 음식끼리도 영향을 미친다. 스터핑stuffing**은 칠면조 속에 집어넣어 조리하는 경우가 많고, 그레이비소스gravy sauce는 구운 칠면조 육즙으로 만들기 때문이다. 이런 상호연결성은 미트소스를 끼얹은 스파게티처럼 간단한 요리에서는 찾아볼 수 없다.

이런 시스템에서는 그 안에서 무슨 일이 벌어지는지도 파악하

---

* 찌개나 찜같이 고기와 채소를 오븐에 쪄낸 음식.
** 빵 조각, 채소, 과일, 향신료 등을 칠면조 속에 넣어 함께 구운 뒤 곁들여 먹는 음식.

1장 | 위험구역

기 어렵다. 칠면조 요리가 다 되었는지, 아니면 몇 시간 더 구워야 하는지 같은 것 말이다. 이 문제를 풀기 쉽게 칠면조 안에 조그만 버튼을 집어넣어 조리가 끝나면 튀어 오르도록 안전장치를 마련한 제조사들도 있다. 그러나 무수한 안전장치가 그렇듯 이 버튼은 그리 신통치 않다. 경험 많은 요리사는 칠면조 안이 어떻게 되어가는지 알아보기 위해 육류용 온도계를 사용하지만, 이 방법으로도 앞으로 시간이 얼마나 더 걸릴지 정확히 알 수 없다.

요리를 잠시 중단하거나 뒤로 돌릴 수 없으니 식사 과정도 긴밀하게 결합한다. 요리는 계속해서 해야 하고 손님들은 오는 중이다. 칠면조를 태우거나 재료를 빠뜨리거나 하는 실수를 저질렀다가는 돌이킬 방법이 없다.

페로라면 분명 식사 과정 전체가 감당 못 할 소용돌이에 빠져들기 쉽다는 걸 예측했을 것이다. 몇 년 전, 고급 음식 잡지 《본아페티 Bon Appétit》가 독자들에게 '최악의 추수감사절 음식 대참사 사연'을 보내 달라고 했다.[30] 반응은 엄청났다. 타들어가는 칠면조에서 냄비 한가득 담긴 맛없는 그레이비소스, 젖은 빵 부스러기 맛이 나는 스터핑에 이르기까지 온갖 요리 실패담 수백 통이 날아들었다.

한결같이 문제는 잘못된 진단 때문이었다. 칠면조가 실제로는 바싹 익어 살이 마치 뼈처럼 달라붙어 있는데도 사람들은 덜 익었을까봐 걱정한다. 아니면 칠면조 안쪽은 아직 그대로인데 겉만 타버리는 게 아닐까, 그래서 속에 집어넣은 스터핑도 안 익을까 걱정한다. 때로는 두 가지 문제가 동시에 일어나기도 한다. 가슴살은 너무 익어버렸는데 나머지 부위는 아직 덜 익었다든지 하는 식이다.

시간이 흐를수록 복잡도가 요리를 압도한다. 실수를 저지르고도 한참이 지나도록, 손님들이 도착하고 음식을 맛볼 때까지 인식조차 못 하는 경우도 있다. 잡지에는 이런 설명이 덧붙었다. "파이, 그레이비, 캐서롤 따위에 실수로 엉뚱한 재료를 넣었다는 사연만 해도 수백 통에 달했다. 이런 반복되는 사연 중 제일 재밌는 건 아이스크림에 바닐라 대신 빅스 44(Vicks 44, 기침 감기 시럽)를 실수로 넣었다는 이야기였다."[31]

일부 전문가들은 추수감사절 재앙을 피하려면 시스템에서 가장 확실한 위험구역에 속하는 부분인 칠면조를 단순화하라고 조언한다. 요리사 제이슨 퀸Jason Quinn은 이렇게 말한다. "칠면조를 조각조각 잘라 따로 요리하면 성공 가능성이 높아질 겁니다. 화이트미트white meat*와 다크미트dark meat**를 동시에 완벽히 요리하려 드는 것보다는 화이트미트를 제대로 요리하는 게 더 쉽습니다. 스터핑 역시 따로 만들어도 돼요."[32]

그러면 칠면조는 덜 복잡한 시스템으로 바뀐다. 여러 부위 사이의 연결성이 낮아지고, 각 부위가 어떤 상태인지 알아보기 쉽

---

* 몸통이나 가슴살 부위.
** 날개나 다리 부위.

다. 긴밀한 결합 또한 약해진다. 다리와 날개 같은 부위는 더 쉽게 구울 수 있다. 그러면 오븐 안에 여유가 생겨 가슴살이 알맞게 구워졌는지 확인하기도 쉽다. 예상치 못한 문제가 발생할 경우 화이트미트, 다크미트, 스터핑, 기타 등등 복잡한 시스템 전체를 걱정할 필요 없이 눈앞의 문제에만 집중할 수도 있다.

복잡도를 낮추고 여유를 확보하는 이런 접근법은 위험구역에서 벗어나도록 도와준다. 이것이 효과적인 해법인 이유는 나중에 뒷부분에서 살펴볼 것이다. 그러나 최근 수십 년 동안, 세계는 사실 그 반대 방향으로 움직여왔다. 한때는 위험구역과는 거리가 멀던 수많은 시스템이 이제는 위험구역 한복판에 자리하고 있으니 말이다.

2장 | # 딥워터
뉴호라이즌스

"복잡한 컴퓨터 시스템 문제인 게 분명한데도
감옥에 간 사람들이 있다."

1. 확장된 '위험구역'

기숙사 학생들에게 보내는 이메일의 전송 버튼을 누르는 순간, 에리카 크리스타키스Erika Christakis는 알지 못했다. 이 이메일 때문에 예일대학교 캠퍼스 전체가 논란에 싸이고, 전 국민의 관심이 쏟아지고, 분노에 찬 학생들이 자신과 남편 니콜라스 크리스타키스Nicholas Christakis에게 몰려와 항의하게 되리라고 말이다. 에리카와 니콜라스는 도서관, 극장, 녹음실, 식당이 딸린 학생 400여 명이 거주하는 예일 실리먼 컬리지Yale's Silliman College 기숙사의 공동 학장이었다.[1]

2015년 핼러윈을 며칠 앞두고, 예일 문화융합위원회Yale's

Intercultural Affairs Committee는 학생들에게 인종 및 문화적 감수성이 결여된 핼러윈 분장을 삼갈 것을 경고하는 이메일을 보냈다. 이는 경찰의 흑인 사살 사건, 백인 우월주의자가 사우스캐롤라이나의 어느 교회에서 예배 중이던 흑인 아홉 명을 향해 총기를 난사한 사건, 그리고 '흑인의 생명도 소중하다Black Lives Matter'* 운동가들이 주도한 논쟁과 시위 등을 통해서 촉발한 미국 내 인종차별과 특혜에 관한 광범위한 논의²가 진행 중이던 분위기를 반영한 것이었다.

유아발달 분야 전문가인 에리카가 적절한 분장에 관해 언급한 위원회의 이메일에 대응하면서 에리카와 니콜라스는 핼러윈 논쟁에 휘말렸다. 에리카는 위원회의 염려는 인정하면서도 학교 당국이 학생의 행동을 강제하는 것이 옳은 해법인지 의문을 표시했다. "젊은이들, 그리고 우리 자신이 사회규범에 따라 자기를 성찰할 역량, 또 자신을 괴롭히는 것을 무시하거나 거부할 역량을 갖고 있다는 믿음을 잃어버린 것인지…… 핼러윈 분장에 관한 이 논쟁이 청년의 능력과 판단에 대한 우리의 시각에 관해 무엇을 말해주고 있습니까?"

그러자 한 학생 집단이 공개항의서를 내붙였고, 니콜라스와 에리카가 공동 학장에서 물러나야 한다는 청원을 개시했다. 며칠

---

* 미국 내 인종주의, 아프리카계 미국인을 향한 폭력에 항의하는 시민들의 운동. 특히 경찰의 흑인 사살과 이런 범죄에 관대해 보이는 사법부의 판결에 문제를 제기했다.

후, 논쟁은 급속히 고조되었다. 학생들이 실리먼 기숙사를 지나가던 니콜라스를 가로막고는 에리카의 이메일을 지지한 데 항의하며 사과를 요구했을 때였다.

니콜라스는 자기의 임무는 사과하는 게 아니라 학생들의 의견을 듣는 것이라고 답했다. 그는 아래와 같이 자기의 입장을 설명했다.

> 고통을 안겨주어 미안하다고는 말했지요.…… 내가 한 말에 관해 사과한 것은 아니에요. 나는 표현의 자유를 지지합니다.…… 그 표현이 불쾌할지라도, 특히 불쾌한 표현일 때…… 학생이 한 말에는 나도 **동의합니다.** 학생과 마찬가지로 나도 인종주의에 반대합니다. 사회적 불평등에도 반대하고요. 나는 인생에서 많은 시간을 이런 문제를 제기하는 데 보냈어요.…… 그렇지만 그것은 표현의 자유, 학생을 포함해 누구든 자기가 원하는 바는 무엇이든 말할 수 있도록 보호할 권리와는 다릅니다.[3]

그러자 군중의 항의는 더욱더 거세어졌다. 누군가 "그 인간 말은 들어줄 필요 없어!"라고 외쳤다.

또 다른 학생이 말하기 시작했는데, 니콜라스가 참견하자 상대는 "닥치세요!"라고 소리 질렀다.

그 학생은 학장의 일차적인 임무는 학교를 학생들에게 안전한 공간으로 만드는 일이지 토론 분위기를 조성하는 게 아니라고 주장했다. 니콜라스가 동의하지 않자 그녀는 이성을 잃고 화를 냈다. "도대체 그 자리에 왜 앉은 건데? 젠장, 누가 널 거기 앉혔냐고?" 그녀는 소리쳤다. "그러고도 편하게 발 뻗고 잠을 자? 역겨운 인간아!"

놀라운 것은 이 논쟁의 내용이 아니라 이것이 화제가 돼 전국적으로 번진 속도다. 현장에 있던 한 활동가가 대치상황을 영상으로 찍어 온라인에 게시했다. 이제까지 대학 내부에서만 이슈화됐던 일이 소셜 미디어상에서 폭발했다.

그리고 소셜 미디어는 실제 사회에 영향을 미쳤다. 에리카와 니콜라스는 결국 공동 학장 자리에서 물러났다.[4] 영상이 화제가 되면서 화를 냈던 학생도 곤경에 처했다. '발악하는 여자'라는 꼬리표가 따라다니고, 신상이 까발려지고, 특권층이라는 비난을 받았다. 한 웹사이트에는 그녀의 가족이 코네티컷 부촌에 있는 70만 달러짜리 집에서 산다는 내용이 게시됐다.[5] 이 모든 일이 벌어지는 와중에 댓글 창은 인종주의자들의 협박조 말들로 넘쳐났다. 사건은 홍콩에서 헝가리에 이르기까지 전 세계 언론을 타고 빠르게 확산되었다. 예일대학교는 원치 않는 방식으로 유명세를 치러야 했다.

1984년, 칙 페로가 시스템 실패에 관한 논문을 발표했을 때는 이렇게 여론을 몰아가는 기술이 존재하지 않았다. 오늘날 스마트폰 영상은 연결되어 있지 않던 것들을 연결해 복잡도를 증폭시킨다. 위 사례에서는 대학 교정과 전 세계적 관심이 서로 연결되었다. 소셜 미디어의 확산능력이 더해지면 이런 영상은 긴밀히 결합한 시스템의 일부가 된다. 빛의 속도로 공유되고, 수습할 수가 없게 된다.

1984년 당시 대학은 확실히 느슨하게 결합한 시스템에 속했다. 하지만 오늘날에는 꼭 그렇지만은 않다. 대학뿐만이 아니다. 페로의 초기 분석 이래로, 그가 선형 또는 느슨한 결합으로 분류한 시스템 중 상당수가 복잡하고 긴밀한 결합으로 바뀌었다. 모든 시스템이 위험구역을 향해 이동하고 있다.

페로가 긴밀하게 결합하지만 복잡도는 낮다고 보았던 댐을 예로 들어보자. 어딘가 고장이 나면 댐은 넘쳐서 하류 지역을 휩쓸 것이다. 그러나 댐은 예상치 못한 상호작용이 별로 없는 단순한 선형 시스템이라 위험구역으로 빠져들지 않는다는 게 페로의 설명이었다. 그런데 지금은 그렇지 않다.

1980년대에 댐을 방문했다면 댐 근처에 살면서 안전을 살피는 임무를 맡은 댐 안전관리원이 주변을 둘러보도록 안내해줬을 것이다. 요즘에는 댐을 찾아가 봐야 아무도 만날 수 없다. 핵발전소와 비슷하게 운전원들은 멀리 떨어진 제어실에 앉아 댐을 직접 보지 않은 상태에서 결정을 내린다.

최근 페로의 분석을 재검토한 연방 댐 조사원 패트릭 리건Patrick Regan[6]은 1990년대 이후 새로운 기술과 규제가 댐 운영방식을 완전히 바꿔놓았다고 밝혔다. 안전관리원이 댐 관리를 전담하던 시절, 댐은 단순했다. 물이 넘치지 않도록 방류해야 할 때가 되면 안전관리원이 댐 꼭대기에 올라가 스위치를 눌러 수문을 열었다. 그리고 지정한 수문이 실제로 움직이는지 아닌지 눈으로 직접 보았다.

그러나 리건에 따르면, 현재 댐의 원격 운전원들은 컴퓨터 화면을 통해 가상의 버튼을 누른 뒤 "수문이 움직인다는 신호를 위치 센서로 확인한다. 센서가 잘못된 정보를 제공하면 운전원은 실제로 수문이 열리고 있는지, 또는 어디까지 열렸는지를 전혀 알 수 없다."[7]

그 결과는 짐작할 수 있을 것이다. 일례로 캘리포니아 댐 수문의 위치 센서가 떨어졌을 때, 원격 운전원들은 수문의 개방 정도를 확인하지 못했고, 물을 얼마나 방류했는지도 파악하지 못했다.[8] 주민들이 물살에 갇히는 비극을 피하긴 했어도 전형적인 시스템 오류 사고의 초기 모습이 나타났다. 사소한 기계 고장과 계기 판독 오류만으로 시스템 전체가 통제 불능 상태에 빠져든 것이다.

리건은 댐도 이제는 핵발전소와 똑같이 복잡하고 긴밀하게 결합한 위험구역에 놓여 있다고 주장한다. 댐 운전원들은 복잡한 시스템을 다루면서 간접적인 계기에 의존한다. 이 상황은 리건이 썼듯 "댐을 제어하는 시스템이 복잡해질수록 사고 발생 가능성은 커진다"는 점에서 문제가 된다.

2. 복잡하고, 불투명하며, 가차 없는 시스템

1984년 저서에서 페로는 금융에 크게 관심을 두지 않았다. 금융 시스템은 심지어 그가 그린 복잡도와 결합에 관한 도표에 등장하지도 않았다. 그러나 지난 30여 년 동안 금융은 복잡하고 긴밀히 결합한 시스템의 완벽한 실례[9]가 되었다. 예를 들어, 1987년 주식 폭락 사태 당시 주식시장은 단 하루 동안 20퍼센트 이상 폭락했다. 이에 앞서 수많은 대형 투자자들이 포트폴리오 보험portfolio insurance이라는 매매 전략을 사용하기 시작했는데, 이 전략이 투자자들 사이에 뜻하지 않은 연결고리를 형성해 주식시장을 더욱 복잡하게 만들었다. 게다가 일단 가격이 내려가기 시작하면 포트폴리오 보험 프로그램이 자동으로 더 많은 주식을 내다 팔면서 가격을 더욱 떨어뜨렸기 때문에 결합도도 높아졌다.

10여 년 후 헤지 펀드hedge fund인 LTCM(Long-Term Capital Management, 롱텀 캐피털 매니지먼트)을 뒤흔든 것[10]도 바로 이런 가격 급변 현상이었다. LTCM의 컴퓨터 모델이 계산한 것보다 저렴하게 거래되는 자산(예를 들어 수익이 높은 러시아 채권)에 투자하기 위해 이 거대 펀드는 월스트리트 전역의 회사들로부터 1000억 달러를 빌렸다. 그 결과 LTCM은 복잡한 금융 그물망의 한가운데에 놓이게 되었다. 1998년 가을, 러시아가 채무불이행을 선언하자 이 그물망은 해체되기 시작했다. 결국 연방준비제도이사회Federal Reserve는 위기를 막기 위해 긴급 구제금 30억 달러를 마련해야 했다.

그로부터 10년 후, 주택담보대출 파생상품과 신용부도스와프credit default swaps가 복잡도와 긴밀한 결합을 발생시켜 리먼브러더스를 파산시키고 세계 금융위기를 부채질했다. 상황은 더 나빠질 수도 있었다. 앤드루 로스 소킨Andrew Ross Sorkin이 『대마불사』에 자세히 기록했듯,[11] 은행 간의 깊고 불투명한 연결고리로 인해 시스템 전체가 거의 해체될 지경이었다.

2010년에 페로는 한 인터뷰에서 금융 시스템은 "내가 연구한 그 어떤 핵발전소보다 복잡도가 높다"[12]고 말했다. 그리고 2012년 여름, 복잡도와 긴밀한 결합이 월스트리트 최대 투자사 중 하나를 멜트다운에 빠트렸다.

2012년 8월 1일, 그저 느긋한 여름날처럼 지나갈 법한 날이었다. 월스트리트에는 당시 진행 중이던 유럽 부채 위기에 관한 대형 뉴스도 없었고, 중요한 경제 지표 발표 계획도 없었다. 그러나 NYSE(New York Stock Exchange, 뉴욕 증권거래소)가 개장하자 스위스의 제약회사 노바티스Novartis의 주가가 급변했다. 개장 시점에 폭발적으로 오르더니, 곧이어 급격히 떨어졌다. 겨우 10분 사이에 평소 하루치 거래량에 달하는 노바티스 주식이 거의 전부 거래되었고, 주문은 계속해서 밀려들었다.[13]

월스트리트 인근에 있는 신고전주의 양식의 고층 건물 안 작은 사무실에서 자동 거래 시스템이 미리 지정한 위험수위에 다다르기 전까지 노바티스 주식 수천 주를 사들인 뒤 거래를 중단

했다. 시스템에서 울려 나오는 커다란 경고음이 존 뮬러John Mueller
의 주의를 끌었다. MIT 출신 컴퓨터공학자인 뮬러는 주식 수백
주를 매우 빠른 속도로 거래해 수익을 내는 자사의 거래 플랫폼
을 거의 다 직접 설계했다.

  대체 무슨 일이 벌어지고 있는 걸까? 뮬러는 블룸버그터미
널Bloomberg Terminal*에서 노바티스 관련 자료를 불러들였다. 주가에
타격을 입었는데도 노바티스에서는 그 이유를 설명하는 공지를
내놓지 않았다. 혼란을 느낀 건 뮬러뿐만이 아니었다. 그 이상한
움직임은 월스트리트 전역의 주식거래자들을 어리둥절하게 만
들었다.

  뮬러의 모니터에 뜬 스프레드시트spreadsheet는 두 가지 상반된
견해를 표시하고 있었다. 노바티스의 가격이 계속 내려가고 있
었기 때문에 붉은 칸에는 이전의 매입으로 인한 손실이 표시되
었다. 그 옆 초록색 칸에는 뮬러가 만든 모델의 예측에 따라 가
격이 **지나치게 낮다**는 표시가 떴고, 이 분석에 따르면 가능한 한
많은 노바티스 주식을 사들여야 했다. 양쪽 칸을 빠르게 훑으
며 뮬러는 다른 투자자들이 발견한 것과 같은 현상을 눈치챘다.
GM(General Motors, 제너럴모터스)에서 펩시에 이르기까지 모든 주
식이 똑같이 이상한 움직임을 보였다. 이는 개별 회사가 아닌 다

---

* 주식시장 거래상황과 금융 관련 뉴스, 지표, 각종 분석 자료 등을 제공하는 미국 블
룸버그 사의 금융정보 서비스.

른 무언가가 관련된 문제라는 뜻이었다. 곧 월스트리트 전역의 거래소에 무성하게 소문이 퍼졌는데, 그중 하나는 나이트캐피털Knight Capital이라는 유명한 거래회사에 뭔가 문제가 생겼다는 것이었다.

나이트의 최고경영자 톰 조이스Tom Joyce는 소파에 널브러져 〈스포츠센터SportsCenter〉를 보고 있었다. 주변에서 TJ라 부르는 그는 평소라면 저지 시티에 있는 나이트 사무실에 있었을 것이다. 그러나 그날은 코네티컷주 다리엔 교외의 호화로운 동네에 있는 자택에 머물며, 수술 후 회복을 위해 무릎에 두꺼운 붕대를 감고 얼음찜질을 하고 있었다.

10시쯤 투자부장에게서 전화가 왔다. "CNBC 보고 있어요? 거래 사고가 생겼는데, 대형 사고예요." 자세한 내용은 아직 모르지만, 컴퓨터상의 사소한 오류로 인해 나이트는 거래 개시 30분 만에 원치 않은 65억 달러어치의 포지션position*을 확보한 상태였다. TJ는 이 일이 미칠 파장에 눈앞이 핑 돌았다. 이 정도 규모의 포지션은 악몽 같은 규제를 당할 상황으로, 나이트의 존재 자체가 위협받을 수준이었다.

거의 30분 가까이 혼란 상태에 빠진 나이트의 거래 시스템이 140종의 주식에 초당 수백 주씩 의도치 않은 주문을 넣고 있었다. 존 뮬러를 포함해 월스트리트 전역의 거래자들이 스크린으

---

* 매수, 매도 등 금융 거래 행위를 건수가 아닌 자산으로 표현하는 개념.

로 들여다보고 있던 비정상적인 움직임은 바로 그 주문으로 인해 발생한 것이었다. 그리고 나이트의 오류가 그렇게 눈에 띄는 방식으로 시장을 교란했기 때문에 거래자들은 포지션을 역설계할 수 있었다. 나이트는 상대가 훤히 알고 있는 카드를 들고 가진 돈 전부를 건 도박사 신세였다. 30분 동안 회사는 분당 1500만 달러 이상 손실을 보았다.[14]

사무실을 향해 달리는 차 안에서 TJ는 이후 자신의 경력에 큰 영향을 끼칠 통화를 했다. 증권거래위원회 위원장 메리 샤피로Mary Schapiro에게 전화를 걸어 이 일이 분명 오류로 인한 것이므로 나이트의 거래를 되돌려야 한다고 설득하려 애썼다. 나이트의 IT 노동자 한 명이 회사의 거래 프로그램 신버전을 서버 전체에 정확히 복사하지 않아 벌어진 일이었다. "생각해보면 인정할 수 있는 오류였어요"라고 TJ는 강변했다. 샤피로는 동료들과 의논을 해야 했다. 한 시간 후 회신이 왔다. 거래는 그대로 유지될 거라고 했다.

차에서 빠져나오던 TJ는 멈칫하며 목발을 움켜쥐었다. 사무실로 올라가는 엘리베이터를 탄 그는 이런 사소한 오류가 나이트를 망가뜨릴 수 있다는 데 경악했다. 어째서 직원 한 사람의 부주의로 인해 회사가 5억 달러의 비용을 치러야 한단 말인가?

나이트에 사고를 일으킨 것은 사소한 프로그램 오류였지만, 그 뿌리는 훨씬 깊다. 지난 10여 년 동안 진행된 월스트리트의 기술 혁신이 멜트다운이 일어날 완벽한 조건을 형성한 것이다. 규제와 기술은 그동안 분절적이고, 비효율적이며, 관계에 기반해 움직이던 주식거래를 컴퓨터와 알고리즘의 지배하에 긴밀히 연결된 활동으로 바꾸어놓았다. 그동안 장내거래자floor traders와 전화로 거래해온 나이트 같은 회사는 새로운 세계를 받아들여야 했다.

2006년, 미국이 Reg NMS(Regulation National Market System, 전국시장 시스템 규정)라는 제도를 도입하면서 주식시장은 대부분 자동화되었다. 전문가들은 주식시장이 애초에 완전히 한 덩어리인 양 '주식시장'이라는 표현을 쓰지만, 실제로 미국 주식시장 안에는 미국 내 어떤 주식이든 거래할 수 있으나 약간씩 다른 규칙에 따라 움직이는 거래소 10여 개가 공존한다.

Reg NMS는 두 가지 커다란 변화를 일으켰다. 첫째, 거래소는 주문을 신속하게, 자동으로 실행해야 한다는 규정을 두어 사람을 배제했다. 이전에는 투자자가 주문을 하면 거래자가 다른 투자자의 주문과 맞춰본 뒤 직접 거래를 성사시키기까지 몇 분이 걸렸다. 둘째, Reg NMS는 거래소를 연동시키고 시장이 서로 존중하도록 요구함으로써 공평한 경쟁의 장을 형성했다. 투자자가 NYSE에서 IBM 주식 100주를 사겠다는 주문을 넣었다고 치자. 과거에는 다른 거래소가 더 낮은 가격을 제시한다고 하더라도 주문은 NYSE에서만 처리할 수 있었다. 그러나 Reg NMS는 모든 거래소가 더 나은 가격을 제시하는 다른 거래소에 주문을 전송하도록 강제한다. 이렇게 함으로써 진정한 전국 시장이 탄생했다.

월스트리트 바깥으로는 별로 알려지지 않았어도, 나이트캐피털은 소규모 투자자들로부터 주문을 받아 E 트레이드E-Trade, 피델리티Fidelity, TD 어메리트레이드TD Ameritrade 같은 브로커들, 그리고 연금기금pension funds 같은 대형 투자자들에게 보냈다. 이런 주문은 처리방식을 결정하는 스마트 오더 라우터Smart Order Router라는 컴퓨터 코드가 있는 나이트의 서버로 모여들었다. 나이트는 주문을 거래소로 바로 보낼지, 자사의 내부 거래 시스템에 있는 다른 주문과 대조해볼지, 아니면 또 다른 방식으로 처리할지를 그 안에서 결정했다.

완전히 전자화된 시장으로의 전환은 금융계의 혁명이었다. 컴퓨터 도입으로 비용이 줄고, 거래 속도가 올라가고, 거래자가 주문에서 제어권을 더 많이 갖게 되었다.[15] 그러나 Reg NMS는 동시에 더욱 복잡하고 긴밀히 결합한 시장을 만들어 몇 가지 경악할 만한 사건을 일으켰다. 예를 들어, 2010년 5월 6일에는 주식시장에서 사소한 혼란이 수백 개의 주식에 순식간에 퍼져 일부는 휴지 조각 수준으로 가격이 폭락했다가 몇 분 후에 복구되는, 이른바 플래시크래시flash crash라는 현상이 발생했다.[16] 월스트리트 역사상 가장 기이했던 그날은 중대한 의미를 담고 있었다.

그다음, 나이트가 머리기사를 장식할 멜트다운을 일으켰다.

나이트 사고의 정확한 원인을 짚어내기는 어렵지만, 2011년 10월에서부터 이야기를 시작해보는 것도 괜찮을 것 같다. 그달에

NYSE는 소규모 투자자들에게 RLP(Retail Liquidity Program, 소매 유동성 프로그램)라는 새로운 거래방식을 제안했다. 소규모 투자자들을 위한 일종의 그림자 시장을 만들어 다른 시장에 비해 한 푼이라도 더 나은 가격에 거래할 수 있도록 해주는 프로그램이다. 나이트의 개발자들은 한 해에 몇 번씩 고객들이 새 프로그램에 접속할 수 있도록 거래 프로그램을 수정했다.

고객들은 자신이 RLP에 주문을 넣기 원한다는 의사를 밝힐 수 있어야 했다. 이 작업을 위해 나이트의 개발자들은 시스템에 '깃발flag' 표시를 추가했다. 주문에 관한 특별 처리 요청사항을 담은 여러 개의 표시 중 하나로 이 깃발이 붙어 있으면 나이트 시스템은 해당 주문을 RLP로 보냈다. 포장 상자에 붙이는 '취급 주의' 스티커와 마찬가지로 이 깃발은 포장된 내용물에는 영향을 끼치지 않으면서, 특별 처리가 필요하다는 표시를 해준다. 피델리티

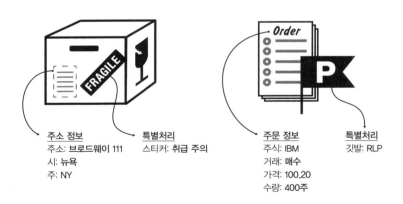

주소 정보
주소: **브로드웨이 111**
시: **뉴욕**
주: NY

특별처리
스티커: **취급 주의**

주문 정보
주식: IBM
거래: **매수**
가격: 100.20
수량: **400주**

특별처리
깃발: RLP

같은 회사들이 나이트에 RLP 주문을 보낼 때는 주문서의 특정 위치에 아마도 대문자 P(RLP의 P)가 찍힌 깃발을 붙여두어야 했을 것이다.

나이트의 스마트 오더 라우터는 이 깃발이 붙은 주문을 접수하면 시스템 내부에 RLP 주문을 처리할 수 있는 곳으로 보냈을 것이다.

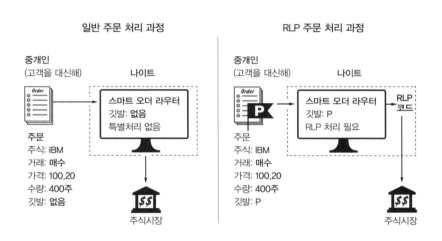

수년 동안, 나이트는 이른바 파워 펙Power Peg이라는 다른 형태의 주문을 표시하는 데에도 이와 똑같은 깃발을 사용했다. 거래자가 파워 펙 주문을 넣으면, 나이트 시스템은 그것을 작은 단위로 쪼개어 일련의 명령으로 내보내게 되어 있었다. 대규모 주문으로 인한 가격 변동을 줄이기 위해서다. 파워 펙은 낡은 기술이

2장 | 딥워터 뉴호라이즌스

어서 나이트는 2003년에 지원을 중단했다. 그러나 개발자들은 거래 시스템에서 코드를 삭제하지 않고 그저 접속만 막아두었다. 몇 년 후, 스마트 오더 라우터가 더 이상 파워 펙 주문 거래를 추적하지 않도록 프로그램을 한 번 더 수정했다. 파워 펙이 이미 중단된 후라 문제가 없었고, 오류를 발견한 사람도 없었다.

RLP 개시, 파워 펙 기능 유지, 파워 펙 거래 추적 중단, 파워 펙 깃발 재사용처럼 별문제 없어 보이는 과정이 금융상의 멜트다운이 발생할 조건을 형성했다. RLP 프로그램을 시작하기 며칠 전, 나이트의 한 IT 노동자가 거래 프로그램의 새 버전을 올렸다. 문제가 없는지 확인하기 위해서 그는 처음에 나이트 서버 일부에만 이 버전을 적용했다. 프로그램이 순조롭게 돌아가자 여덟 개 서버 전체에 RLP 코드를 올렸다. 아니, 그렇게 하려고 했다. 어쩌다 보니 서버 한 대를 빼먹은 거다. 일곱 대의 컴퓨터에서는 최신 프로그램이 돌아가고 있었지만, 여덟 번째 서버에는 파워 펙 코드가 담긴 예전 버전이 그대로 남아 있었다.

8월 1일 아침, 수백 개의 RLP 주문이 나이트의 거래 시스템에 접수되었다. 서버 일곱 대는 주문을 제대로 처리해 NYSE에 RLP 주문으로 보냈다. 하지만 여덟 번째 서버는 순식간에 아수라장으로 변했다.

9시 30분, 주식시장이 개장하자 이 서버는 고객이 보낸 RLP 주문을 처리하기 시작했다. 그러나 RLP 코드가 없어 NYSE에 각 주문을 고정가격으로 보내는 대신 초당 수백 번씩 반복해서 주문을 보냈고, 중단했던 파워 펙 코드를 사용해 가격을 산정했다. NYSE에는 포드, GM, 펩시, 그리고 존 뮬러가 목격한 노바티스를 포함해 100여 개 회사로 주문이 밀려들었다.

넘쳐나는 주문은 나이트의 정규 시스템에서는 보이지 않았지만, 비정상 거래를 추적하는 감시 프로그램에는 잡혔다. 그러나 해당 프로그램은 그 포지션이 어디서 나온 건지 자세한 정보를 보여주지 않았기 때문에 관리자들은 오류의 심각성을 이해하지 못했다. 그리고 물음표만 가득 띄우던 스리마일섬의 컴퓨터와 마찬가지로 나이트의 감시 프로그램은 금세 먹통이 되었다.

나이트가 문제를 해결했을 때는 이미 파산 직전이었다.

나이트의 멜트다운은 30년 전이라면 결코 일어나지 않았을 일이다. 컴퓨터가 거래를 지배하기 전에는 거래 대부분이 거래소 안에서 면대면으로 이루어졌다. 이 방식은 거래를 이해하기 쉽게 해주고, 복잡하고 예상치 못한 상호작용이 일어날 기회를 줄여주었다. 고객이 평소와 달리 거액의 주문을 넣는다든지 하는 뭔가 이상한 일이 발생하면 거래를 실행하기 전에 거래자가 재확인할 수 있는, 느슨하게 결합한 시장이었다. 그리고 행여 오해가 빚어지더라도 논의해서 잘못된 거래를 취소할 수 있었다. 그러나 컴퓨터 기반 거래가 등장하면서 현대 금융은 복잡하고, 불투명하며, 가차 없는 시스템으로 변했다.

사무실에 도착한 TJ는 경영진과 함께 거래 파트너들로부터 긴급 자금을 확보하기 위해 나섰다. 나이트 자사 주식이 급락했기 때문이었다. 멜트다운 발생 이튿날, TJ는 아픈 무릎을 끌고 투자자들의 마음을 돌리기 위해 블룸버그 텔레비전에 출연했다. "기술은 고장 납니다. 좋은 게 아니에요. 우리는 그럴 거라고 기대하지 않지만, 기술은 고장 납니다."

TJ는 회사를 구하려 몸부림쳤다. 일주일 후 그는 거액의 투자금을 확보했다. 몇 달 후, 나이트는 라이벌이던 겟코Getco와의 합병을 발표했다. 합병 직후 TJ는 회사를 떠났다.

"문제를 피할 수 있는 사람은 아무도 없어요." TJ가 우리에게 말했다. "지나고 보면 모두 더 영리하고, 더 빨리 달리고, 더 높이 뛰어오를 수 있죠. 오류를 겪기까지 우리는 무수한 합리적인 조처를 했습니다." 하지만 그 조처는 충분치 못했다. 나이트 같은 회사들은 아무도 모르는 사이에 위험구역으로 더욱 깊숙이 들어가버렸다.

3. 안전장치라는 환상

2010년 4월 20일, 세계 최고로 정교한 석유시추선 중 하나에서 일하던 멀쑥한 26세의 정비사 칼렙 홀러웨이Caleb Holloway는 기분 좋게 하루를 시작했다. 홀러웨이와 동료들은 BP가 관할하던 마콘도 탐사지Macondo Prospect에서 까다로운 탐사 유정 시추작업을 마무리하던 참이었고, 모두가 일이 끝나기만을 고대하고 있었다. 그날 아침, 선장 지미 해럴Jimmy Harrell이 홀러웨이를 사무실로 불렀다. 시추선 고위직을 모아놓고 작은 기념식을 연 그는 이 젊은 정비사가 최근 검사 도중 낡은 볼트를 발견해낸 데 대한 보상으로 은시계를 선물했다.

그로부터 12시간이 채 지나기도 전에 홀러웨이는 죽음의 위기를 가까스로 피했다. 시추선 딥워터 호라이즌Deepwater Horizon 위로 유정의 엄청난 압력에 밀려 나온 진흙과 기름이 높이 치솟았다. 몇 분 후에는 엔진에서 가스 구름이 피어올랐다. 선원들은 반쯤 부푼 구조정을 띄우는가 하면 60피트 아래 멕시코만의 검은 수면 위로 뛰어들기도 했다. 결국 시추선에서 빠져나오지 못한 11명이 목숨을 잃었다.[17] 딥워터 호라이즌호는 30마일 밖에서도 보일 정도로 높은 불길을 내뿜으며 이틀 내내 타오르고는 가라앉았다.[18]

그 후에도 1마일 깊이의 유정에서 석유가 유출되는 걸 3개월이 넘도록 제어하지 못했다. 결국 BP는 폭발 87일 후에야 유정을 막았다. 그때는 이미 500만 배럴에 가까운 석유가 멕시코만으로 퍼져나가 수면에 거대한 기름띠를 형성한 상태였다.

딥워터 호라이즌*은 맥락 없이 그럴듯하기만 한 이름은 아니었

---

* 딥워터 호라이즌은 직역하면, '깊은 물속의 수평선'이라는 환상적 의미를 담고 있다.

다. 폭발하기 1년 전까지 이 시추선은 해저 1마일, 지면으로부터는 5마일 아래에 있던 당시로서는 가장 '깊은deepest' 유정을 시추했다. BP와 같이 시추선을 임대한 회사는 새로운 석유 공급원을 개척하려면 '깊이deep' 파고들어가야 했다. 그러나 너무 깊이 파고들어가면서 시추 지점을 복잡도와 긴밀한 결합의 구역으로까지 밀고 나갔다. BP는 위험구역을 향해 점점 더 깊은 곳까지 탐험했다. 게다가 딥워터 호라이즌은 하루에 100만 달러가 들 정도로 운용비가 만만치 않아 BP 기술자들은 마콘도 탐사를 끝내고 그다음 작업으로 넘어가기 위해 시추작업을 무리하게 밀어붙였다.

유출은 정비사가 안전점검 도중에 발견할 만한 낡은 볼트 따위가 일으킨 것이 아니었다. 전적으로 BP가 유정의 복잡도를 관리하는 데 실패한 탓이었다.

방사능 때문에 원자로 노심을 직접 살펴보기 어려운 것과 마찬가지로, 수압이 높은 해저 환경은 유정의 상태를 확인하기 어렵게 했다. 작업자들은 지하 수 마일에서 무슨 일이 벌어지고 있는지 살피기 위해 간단히 '누군가를 내려보낼' 수가 없었다. 그 대신 컴퓨터 시뮬레이션과 유정 압력, 펌프 유량 같은 간접 측정치에 의존해야만 했다.

그래서 BP가 지나치게 높은 압력 값을 무시[19]하고 시멘트 굳기 확인을 생략[20]하는 등 일련의 위험한 결정을 내렸을 때, 뒤따를 문제들은 복잡도에 가려졌다. 호라이즌의 작업자들은 일촉즉

발 상태에 놓여 있었지만, 그 사실을 알지 못했다.

유출 사고를 수습하는 동안에도 복잡도가 재차 그들을 덮쳤다. 시추선 비상대응 시스템의 정교함이 너무 지나쳤던 것이다. 안전장치 하나를 제어하는 버튼이 30개가 넘고, 자세하게 작성해놓은 비상 매뉴얼에는 어느 규칙을 따라야 할지 파악하기 어려울 정도로 가상상황 또한 너무 많았다. 사고가 터지자 작업자들은 얼어붙었다. 호라이즌의 안전장치가 그들을 마비시켰다.

그리고 지질 형태가 불안정한 멕시코만에서 작업해온 시추정은 긴밀히 결합한 상태였다. 재앙이 닥쳤을 때, 간단히 끄고 고쳐서 재시동할 수 있는 시스템이 아니었던 것이다. 기름과 가스는 위로 솟구칠 수밖에 없었다.

딥워터 호라이즌은 시추 가능 영역을 개척하고 확장시킨 경이로운 공학의 산물이었다. 그러나 심지어 위험구역 깊숙이 파고든 뒤에도 시스템은 그보다 더 단순하고 온화한 환경에 맞는 안전 관리방식에만 안주했다.

시추선 소유사인 트랜스오션Transocean은 특정 유형의 안전 문제에 유난히 주의를 기울였다. "안전점검 회의를 하고, 또 하고, 또 했어요"[21]라고 홀러웨이는 회상했다. "주간 안전점검 회의를 하고, 일일 안전점검 회의도 했죠."

작업자들은 심지어 갑판 위에서의 안전수칙을 알려주는 랩 영상 제작을 돕기도 했다.[22] 그 내용은 이랬다.

사고 없는 작업장

언제나, 어디서나

항상 계획부터 세워요

그리고 손 조심해요.

모터를 만지는 기관사

조심하세요!

리프트를 내리는 갑판원

조심하세요!

파이프에 걸려 넘어지는 굴착 작업자

조심하세요!

BP 역시 미끄러지거나 넘어지거나 하는 그런 사고가 발생하지 않도록 바짝 주의를 기울였다. 어느 전임 기술자는 이렇게 설명했다. "BP의 고위 경영진은 비교적 쉬운 안전 문제에만 굉장히 집중했을 뿐, 복잡한 설비에 투자하고 관리하는 일에는 열의가 별로 없었어요. 난간을 잘 붙잡으라거나, 후진 주차의 이점과 커피잔 뚜껑을 덮지 않았을 때의 위험성에 관해 몇 시간씩 토론한다거나 하는 식이었죠."[23]

기름 유출보다는 커피 유출을 염려하는 데 더 많은 시간을 썼다[24]**는 거다.**

터무니없는 이야기로 들릴 테지만, 이런 회사에서는 관심을 가질 만한 일이다. 직원이 손을 데거나, 미끄러지거나, 넘어지거나,

차 사고를 당하면 작업 시간에 손실이 발생하고 회사는 큰 비용을 치러야 한다. 게다가 이런 부상은 파악하기 쉬워서 사고 발생률과 안전도 향상률을 취합해 순익에 끼치는 영향을 측정하기에도 좋다. 사고 발생률을 낮추면 비용 절감 및 수익 증가 등 분기별로 눈에 보이는 성과를 낼 수 있다. 이런 성과는 안전에 대한 환상을 불러일으킨다. 놀랍게도 그 환상은 심지어 딥워터 호라이즌 사고 이후에도 지속되었다. 트랜스오션은 증권보고서에 이렇게 썼다. "멕시코만에서 겪은 인명 참사에도 불구하고, 우리는 총 업무시간 대비 사고 발생률과 총 잠재 강도율severity rate* 면에서 모범적인 통계상의 안전기록을 달성했습니다. 이런 기준에 따라 측정한 결과를 놓고 보면, 우리는 언제 어디서나 사고 없는 환경을 달성한다는 사명을 반영해 자사 역사상 안전 수행에서 최고로 훌륭한 한 해를 기록했습니다."[25]

안전 수행에서 가장 훌륭한 한 해? 모범적인 안전기록? 산업 역사상 최악의 사고에 연루되었는데도 자기네 기준에 따르면 사상 최고로 안전한 해였다는 것이다.

아마도 그들이 갖고 있던 기준이 잘못되었을 것이다. 아마도, 사실은, 접근방식을 모조리 뜯어고쳐야 했을 것이다.

시스템이 바뀌면 위기 대처방식도 바뀌어야 한다. 나이트, BP,

---

* 산업재해로 인한 작업 시간 손실로 재해의 규모를 표시하는 방식.

트랜스오션은 낡은 접근법을 사용하고 있었다. 예를 들어, 나이트는 기술이 사업의 핵심부를 차지하게 되었는데도 자사를 IT 기업으로 인식하지 않았다. 기존의 접근법은 장내거래자들이 금융을 주도하던 시절에나 먹혔던 방식이다. 그러나 나이트는 그 시절에 사업을 하는 게 아니었다.

마찬가지로 안전에 대한 BP와 트랜스오션의 접근법은 보통 육상 굴착작업 같은 단순한 시스템에서라면 잘 작동했을 것이다. 작업자의 사고 발생률을 강조하고, 낡은 볼트 같은 세부요소를 관리하는 게 효과가 있었을 것이다. 그러나 딥워터 호라이즌은 연안에서 작업하는 복잡한 시추선이었다. 작업은 위험구역 한가운데서 진행되었다.

페로가 『무엇이 재앙을 만드는가?』를 출간한 1984년에는 위험구역이라는 영역에 속하는 시스템이 그리 흔치 않아 핵 시설,

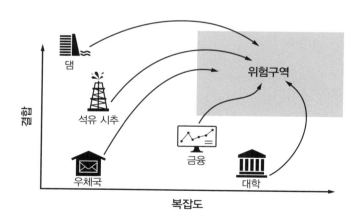

화학 공장, 우주 비행 정도가 다였다. 그 후로 대학, 월스트리트 기업, 댐, 석유시추선에 이르기까지 모든 종류의 시스템이 더욱 복잡하고 긴밀히 결합한 시스템으로 변해왔다.

그 어떤 시스템도 이 전환을 피하지 못할 듯하다. 우체국처럼, 예전에는 단순하고 느슨한 결합의 전형이었던 곳도 마찬가지다. 1984년, 페로는 도표에서 위험구역으로부터 멀리 떨어진 가장 안전한 구석 자리에 우체국을 표시했다. 위기에 처할 가능성이 가장 낮아 보이는 시스템이었다. 그러나 그마저도 사정이 달라졌다.

4. 복잡도 속에 몸을 숨긴 절도범

2000년대 초, 영국 우체국은 호라이즌Horizon이라는 근사한 새 IT 시스템을 도입했다.[26] 수십억 파운드를 들인 그 시스템을 '유럽에서 진행한 역대 최대의 IT 사업 중 하나'[27]라며 자랑스러워했다. 그러나 몇 년 후, 그 시스템은 영국 의회에서 대대적인 논의의 대상이 되었고, 신문에는 이런 머리기사가 실렸다.

우체국, 평범한 시민의 삶을 파괴하다[28]

IT 시스템 도입 후 우체국 집중포화[29]

지역 우편취급소장, 절도 및 허위 기장범 명단 삭제 투쟁[30]

영국 우체국은 우편물만 보내는 게 아니라 은행 계좌와 연금을 관리하고, 선불 휴대폰을 충전하고, 공과금도 낼 수 있는 준금융기관이다. 대도시 외곽에서는 우체국과 계약을 맺은 지역 우편취급소장을 두는데, 이들은 대체로 개인 매장에서 우체국 서비스를 대행하는 소상인들이다.

우체국은 수백 종의 제품을 관리하기 위해, 그리고 지역 우편취급소장들이 장부 기록에 들이는 시간을 줄이기 위해 호라이즌을 설계했다. 여러 가지 측면에서 시스템은 성공적이었다. 그러나 운영을 시작하고 얼마 후, 몇몇 지역 우편취급소장이 잔액 누락 또는 오기,[31] ATM 기기 오작동이 발생[32]한다며 호라이즌의 회계 처리에 문제가 있다고 항의했다. 이 문제는 호라이즌이 관장하는 기능의 폭이 넓은 탓이기도 했다. 《파이낸셜타임스Financial Times》에서 독자적으로 진행한 법과학보고서forensic review는 "(호라이즌이) 다른 시스템과의 연동 문제, 적절한 훈련 부족, 지역 우편취급소장에게 모든 문제를 책임지게 하는 사업 모델을 안고 있는 유달리 복잡한 시스템"[33]이라는 사실을 밝혔다. 호라이즌은 복잡하고 긴밀히 결합한 시스템이었다.

톰 브라운Tom Brown은 지역 우편취급소장으로서 오랜 경험을 쌓은 사람이다.[34] 30여 년 동안 그 일을 해오면서 다섯 번이나 권총 강도를 마주했다. 그런 그도 호라이즌 때문에 골머리를 앓았다. 문의 전화를 걸면 우체국 측은 "별문제 아닙니다. 금방 고칠 거예요"라고만 했다.

그러나 이듬해 회계감사에서 그는 8만 5000파운드를 훔쳤다는 혐의로 기소당했다. 경찰은 그를 체포하고 집과 차를 수색했다. 5년 후 소송은 취하되었지만, 브라운의 평판은 땅에 떨어졌다. 그는 사업과 집뿐 아니라 25만 파운드가 넘는 돈을 잃었다.

일부 지역 우편취급소장이 오작동을 신고했음에도 우체국은 "지역 우편취급소에서 사용하는 호라이즌 컴퓨터 시스템과 관련 회계 처리 절차는 모두 언제나 정확하고 신뢰할 수 있는 상태임을 전적으로 확신한다"[35]는 견해를 고수했다. 실제로 우리가 사실 확인 요청을 했을 때 우체국은 이 문제가 시스템 실패 사례로 책에 기록되는 것에 우려를 표하면서, 호라이즌은 "영국 금융가를 대표하며, 우편취급소장, 대리점주, 그리고 수천 명의 직원이 일하는 1만 1600개 지점에서 매일 600만 건의 거래를 성공적으로 처리하고 있습니다"[36]라고 말했다.

시스템의 정확도를 확신한 우체국은 일부 지역 우편취급소장을 절도, 사기, 허위 기장 명목으로 고발[37]하고, 그로 인해 부족해진 금액을 내놓으라고 요구했다. 일부는 심지어 형사고발도 했다.[38] 아래는 동네 가게에서 우편취급소를 운영하던 중 2000파운드의 차액 발생을 겪은 조 해밀턴Jo Hamilton의 사연이다.

> 주택 담보를 변경해 돈을 갚아야 했어요. 애초에는 절도로 기소당했어요. 돈을 갚고 허위 기장 14건을 인정하면 절도죄를 빼준다고 하길래, 절도보다는 허위 기장이 감옥에 갈 가능성이 낮을 것 같아

서 그러기로 했어요. 범행을 인정하지 않았으면 절도범으로 기소당

했을 거예요. 저는 아무 짓도 하지 않았다는 걸 증명할 수가 없고,

그들은 내가 뭘 했다는 걸 증명할 수 없는 상황이었는데, 그때 그

사람들 말로는 호라이즌으로 문제를 겪는 사람은 저밖에 없다고

했어요.[39]

일부 의원이 우려를 제기하자 우체국은 외부 회계법인인 세컨
드사이트Second Sight에 조사를 의뢰했다.[40] 세컨드사이트는 시스템
내에서 "전원 및 통신 오류, 또는 카운터에서 발생한 오류 등 특
이한 조건의 결합"이라는 예상치 못한 상호작용 때문에 문제가
발생할 수 있음을 밝혀냈다.[41]

또한 ATM의 현금 부족 현상은 내장된 프로그램 제어장치를
우회하는 악성 소프트웨어를 심은 사이버 범죄자들의 치밀한 공
격 때문으로 볼 수 있다고 했다. 실제로 건물 밖에 설치한 아일랜
드은행Bank of Ireland ATM에서 알 수 없는 현금 부족 현상이 상당수
발생했다는 지역 우편취급소장들의 신고가 있었다. 그러나 호라
이즌 시스템의 복잡도는 이런 잠재적인 문제를 수년 동안 감춰
주었다.[42] 그사이 수많은 지역의 우편취급소장들이 파산하거나
감옥에 갔다.[43]

호라이즌의 당혹스러운 복잡도[44]와 늘어나는 항의에도 불구
하고 우체국 경영진은 세컨드사이트 보고서가 내놓은 결론을
반박[45]하며 시스템에 대한 믿음을 고수했다. 그들은 "2년에 걸친

조사 결과 컴퓨터 시스템과 관련한 기술적 문제가 있다는 증거는 전혀 발견되지 않았습니다"[46]라고 주장했다. 그러나 문제는 여전히 해결되지 않은 채 남아 있다. 우체국은 지역 우편취급소장 500여 명이 제기한 집단소송에 대응 중이며,[47] 범죄사건 재심위원회는 호라이즌으로 인해 발생한 몇 가지 유죄사건을 조사하고 있다.

한 의원이 결론 내렸듯 "길게는 수십 년 동안이나 지역사회에서 열심히 일해온 지역 우편취급소장들이 갑자기 시스템에서 돈을 빼돌려도 된다고 마음먹었으리라는 발상은 완전히, 전적으로 터무니없는 생각"[48]이다. 전 지역 우편취급소장들 말대로 "복잡한 컴퓨터 시스템이 문제인 게 분명한데도 감옥에 간 사람들이 있다."[49]

3장

해킹, 사기, 그리고
지면을 차지한 가짜뉴스들

"그들은 거짓말을 할 필요가 없었어요.
극도로 복잡한 구조 속에 애매하게 섞어두기만
하면 됐죠."

1. POS가 해킹당했다고?

2010년, 바너비 잭Barnaby Jack이라는 잘생긴 뉴질랜드인이 라스베이거스에서 해마다 열리는 해커 콘퍼런스인 블랙 햇Black Hat 무대에 올랐다.[1] 오른쪽에는 전 세계 곳곳의 바와 길모퉁이 가게에 있는 것과 똑같은 ATM 두 대가 놓여 있었다. 보안 연구원인 잭은 ATM 내부의 소형 컴퓨터를 수년에 걸쳐 탐색해왔다. 최근까지도 제조사들은 ATM 보안을 기기에 현금을 안전하게 보관하고 재빨리 닫는 식의 물리적 보호 정도로 여겼다. 그러나 잭은 컴퓨터 마우스 클릭 몇 번으로 ATM 보안이 얼마나 허술한지를 보여주고, 실내를 가득 채운 해커들을 순식간에 부자로 만들어줄 방법을 알려주려 했다.

잭이 파워포인트 화면으로 기계의 세부를 설명하는 동안 청중은 주의 깊게 귀를 기울였다. 그러자 재미난 일이 벌어졌다. 첫 번째 ATM을 공략하기 위해 잭은 원격으로 기기에 침입할 프로그램을 짰다. ATM은 시중에 있는 기기와 똑같이 작동하고 현금 인출이 가능한 상태였는데, 잭이 만든 프로그램은 기기 작동과정에서 카드 번호를 저장해 내려받을 수 있었다.

시스템에 비밀리에 접근하는 백도어 backdoor 프로그램도 만들었다. 기기에 가짜 ATM 카드를 넣고 버튼을 누르자 어떤 은행 계좌에도 연결하지 않은 상태에서 현금이 마구 쏟아져나왔다.

그런 다음 잭은 두 번째 ATM으로 가서 기기 중심부 컴퓨터에 USB 메모리 스틱을 꽂았다. 프로그램을 읽어 들인 컴퓨터는 번쩍거리는 "잭폿!"이라는 글자를 스크린에 띄우더니 귀에 쏙쏙 꽂히는 슬롯머신 배경음악을 울려대며 지폐를 바닥에 쏟아냈다. 청중은 환호했다.

그러나 사방에서 천재 소리를 듣던 잭이 ATM에 침입한 것은 돈을 훔치기 위해서가 아니었다. 그는 보안 강화를 돕기 위해 시스템에 침입하는 '화이트 햇 해커 white hat hacker'*다. 콘퍼런스 발표 전에 그는 먼저 제조사들이 결함을 수정할 수 있도록 조사 결과

---

* 흰 모자를 쓴 영화 주인공처럼 외부 공격이나 악성 해커의 침입을 막기 위해 시스템의 결함을 찾아내 알리는 선의의 해커를 뜻한다.

3장 | 해킹, 사기, 그리고 지면을 차지한 가짜뉴스들

를 보냈을 것이다.

그러나 모든 해커가 우호적이지는 않다. 2013년 크리스마스 몇 주 전, 해커들이 세계 최대 소매업체 중 하나인 타깃에서 구매자 신용카드 정보 4000만 건을 훔쳐냈다.[2] 난방 도급업체로부터 훔친 신원정보로 타깃 컴퓨터망에 진입한 그들은 1800여 개 매장에 설치된 POS(point of sale, 판매 시점 정보 관리 시스템)*에 침투했다. 그런 다음 거래를 추적해 고객의 신용카드 정보를 훔쳐낼 프로그램을 설치했다.

보통은 POS를 컴퓨터라고 생각지 않는다. 그러나 ATM과 마찬가지로 POS도 엄연히 컴퓨터다. 타깃의 POS는 크고 복잡한 시스템에 연결되어 있었기 때문에 일단 취약점을 발견한 해커들은 모든 매장을 휩쓸 수 있었다. 타깃이 해킹 사실을 발표하자 매상은 급격히 줄었고, 한 달도 안 되어 CEO가 사임했다.

당혹스러운 대실패긴 하지만, POS 해킹 정도로는 목숨이 위태로워지지는 않는다. 그런데 자동차가 해킹을 당하면 이야기는 달라진다.

---

* 슈퍼마켓 같은 작은 상점의 레지스터와 센터의 컴퓨터를 연결한 시스템이다.

2. 더 똑똑하고 편리해진 위험

무슨 일이 일어나도 당황하지 말아요.[3]

2014년식 지프 체로키Jeep Cherokee** 의 액셀이 작동을 멈췄을 때, 앤디 그린버그Andy Greenberg는 고속도로 위를 시속 70마일로 달리던 중이었다. 아무리 액셀을 밟아도 반응이 없었다. 지프가 오른쪽 차선에서 기어가듯 속도를 줄이고, 그 옆을 견인 트레일러들이 쌩쌩 지나쳐가는 동안 그는 전화기에 대고 소리쳤다. "액셀 좀 돌려놔요. 젠장, 진짜로 위험하다니까요. 움직여야 해요!" 그러나 최고 음량으로 재생되던 힙합 음악 소리에 그린버그가 외치는 소리는 묻혀버렸다.

당황하지 말아요.

다행이었던 것은 그린버그가 잡지 기사를 쓰기 위해 지프를 탄 것이었고, 해커들이 그를 해치려던 게 아니라는 점이었다. 그린버그는 《와이어드Wired》에 기술 및 보안 관련 기사를 쓴다. 찰리 밀러Charlie Miller와 크리스 발라섹Chris Valasek, 두 해커는 현장에서 수 마일 떨어진 밀러의 거실에 앉아 있었다. 그들은 말을 듣지 않는 지프와 씨름하는 그린버그를 보며 웃음을 터트렸다. 몇 년 동안 연구한 끝에 그 둘은 지프에 내장된 모바일 인터넷 접속을 활용해 차량 내부 컴퓨터를 공격하는 방법을 알아냈다. 차내 컴퓨

** 미국 자동차회사 크라이슬러가 제작하는 고급 지프 브랜드.

터는 와이퍼에서 속도계, 브레이크까지 모든 것을 제어했다. 그린버그는 이제부터 그들의 실험 대상이었다. 그들은 변속기를 공격했다.

2년 전 이 둘은 그린버그를 초대해 직접 해킹한 다른 차량 운전석에 그를 앉혔다. 당시는 자동차 내부망에 노트북을 연결할 데이터 케이블이 있어야 공격할 수 있었다. 뒷좌석에 앉은 두 사람은 자동차를 자동주차 모드로 전환하고, 핸들을 제어할 수 없게 만들고, 브레이크 작동을 중지시켰다. 두 사람이 2013년 블랙햇 콘퍼런스에서 이 공격의 세부 내용을 발표했을 때만 해도 자동차 제조사들은 대수롭지 않게 여겼다. 어쨌거나 해커들이 물리적으로 접근해야만 현실화되는 위협이었기 때문이다.

그러나 밀러와 발라섹은 결국 원격으로 자동차에 침입할 방법을 찾아냈다. 그 2톤짜리 지프는 라디오에서부터 내비게이션, 에어컨까지 모든 것을 제어하는 최첨단 오락 시스템을 자랑했다. 인터넷에 접속해 애플리케이션을 구동하면 저렴한 주유소를 검색하거나 가까운 식당 리뷰도 볼 수 있었다.

밀러와 발라섹은 소파에 앉은 채로 자동차에 접속해 지프를 해킹했다. 먼저 모바일 망을 통해 오락 시스템 접속 경로를 찾아냈다. 그런 다음 그곳을 발판으로 삼아 자동차에 설치된 나머지 컴퓨터 30여 기에 접속했다. 고속 주행 중에 변속기를 끄고, 저속 주행 중 브레이크 작동을 멈추고 핸들을 제어했다.

그린버그는 다음 고속도로 나들목에서 빠져나간 뒤 지프를 재시동했다. 그는 이전에 두 사람이 보여줬던 것처럼 안전한 시연을 기대했다. 그러나 이번에는 달랐다. 해커들은 그의 뒷좌석에 앉아 있지 않았다. 게다가 변속기를 꺼트릴 때는 그가 고속도로에서 빠져나갈 곳이 없다는 사실을 그들은 알지 못했다.

공포를 이겨낸 그린버그는 굉장한 기삿감을 얻었다. 《와이어드》에 그가 체험담을 내보내고 사흘 뒤, 크라이슬러Chrysler는 보안상 결함을 인정하고 차량 140만 대 리콜을 발표했다.[4] 차주들에게는 차내에 꽂아 프로그램을 업데이트하고 백도어 프로그램을 차단할 수 있는 USB 드라이버를 발송했다. 그러나 늘 취약점은 더 남아 있었다. 겨우 몇 달 뒤, 밀러와 발라섹은 해킹으로 고속 주행 중에 핸들을 제어하고, 엑셀을 작동하고, 급브레이크를 걸게 만들 방법을 알아냈다.

그린버그는 이렇게 설명했다. "진정한 위협은 모든 것을 한데 연결하는 악의에 찬 사람들에게서 비롯합니다. 그들은 코드 전체를 삭제할 때까지 이 시스템에서 저 시스템으로 돌아다니며 연쇄 버그를 심어요."[5] 다시 말해, 그들은 복잡도를 악용한다. 시스템 내부의 연결망을 통해 라디오와 GPS 제어 프로그램에서 자동차 주행 프로그램으로 옮겨가는 것이다. "자동차에 더 많은 기능을 추가할수록 악용할 기회는 늘어나죠"라고 그린버그가 우리에게 말했다. 앞으로 더 많은 기능이 추가될 것이다. 자율주행차에서는 컴퓨터가 모든 것을 통제하고, 일부 모델에서는 심지어 핸들이나 브레이크 페달이 사라질 것이다.

해킹에 취약한 것은 자동차, ATM, POS만이 아니다. 라스베이거스에서 발표를 마친 바너비 잭은 의료기기로 눈을 돌렸다.[6] 안테나와 노트북 한 대로 수백 피트 떨어진 곳에서 인슐린 펌프insulin pumps*를 해킹할 수 있는 기기를 만들었다. 펌프의 제어권을 확보함으로써 비축 중인 인슐린을 전량 주입해 치명적인 결과를 불러올 수 있었고, 미리 지정한 주입 시간을 알려주는 진동을 꺼둘 수도 있었다.

잭은 또한 이식형 제세동기implantable defibrillators**에도 침입했다.[7] 심장박동기와 비슷한 이런 기기를 원격으로 제어해 환자의 심장에 830볼트의 충격을 가하는 방법을 알아냈다. 텔레비전 드라마 〈홈랜드Homeland〉에서 테러리스트들이 극 중 부통령을 암살하려고 해킹하는 장면에서 나온 공격 방법이다. 평론가들은 너무 억지스러운 설정이라고 평했다. 그러나 잭이 보기에는 드라마가 오히려 공격을 **너무 어렵게** 그려낸 듯했다.[8] 그 위험을 심각하게 받아들인 사람은 또 있었다. 드라마 방영 몇 해 전 부통령 딕 체니Dick Cheney는 바로 그런 공격을 피하려고 심장병 전문의에게 자기 몸에 이식한 기기의 무선 작동 기능을 꺼달라고 했다.

오프라인 기기였던 자동차와 심장박동기가 복잡하게 연결된 기계로 바뀐 이 전환은 혁명 그 자체다. 그리고 이 정도는 빙산의

---

* 휴대전화 크기의 작은 기기로 몸에 지니고 다니며 피하주사에 연결해 필요에 따라 인슐린을 투여하는 장치.
** 심장박동을 제어하기 위해 체내에 삽입하는 기구.

일각일 뿐이다. 제트엔진에서 가정용 온도조절기까지, 새로운 기기 수십억 대가 이제 사고 및 공격에 취약한 거대하고 복잡한 시스템, 흔히 사물인터넷Internet of Things이라고 부르는 연결망의 일부를 이루고 있다.

예를 들어, 이미 무선 인터넷 연결을 지원하는 '스마트' 세탁기와 드라이어를 생산하는 제조사들이 있다. 이런 기기는 자동으로 세제를 넣거나 전기요금 변동을 추적해 요금이 낮은 시간대에만 작동하는 등 영리한 기능을 수행한다. 그러나 위험요소도 있다. 만약 스마트 드라이어에 보안 결함이 있다면 원격으로 접속한 해커가 프로그램을 조작해 모터를 과열시켜 화재를 발생시킬 수 있는 것이다. 보안이 취약한 드라이어를 둔 집이 1000곳만 돼도 해커 한 명이 중소 도시 하나를 발칵 뒤집어놓을 수 있다.[9]

사물인터넷은 소위 악마와의 계약Faustian bargain이다. 한편으로는 자율주행차로 여행할 수 있게 해주고 비행기 엔진의 신뢰성을 높이고, 가정 내 에너지 소모를 줄여주는 등 더 많은 기회를 준다. 하지만 다른 한편으로는 해커가 현실 세계에 더 큰 손해를 끼칠 수 있는 지름길을 만들어주기도 한다.

자동차, ATM, POS 공격은 사고가 아니다. 그러나 사고와 마찬가지로 위험구역을 형성한다. 복잡한 컴퓨터 프로그램에는 보안 결함이 있을 가능성이 높다. 현대의 네트워크는 공격자가 악용할 수 있는 상호연결과 예측하기 어려운 상호작용으로 가득하다. 이렇듯 긴밀한 결합이 뜻하는 바는 해커가 한번 발을 디밀면 사건은 급속히 진행되고, 쉽게 돌이킬 수 없다는 것이다.

실제로 복잡도는 모든 분야에서 범법행위를 저지를 틈을 만들고, 긴밀한 결합은 그 결과를 더욱 증폭시킨다.[10] 위험구역을 범죄에 악용하는 것은 해커만이 아니다. 세계 최대 기업의 경영진도 마찬가지다.

3. 악마의 술수가 된 시가평가

작은 사업을 하나 시작하려면 무엇이 필요할까? 감자를 판매하는 농산물 매대 같은 걸 운영한다면?

기초부터 시작해보자. 우선 매대가 필요하고, 거기 올려둘 물건이 필요하다. 감자를 팔 거니까 당연히 감자를 제공해줄 도매상도 필요하다. 그리고 고객에게 거슬러줄 현금도 얼마간 필요할 것이다. 이렇게 해서 고급 감자를 취급하는 튜버 템테이션Tuber Temptations이 탄생했다.

성공이다! 감자가 맛있다 보니 사람들이 원하는 만큼 많이 사가지 못한다. 음식 평론가들은 극찬한다. "튜버 템테이션 약진!" 사업이 번창한다. 이제 매대를 늘리고 관리 직원을 고용한다. 다양한 감자 품종을 들여오고 고구마에도 손을 댄다. 매대를 더 많이 들이고 재빨리 확장하기 위해 대출도 받는다. 세상 살 만하다.

그러자 일이 점점 더 복잡해진다. 시작할 때만 해도 사업 전체

를, 그러니까 POS 한 대에 들어 있는 돈과 남은 감자 수량 정도
는 한눈에 파악할 수 있었다. 이제는 모든 일이 잘 돌아가는지 살
피느라 안간힘을 써야 한다. 감자를 다른 사람들이 팔고 있으니
POS에 든 현금을 잘 살펴야 하고, 그들이 정직하게 일하리라 믿
어야 한다. 재고도 챙겨야 한다. 잘 팔리는 감자가 바닥나지 않으
면 좋겠지만, 너무 많이 들여놨다가 상하는 것도 곤란하다. 그리
고 감자를 얼마나 팔든 다달이 은행에 대출 상환금을 내야 한다.

　감자 매대에서 대형 은행에 이르기까지 어떤 사업이든 이런
세부적인 업무 흐름을 따르게 된다. 그러나 사업이 복잡해질수
록 수입, 지출, 자산, 부채를 계산하는 방법도 복잡해진다. POS
안의 지폐나 매대에 놓인 감자를 직접 세어볼 때는 그 양을 확실
히 알 수 있다. 그러나 대기업이 선물거래로부터 얻을 이익을 계
산하거나 복잡한 금융상품의 가치를 측정할 때는 애매한 지점
이 훨씬 더 많다. 우리가 뉴스에서 접하는 기업 대부분과 주식시
장에서 거래하는 기업들은 사업에 관한 중요한 자료를 전부 밝
혀야 한다. 회계기준을 지키고 있는지 확인하기 위해 외부 회계
사들이 보고서를 검토한다. 그러나 회계감사와 공시자료가 있다
해도 대기업의 사업은 감자 매대보다 훨씬 더 이해하기 어렵다.
페로의 체계 안에서 보면 큰 기업은 조립 라인보다 원자로에 가
깝다. 내부에서 무슨 일이 벌어지는지 직접 관측하기 어렵기 때
문이다.

　아래 수상 목록을 살펴보자. 모두 한 회사가 받은 것이다.

　　　　　　　　　3장 | 해킹, 사기, 그리고 지면을 차지한 가짜뉴스들

1년 차: 미국 내 최고 혁신기업 (《포천Fortune magazine》)

2년 차: 미국 내 최고 혁신기업 (《포천》)

3년 차: 미국 내 최고 혁신기업 (《포천》)

4년 차: 미국 내 최고 혁신기업 (《포천》)

5년 차: 미국 내 최고 혁신기업 (《포천》)

6년 차: 미국 내 최고 혁신기업 (《포천》)

7년 차: 올해의 인터넷 기업상

(MIT 슬론경영대학원MIT Sloan School of Management)

이 기업은 어디일까? 아마존? 구글? 애플? 아니면 제너럴일렉트릭일까?

이 기업의 CFO(최고재무책임자) 역시 혁신가로 뽑혔다.

5년 차: 최고의 자본 구조 관리 CFO

6년 차: 올해의 CFO

금융업계라면 골드만삭스나 씨티은행 같은 곳일까? 그 CFO가 불과 몇 년 후 연방법을 어기고 유죄를 인정했다면?

그의 이름은 앤디 패스토Andy Fastow. 기업명은 엔론Enron이다.[11]

에너지 거대 기업 엔론의 책임자였던 패스토와 동료들만큼이나 이익을 위해 복잡도를 악용한 집단은 아마 없을 것이다. 그들은 회계상의 교묘한 술책을 너무나 많이 써먹었고, 마침내 무슨 일이 벌어지고 있는지 밝혀지자 몇 주 만에 회사 전체가 무너졌다. 투자자들은 수십억 달러를 잃었고, 수많은 노동자의 퇴직금 계좌가 사라졌다. 페스토가 엔론의 부채를 숨기고, 수익을 부풀리고, 수천만 달러를 몰래 자기 호주머니에 넣기 위해서 복잡한 금융 구조를 이용한 사실도 확연히 드러났다. 페스토와 엔론의 CEO였던 켄 레이Ken Lay, 제프 스킬링Jeff Skilling, 그리고 수많은 경영진이 연방법 위반 혐의로 기소되었다.

"통나무 하나를 숨기려면 숲에다 집어넣으면 돼요."[12] 미시간주 의회 의원인 존 딩겔John Dingell은 이렇게 말했다. "지금 우리는 기가 막히게 복잡한 금융보고서의 일례를 보고 있습니다. 그들은 거짓말을 할 필요가 없었어요. 극도로 복잡한 구조 속에 애매하게 섞어두기만 하면 됐죠."

엔론 사건의 핵심인 경영진들은 두 가지 방법으로 복잡도를 활용했다. 우선은 돈을 버는 데 이용했다. 복잡한 규칙이 엔론의 시장을 관할했고, 회사 거래자들은 그러한 규칙으로 돈을 버는 방법을 알고 있었다. 예를 들어 캘리포니아주는 관할 전력 부문을, 믿을 수 없을 만큼 복잡한 규칙을 두고 관리하는 시장으로 전환했다. 엔론의 거래자들은 시장을 교란하기 위해 '펫 보이Fat Boy', '데스 스타Death Star' 같은 이름을 붙인 거래 전략을 고안해 복잡한 규칙의 이점을 누렸다.

전략 중 하나는 캘리포니아의 가격 상한제를 악용하는 것이었다.[13] 전기세를 적정 금액으로 유지하기 위해서 캘리포니아의 공급망 규제 당국은 가격 상한을 설정할 수 있었다. 엔론 거래자들은 전국의 전기요금을 살펴볼 수 있었기 때문에 캘리포니아에서 단위당 250달러에 사들인 전력을 1200달러에 팔 수 있는 지역으로 보냈다. 또한 전력 수요량 예측치를 활용해 실제로는 전력을 전혀 이동시키지 않으면서 가상으로 전력을 이동해 돈을 더 받았다. 단지 서류상에서만 상쇄되는 일련의 약정서를 꾸며 전력을 전혀 생산하지 않고도 돈을 번 것이다. 게다가 더 심각한 문제는 전력 가격을 띄우기 위해 거래자들이 엔론이 운영하는 발전소에 전화를 걸어 가동을 중단해달라고 요청했다는 점이다. 발전소 직원에게 전화를 건 어느 거래자는 이렇게 말했다.

"댁들이 창의력을 좀 발휘해서 가동을 중단할 이유를 만들어 봐요."[14]

"강제 정전 같은 것 말인가요?" 직원이 말했다.

"맞아요."

이 전략은 캘리포니아에 주기적인 정전과 전력 비상사태를 유발했고, 주 정부는 에너지 비용을 400억 달러나 더 써야 했다.[15]

두 번째로, 엔론 경영진은 사업을 하면서 일어난 일을 숨기는 데 복잡도를 활용했다. 캘리포니아에서 엄청난 돈을 벌어들이는데도 회사는 늘 자금이 부족했다. 개발도상국 시장에서 돈이 많이 드는 일련의 야심 찬 사업을 추진하느라 씨름하고 있었던 거다. 일례로 인도 다불에서 실패한 전력 사업에는 10억 달러가 들었다.

다수 기업에서는 그런 사업이라면 적신호가 켜질 것이다. 그러나 엔론 경영진은 인도에서 가장 큰 해외 투자 건이었던 그 사업이 획기적이라고 생각했다. 엔론 경영진 레베카 마크Rebecca Mark는 이렇게 말했다. "우리가 하는 일은 거래입니다. 거래 중심의 사고방식이 우리 일의 핵심요소고요. 그냥 거래를 만들어내는 것뿐만 아니라 우리가 원하는 종류의 거래를 만들어내려는 거죠. 우리는 개척자가 되고 싶습니다."[16]

마크 같은 경영진에게 거래를 통해 돈을 벌 수 있느냐는 중요하지 않다. 그들은 정확히 얼마의 수입이 들어왔느냐보다는 그 사업이 얼마나 **잘될 것인가** 하는 추정에 따라 보너스를 받는다. 엔론은 재무 상태를 추적하기 위해 시가평가mark-to-market라는 특별한 회계기법을 사용했다. 엔론 경영진은 (수입 없이 지출만 10억 달러인 경우 등) 현장에서 벌어지는 엉망진창인 현실을 낙관적 금융 모델을 바탕으로 뽑아낸 장밋빛 예상치로 대체하는 데 시가평가 회계를 활용했다. 인도에서 20년짜리 전력 판매 계약서에 서명하는 바로 그 순간, 그들은 향후 예상 수입 금액을 전부 계산에 넣었다.

그들이 시가평가 회계를 어떻게 활용했는지 살펴보기 위해 잠시 우리의 감자 매대가 있는 세계로 돌아가 보도록 하자.

우리의 감자 매대는 현금이 얼마나 모였는지에 따라 돈을 얼마나 벌었는지 확인할 수 있다. 고객이 감자 한 알을 1달러에 사면 은행 계좌에 그 돈을 넣고 재고 목록에서 감자 한 알을 삭제한다. 너무나 단순하다.

이제 전 세계적으로 감자 가격이 오르고 있다고 상상해보자. 개당 1달러이던 감자가 이제 2달러가 되었다. 전통적인 회계기법을 사용하는 사업에서 이 가격 상승이 현실화하는 시점은 감자 한 알에 1달러를 내던 고객들이 2달러를 내는 실제 판매 시점이 될 것이다.

그러나 만약 시가평가 회계를 사용한다면 감자 가격이 상승하자마자 은행 계좌는 그 상승분을 반영할 것이다. 가격이 1달러 상승했을 때 감자 100알을 갖고 있었다면, 시가평가 회계는 **실제로 들어온 돈이 한 푼도 없더라도** 우리가 100달러를 더 벌어들인 것처럼 표시하는 방식이다. 실제로 얼마를 모았는지가 아니라 우리의 감자 재고가 지난 가치를 기반으로 장부를 작성하기 때문이다.

시가평가 회계는 가치를 매기고 거래하기 쉬운 주식, 채권, 파생상품 등을 다루는 은행 같은 산업에 적합하다. 이론적으로 시가평가 회계는 투명성을 높인다. 은행이 소유한 것, 예를 들어 주식의 가치가 떨어지면 은행 장부는 그 변화를 즉시 반영한다. 그 말은 우리의 감자 매대 같은 사업에서는 시가평가를 쓰면 안 된다는 뜻일 수도 있다. 그리고 천연가스 파이프라인 회사로 출발한 엔론에도 맞지 않았을 수 있다.

하지만 유력한 컨설팅기업 맥킨지McKinsey에서 엔론으로 옮겨 온 제프 스킬링은 엔론을 거대한 구상에 맞추어 바꿔보려고 애를 썼다. 그 구상은 더 이상 파이프라인 운영에 집중하지 않고, 천연가스 자체로 일종의 가상 시장을 운영하는 것이었다. 엔론은 추후 천연가스를 공급하겠다는 약속을 담은 계약을 사고파는 중개인이 되는 것이다. 이 새로운 엔론은 에너지 거래에 시가평가 회계를 사용할 수 있는 무역회사라는 것이 스킬링의 주장이었다. 1992년, 규제 당국이 동의하자 엔론은 날개를 달았다. 그해 회사는 북미 최대 천연가스 구매 및 판매자가 되었다. 그리고 이후 몇 년에 걸쳐 엔론은 거의 모든 사업에 시가평가 회계를 사용했다.

실제 시장이 있는 천연가스 같은 공산품에 시가평가를 사용하는 것은 엔론이 주장했던 이치에 맞았다. 그러나 심지어 시장이 없는 경우에도 엔론은 자산의 '공정가치fair value'를 산출하는 모델을 만들었다. 회사가 거대 사업을 수행할 때면 그 사업을 통해 얼마나 돈을 벌게 **될 것인지** 보여주는 모델을 만들었다. 그 모델에는 사업비용만이 아니라 향후 몇 년, 심지어 몇십 년 동안 벌어들일 수입도 함께 표기했다. 몇 개의 간단한 공식을 대입한 뒤 거래를 엔론 소유의 특수 회사로 이전하고 나면, 엔론 경영진은 시가평가 회계를 통해 해당 사업 전체를 수익이 나는 모험적인 신사업으로 처리할 수 있었다. 엔론은 어떤 비용도 치르지 않은 채 즉시 그 '이익'을 장부에 기록했다. 이렇게 하면 주식시장이 들썩여 레베카 마크와 제프 스킬링 같은 경영진의 주머니가 두둑해졌다. 시가평가는 엔론 경영진들이 이전보다 더 잘 해내고 있다고 스스로 (그리고 주주들이) 확신하게 해주었다.

그러나 시가평가 회계는 복잡도만 높은 게 아니라, 엔론을 긴밀히 결합한 시스템으로 바꿔놓았다. 시가평가 회계를 쓰면서 회사는 거래를 통해 수년에 걸쳐 얻을 잠재적 이익을 즉시 기재할 수 있었다. 그 결과 거래가 성사된 분기에 수입이 급증했다. 그러나 그 수익은 이미 기재되었기 때문에 미래의 수입에는 보탬이 되지 않았다. 매 분기가 백지상태인데 투자자들은 성장을 기대하고 있으니 점점 더 큰 거래를 성사시켜야만 했다. 잠시만 거래가 중단되어도 투자자의 신뢰가 흔들릴 수 있었다. 감속은 불가능했다.[17]

그리고 엔론은 여전히 급여를 지급하고, 기업을 사들이고, 야심 찬 사업을 일구는 데 실물 화폐가 필요했다. 그래서 빌렸다. 하지만 그것은 위험부담을 키우는 일이었다. 쌓여가는 부채 규모를 투자자들이 알면 엔론의 재정 기반이 불안정해 보일 수 있었다. 그래서 부채를 숨기기 위해 왜곡된 거래를 활용했다.[18] 예를 들어, 어느 시점에 엔론은 5억 달러가량을 씨티은행으로부터 빌렸다. 그런 다음 엔론 소유 자회사 사이에 일련의 거래를 만들어내고, 회계규정을 악용해 부채가 실제로는 이익으로 보이게 했다. 카드 현금서비스를 받으면 돈이 카드에 연결된 계좌로 들어와서 카드의 존재는 잊고 마치 그 돈을 내 것인 양 착각하게 되는 현상과 비슷하다. 한동안은 수입이 는 것처럼 보인다. 그러나 이 수입은 환상일 뿐이었고, 갚을 빚은 그대로 남아 있었다. 한 달 뒤 엔론은 이전의 모든 거래를 뒤로 돌려 상당한 수수료를 물면서 씨티은행에 돈을 갚았다. 엔론은 투자자들과 이 도박을 계속 이어나갔다.

2000년까지 페스토와 전임자들은 이 복잡한 거래를 활용해 130개가 넘는 특수회사를 만들어냈다. 페스토는 나중에 이렇게 설명했다. "회계 규정과 규제, 증권 법률과 규제는 모호합니다. 복잡하죠……. 엔론에서 내가 한 일과 회사로서 우리가 [하던] 일은 그 복잡도, 그 모호함을 문제가 아니라 기회로 본 것입니다."[19] **복잡도는 기회였다.**

그러나 2001년 3월, 모래성은 무너지기 시작했다. 엔론의 재무제표를 살펴본 공매자 짐 차노스Jim Chanos는 회사 반대편에 돈을 걸었다. 그에게서 제보를 받은 《포천》지의 기자 베서니 맥린Bethany McLean은 그 문제를 더 깊이 파고든 후에 "엔론은 과대평가되었나?"라는 제목의 기사를 게재했다. 부제는 이랬다. "복잡한 사업들이 한데 뭉친 덩어리. 재무제표는 거의 해석 불가능."

기사를 통해 엔론이 돈을 버는 방법을 설명하고자 했던 맥린은 "그러나 엔론이 벌인 일이 무엇인지 설명하기는 쉽지 않다. 그 회사가 하는 일은 지루하기 짝이 없을 정도로 복잡하기 때문이다"라고 썼다. 어느 기발한 은행 간부는 이렇게 설명하기도 했다. "파이프라인 사업을 운영하는 데는 시간이 그리 많이 들지 않아요. 엔론은 가용 노동시간을 다양하고 복잡하게 얽힌 금융제도에 몽땅 다 써버린 것 같네요."[20]

그해 10월, 엔론은 재무제표를 변경했다. 10억 달러를 손실에 넣지 않았음을 인정하고, 6억 달러에 가깝던 가짜 이익을 삭제했다. 투자 은행들과 마주 앉은 회의 석상에서 엔론 경영진은 회사의 실제 부채가 (공식적으로 공개한) 130억 달러가 아니라 380억 달러에 달한다고 밝혔다. 사라진 부채는 엔론의 1300개 특수 목적 회사에 영리하게 숨겨두었다. 한 달 후, 엔론은 파산 신청했다.

엔론이 몰락하자 부수적인 피해가 속출했다. 엔론의 장부를 승인한 회계법인 아서 앤더슨Arthur Andersen은 연방법 위반으로 기소당하고 곧 폐쇄되었다. 곧이어 세계 최대 투자 은행 중 일부가 엔론이 복잡도를 악용하고 주주들을 속이는 데 도움을 준 사실이 드러났다. 씨티은행과 JP모건체이스JP Morgan Chase는 규제 당국과 주주들에게 각각 20억 달러를 내고 이 사기에 동참했는데, 이 금액은 엔론 파산 사건 중에서 가장 규모가 큰 손실이었다.[21]

그리고 엔론 직원들에게 끼친 영향은 참담했다. 2만여 명이 실직했고, 수많은 사람의 퇴직금도 사라졌다. 시스템 안에는 이들을 그 날벼락으로부터 보호해줄 완충장치가 없었다.

1927년, 제너럴일렉트릭의 회장 오언 영Owen Young은 하버드 경영대학원에서 연설[22]했다. 수십 년 후 엔론의 CEO 제프 스킬링이 졸업한 바로 그 학교다. 영은 말했다. 법은 "공동체가 범죄자로부터 자신을 보호해야 할 만큼 범죄행위가 명백할 때 작동합니다." 범죄행위의 반대는 정의로운 행위, 즉 "사업이 아무리 복잡해지더라도 실수는 있을 수 없는, 일반적으로 모두의 양심에 충분히 합당한 행위"라고 그는 말했다.

문제는 어두운 중간지대에 숨어 있다. "사업이 단순하고 지역적일 때는 지역사회의 여론이 이 어두운 지대를 비교적 쉽게 받아들여주었습니다." 영은 말했다. "사업이 복잡하고 광범위해지니 바로 이 영역에서 모든 규제가 사라지더군요. 성가신 문제들은 바로 이 어두운 공간에서 생겨났습니다."

영리한 엔론 경영진은 범죄행위와 정의로운 행위 사이에 있는 어두운 공간을 악용했다. 페스토가 말했듯 "일련의 복잡한 규정이 있으면 그 복잡한 규정의 이점을 활용하는 게 목적이 됩니다."[23] 올해의 CFO상을 안겨준 바로 그 거래는 그가 농담처럼 말했듯 이제 그에게 재소자용 신분증을 안겨주었다.

물론 복잡도를 범죄행위를 숨기는 데 활용한 기업은 엔론만이 아니다. 사실은 훨씬 더 많다. 이와 비슷한 회계 부정 사건[24]이 일본의 거대 복합기업 도시바Toshiba와 올림퍼스Olympus, 네덜란드 식료품 체인 아홀드Ahold, 호주 보험회사 HIH, 인도 거대 IT 기업 사티암Satyam을 뒤흔들었다. 가장 최근에는 폭스바겐이 배출가스 시험을 조작하고 자사의 '클린 디젤' 자동차 오염 수치가 위험수위임을 숨기기 위해 복잡도를 악용했다. 그러나 복잡도를 사기에 활용하는 행위는 앞으로 살펴볼 것처럼 기업 세계에만 한정된 일은 아니다.

4. 그는 거기에 없었다

《뉴욕타임스The New York Times》에 실린 다음 기사 몇 편에서 무엇을 알아낼 수 있을까? (굵은 글씨는 우리가 표시한 것이다.)

흔적을 되짚다: 수사
미 법원의 총격 사건 재판이 자백의 걸림돌이 되다

2002년 10월 30일

미국 메릴랜드주 검사가 존 모하메드John Muhammad를 불법 총기 소지 혐의로 연방 법정에 넘기기 위해 볼티모어로 보내라며 심문을 마무리할 것을 요구하자, 주 및 연방 수사관들은 오늘 **그가 총격 사건으로** 체포당한 날에 관해 한 시간 이상 진술하면서 **분노의 근원을 설명했다**고 밝혔다.

수사관들은 F.B.I. 요원과 메릴랜드주 형사가 모하메드와 공감대를 형성하기 시작했다고 말했다. 몽고메리 카운티 형사가 심문 중인 또 다른 용의자인 17세 리 말보Lee Malvo는 어떤 질문에도 응답하지 않고 있다고 수사관들은 밝혔다.

"그 소년은 입을 열 것처럼 보이지 않았어요"라고 한 지역 경관은 말했다. "그러나 **모하메드는 모든 것을 말할 준비가 된 듯 보였고, 이 사람들이 자백을 받아내려는 참이었어요.**"

......

교전국: 군인의 가족

실종 병사 친족, 더 나쁜 소식 들을까봐 두려워해

2003년 3월 27일

현관에 서서 담배 농장과 소 목장을 내다보던 그레고리 린치 시니어 Gregory Lynch Sr.**는 목이 메었다.** 조금 전 들른 군 당국이 마음을 단단히 먹으라며 경고하고 갔고, 언제라도 더욱더 나쁜 소식을 듣는다 해도 **그는 희망을 놓지 않겠다고 선언했다.**

그는 지난 일요일 밤에 겪은 것보다 더 나쁜 뉴스는 상상하기 어렵다고 말했다. 남부 이라크에서 습격을 당한 군 호송대에 19세인 그의 딸 제시카 린치Jessica Lynch 이병이 있었다.

......

언덕 위 이곳 자택에서 담배 농장과 목장을 내다보는 린치는 심란해 보였다. 집에서 CNN 및 여타 케이블뉴스를 볼 수 있게 해주는 위성 텔레비전에 관해, 그리고 지역경제가 어려울 때 군복무를 했던 가족의 오랜 역사에 관해서도 이야기했다.

......

3장 | 해킹, 사기, 그리고 지면을 차지한 가짜뉴스들

교전국: 퇴역 군인들

부상병의 질문과 공포로 가득한 군 병동

2003년 4월 19일

해군 상병 제임스 클링겔James Klingel은 물리적 고통과 싸우지 않은 요 며칠 동안 머릿속으로 오하이오에 있는 여자 친구 모습부터 폭발하는 불덩이, 쇳덩이가 찌그러지는 소리 사이를 헤매곤 한다.

......

그러나 정찰병인 클링겔 상병에게 최악의 순간은 지뢰를 밟아 오른쪽 다리를 잃고 옆 침대에 누워 있는 장거리 주자 에릭 앨바Eric Alva 하사라든지, 앨바 하사에게 응급처치하러 달려갔다가 발밑에서 폭발한 지뢰로 **오른쪽 다리를 잃고 복도 끝 방에 누워 있는 해군 의사 브라이언 앨러니즈**Brian Alaniz 수병을 떠올리며 **과연 자기가 느끼는 감정적 고통이 정당한지 질문했을 때**였다.

"더 심하게 다치거나 죽은 사람들이 너무 많으면 자기 처지를 한탄하기가 어려워요." 21세 클링겔 상병은 이렇게 말하며, **또 다른 군목을 만나러 갈 시간이라고 덧붙였다.**

......

이 기사들은 현대적인 신문 문체를 구현하고 있다. 단지 사실만을 전달하지 않고 감정적 사연의 한가운데로 우리를 이끈다. 우리는 자백을 받는 과정에서 벌어진 사소한 관할권 다툼에 분개하며 좌절감에 휩싸인 수사관의 조사실에, 알 수 없는 딸의 운명을 마주하고 자기 삶을 반추하며 슬퍼하는 아버지의 집 앞에, 이라크에서 정신적 외상을 입고 감정적 고통을 직면하며 발버둥치는 해병의 병실에 함께 머문다.

이 기사들은 모두 닷컴 버블dot-com bubble이 꺼지고 테러리스트들이 9·11테러를 벌인 직후, 미국이 긴장 국면을 맞이한 시기에 작성되었다. 2002년 10월, 워싱턴 D.C. 인근에서 한 총격범이 무차별 살인을 하기 시작했고, 2003년 3월에는 미국이 이라크를 침공했다. 같은 시기에 언론은 산업 변화에 적응하느라 몸부림치고 있었다. 인터넷 발달과 무료 콘텐츠 확산이 오랜 시간 이어온 사업 모델을 잠식한 것이다.《뉴욕타임스》는 퓰리처상을 일곱 번이나 받았는데도 취재 기자를 충분히 확보하지 못했다.

그러나 이 기사들에는 또 다른 특징이 있다. 전부 야심만만한 젊은 기자 제이슨 블레어Jayson Blair가 쓴 기사다.[25] 그리고 그 내용은 모두 허구다.[26]

신문사 인턴으로 일을 시작한 블레어는 짧은 시간 내에 기사를 양산해 상사 눈에 들었고, 금방 승진해 마침내 정규직 기자가 되었다. 그러나 그의 업무능력은 들쑥날쑥했다. 편집진은 그가 쓴 엉성한 기사를 비판했다. 한 편집자에 따르면 그는 기사 정정

비율이 기준에 비해 지나치게 높았다. 그리고 시간이 지날수록 음주와 약물 문제[27]로 허덕이기까지 했다. 상황이 더 나빠진 건 2002년 4월, 본사 편집자 조너선 랜드먼Jonathan Landman이 동료 두 명에게 "제이슨이 《뉴욕타임스》에 기사를 쓰지 못하게 해야 해. 지금 당장"[28]이라고 말했을 때다.

휴가에서 돌아온 블레어는 재활을 잘 해낸 듯 보였다. 처음에는 편집자들이 그를 집중적으로 관리하며 간단한 업무만 맡겼다. 그러나 블레어는 속박당하는 것을 짜증스러워하며 다른 부서로 옮겨달라고 요청했다. 그는 메트로부에서 스포츠부로 옮겼다가 워싱턴 총격 사건 와중에 전국부로 옮겨갔다. 그리고 워싱턴에서 그는 가짜 기사를 썼다.

블레어는 총격범 자백 방해로 촉발된 논란을 다룬 1면 독점 기사를 썼다. 경찰 당국은 공식적으로 부인했고, 선임 기자들은 우려를 표했다. 곧 블레어가 쓴 기사와 달리 수사관들은 자백을 받아내기 직전에 있던 것이 아니라 점심 식사와 샤워 같은 일상적 문제로 용의자와 협상을 하고 있었다는 게 드러났다.

다른 기사에서는 사소한 세부사항을 조작했다. 그레고리 린치는 전망 좋은 언덕 위에서 담배 농장이나 소 목장을 둘러보지 않았고, 블레어는 그의 집에 찾아간 적도 없었다. 그 계곡에는 담배 농장이 없었다. 그리고 다친 해병과 한 인터뷰는 블레어가 기사에 쓴 것과 달리 병원에서가 아니라 그 병사가 집으로 돌아온 후 전화로 이루어졌다. 게다가 기사에 등장한 병사와 해군 의사는 동시에 한 병원에 있었던 적이 없었는데, 블레어는 그 부분을 인용문으로 처리했다.

그러나 《뉴욕타임스》는 《샌안토니오 익스프레스뉴스San Antonio Express-News》의 한 기자가 블레어가 자기 기사를 표절했다고 항의할 때까지 속임수를 눈치채지 못했다. 그 일이 있고 나서 편집진은 더 주의 깊게 상황을 들여다보기 시작했다.

처음에는 단순한 표절 사건이라고 생각했다. 블레어는 메모가 뒤섞여서 실수한 거라고 항변했다.[29] 그러나 편집진은 곧 충격적인 진실을 알아냈다. 블레어가 단순히 기사 표절만 한 게 아니라 텍사스로 출장을 다녀왔다고 거짓말까지 한 것이다. 《뉴욕타임스》 미디어 편집자는 이렇게 말했다. "다들 전국 곳곳을 다니며 사람들과 이야기를 나누고 기사를 쓰는 이 업무를 맡고 싶어서 안달인데, 여기 이 사람은 심지어 비행기 좀 타는 것도 안 했다는 거예요."[30]

선임 기자들이 조사한 결과 허술한 기사에서 출발한 문제는 완벽한 사기 사건으로 변모했다. 블레어는 출장 중에 작성했다며 현장 인터뷰 기사를 편집자에게 보냈는데 실제로 그 메일은 뉴욕에서 보낸 것이었다. 있지도 않은 취재원 경비를 청구했고, 워싱턴 D.C.에 있어야 했던 때에 브루클린에 있는 식당 영수증을 제출했다. 그리고 심지어 몇 달에 걸쳐 출장 취재를 다녀와서도 교통비나 숙박비 지출결의서를 제출한 적이 없었다.

블레어 사건을 그저 한 사람의 문제라고 결론 내릴 수도 있을 것이다. 확실히 그런 면이 있다. 그러나 스탠퍼드대학 언론학 교수이자 전직 기자인 윌리엄 우William Woo는 이 사건에서 칙 페로의 이론을 떠올렸다. 그는 이렇게 썼다. "상호작용하는 복잡도는 언론사가 가진 특징이다."[31] 우는 블레어의 속임수가 시스템 실패였으며 그가 그렇게까지 속일 수 있었던 것은 현대 언론의 복잡도 때문이라고 주장했다.

편집자들은 블레어가 웨스트버지니아에 있는 그레고리 린치의 집 앞을 감동적인 장면으로 그려낸 생생한 기사를 반겼다. 그러나 핵발전소의 노심과 마찬가지로 이런 기사의 이면에 숨은 진실을 살펴보기는 어려웠다. 그리고 관련 연구들은 이 비가시성이 가짜뉴스를 빚어내는 핵심요소라고 말한다.[32] 실제 기사와 비교해 가짜뉴스는 멀리 떨어진 지역에서 작성되며, 야구경기 같은 공개적인 대형 이벤트보다는 전쟁과 테러리즘처럼 비밀 취재원을 통해야 하는 주제를 다루는 경향이 더 높다. 실제로 블레어의 기사는 원거리에서 작성되었고, 익명 취재원과 비공식 인터뷰로 감성적인 주제를 다룬 경우가 많았다. 그리고 근본적으로 보도국 내에 넘쳐나는 엄청난 뉴스량으로 인해 편집자들은 사실 확인조차 블레어에게 의존할 수밖에 없었다.[33]

블레어 또한 사기를 숨기기 위해 조직의 복잡도를 악용했다. 《뉴욕타임스》 보도국은 파편화된 것으로 악명 높다. 부서별 편집자는 서로 반목하며 심지어 말도 섞지 않는 경우도 있다. 블레어는 이런 균열을 발견하고 그 사이를 파고들었다. 전국부로 옮겨

D.C.의 총격 사건을 담당하게 되었을 때 블레어의 새 상사는 그가 업무능력을 의심받아온 직원이라는 사실을 알지 못했다.

블레어가 조직의 복잡도를 악용한 건 이뿐이 아니다. 지출결의서를 보자. 행정 보조원은 그가 어디서 기사를 썼는지를 파악해 지출결의서를 처리해야 할 책임이 없다. 실제로 그에게 임무를 맡기는 편집자도 영수증을 확인할 의무는 없었다. 그렇게 블레어가 제출한 지출결의서에 문제가 있다는 사실이 드러나지 않을 수 있었다.

이 사건은 신문에 대한 독자들의 신뢰를 떨어뜨렸고, 안 그래도 삐걱대던 보도국을 뒤집어놓았다. 복잡도가 다시금 문제를 일으킨 것이다.

지금까지 핵 사고, 트위터 참사, 석유 유출, 월스트리트의 파산, 그리고 범죄까지를 아우르는 DNA를 살펴보았다. 복잡도와 긴밀한 결합은 이런 실패를 더 많이 일으키고 더 악화시키는 경향이 있는데, 우리 두뇌와 조직은 이런 시스템을 다루기에 적합하지 않다. 그리고 이제껏 살펴본 여러 시스템은 우리에게 엄청난 이익을 안겨주지만, 동시에 우리를 위험구역 깊숙한 곳으로 몰아넣기도 한다.

시계를 뒤로 돌려 지금보다 단순한 세계로 돌아갈 수는 없다. 그러나 멜트다운 발생을 줄이기 위해 우리가 할 수 있는 크고 작은 일들이 있다. 더 나은 시스템을 만들고, 더 나은 결정을 내리

고, 복잡도에 직면한 우리 동료들을 더 효과적으로 움직이게 할
방법을 배울 수 있다.

어떻게? 이 책의 2부에서 다루려는 게 바로 그것이다.

복잡도 정복하기
Conquering complexity

4장 | 위험구역 밖으로

"〈라라랜드〉!"

1. 재앙을 낳은 안전장치

현란. 화려. 복잡. 혼란.

89회 아카데미 시상식[1]은 이렇게 끝이 나고, 배우 워런 비티 Warren Beatty와 페이 더너웨이Faye Dunaway가 이날의 마지막 트로피를 넘겨줄 차례다. 비티는 붉은 봉투를 열고 카드를 꺼내 들여다보다 두 눈을 빠르게 깜빡인다. 눈썹을 치켜올린 채 다시 봉투 안을 들여다보지만 아무것도 없다. 다시 한 번 손에 든 카드를 살펴본다.

"자, 그러면 아카데미상……." 비티는 3초 정도 카메라를 쳐다보고서 다시 봉투 안을 들여다본다. "최우수작품상은……." "당신, 안 되겠네요!"라고 웃으며 다그치는 더너웨이를 다시 바라본다.

더너웨이는 그가 시간을 끄는 줄 알았다. 그게 아니었다. 그는 카드를 다시 힐끗 바라보고 눈을 깜빡거리며 마치 **이것 좀 봐요**라고 말하듯이 그녀를 바라본다. 더너웨이는 카드를 보고 외친다. "〈라라랜드La La Land〉!" 객석은 환호한다. 무대에는 〈라라랜드〉의 주제곡이 울려 퍼지고, 프로듀서 조던 호로비츠Jordan Horowitz가 수상소감을 발표한다. "고맙습니다. 모두 고맙습니다. 아카데미상에도 감사드립니다. 그리고……."

그 순간 무엇이 잘못되었는지 아는 사람은 전 세계에서 단 두 사람, 브라이언 컬리넌Brian Cullinan과 마사 루이스Martha Ruiz뿐이었다. 그 둘은 회계법인 PwC(PricewaterhouseCoopers, 프라이스워터하우스쿠퍼스)의 파트너*다. 시상식 전주에 그들은 투표 결과를 집계해 부문별 수상자 카드를 봉투에 넣었다. 행사를 시작할 때 컬리넌과 루이스는 무대 뒤에서 한 사람은 왼쪽, 한 사람은 오른쪽에 자리를 잡고 서 있었다. 그들은 PwC라는 글씨와 화려한 오스카 로고가 찍힌 똑같은 가죽 가방을 들고 있었다. 각 가방에는 봉투가 시상 부문별로 하나씩, 모두 24개가 들어 있었다.

행사 몇 주 전 컬리넌과 루이스는 블로그에 행사 준비에 관한 글을 올렸다.

---

* 회계법인 또는 법무법인에서 지분을 갖고 경영에 참여하는 직원.

투표용지에 문제가 생길 경우 대비책은 무엇입니까?

대비는 철저할수록 좋죠! 결과 봉투를 두 장씩 만들어 각자 한 세 트씩 서류 가방에 나눠 갖습니다. 행사 당일 아침 우리는 따로 행 사장에 도착할 겁니다. LA의 교통 사정은 예측이 어렵잖아요! 행 사 때 두 사람 모두 발표자들에게 봉투를 건네기 위해 무대 뒤에 섭니다.

그리고 우리는 수상자를, 부문별로, 빠짐없이, 기억합니다. 수상자 이름은 종이를 흘리거나 비밀이 새나가는 것을 막기 위해 컴퓨터 에 입력하거나 손으로 따로 써넣지 않습니다.[2]

행사를 진행하는 동안 회계사들은 발표자에게 봉투를 건넨다. 컬리넌이 말했듯 "가방에 손을 넣을 때 순서에 맞게 봉투를 꺼냈 는지를 확인해야 합니다. ……로켓 공학을 하는 건 아니지만 일 이 진행되는 동안에는 주의를 기울여야만 하죠."[3]

문제가 된 최우수작품상 발표 몇 분 전, 루이스는 리어나도 디 캐프리오Leonardo DiCaprio에게 여우주연상 봉투를 건넸다. 수상자는 〈라라랜드〉에 출연한 엠마 스톤Emma Stone이었다.

그런 다음 컬리넌은 엠마 스톤의 무대 뒤 사진을 트윗하면서 주의가 흐트러졌다. 가방에서 다음 번 봉투를 꺼내 비티에게 건 냈지만 그 봉투는 최우수작품상 봉투가 아니었다. 루이스가 디 캐프리오에게 건넨 여우주연상 봉투와 똑같은 **여분의** 봉투였다. 카드 내용은 이를테면 아래와 같은 모습이었다.

　　　　　　　　　　　　　4장 | 위험구역 밖으로

엠마 스톤
〈라라랜드〉

여우주연상

무대 위에 서 있던 비티는 봉투를 열어보고는 무언가 잘못되었다는 것을 알아챘는데, 어떻게 해야 할지 알 수 없었다. 그는 도움을 요청하듯 카드를 더너웨이에게 보여주었는데, 그녀가 〈라라랜드〉라는 글씨만 보고 불쑥 소리 내서 읽었다.

〈라라랜드〉 프로듀서가 소감을 말하는 동안 헤드셋을 쓴 무대 담당자가 사람들 틈을 비집고 들어갔다. 그런 다음 회계사들이 무대 위로 올라갔다. 붉은 봉투 한 뭉치가 앞뒤로 넘겨졌다. 2분 30초 동안 소감을 발표한 〈라라랜드〉 프로듀서 조던 호로비츠가 다시 마이크를 잡았다. "여러분, 죄송합니다. 아니, 실수가 있었어요. 최우수작품상은 〈문라이트〉, 당신들이에요……. 농담이 아닙니다." 그는 카메라를 향해 진짜 카드를 들어 보였다.

"최우수작품상 〈문라이트〉."

THE
OSCARS.

〈문라이트〉
프로듀서 아델 로만스키,
디디 가드너, 제러미 클라이너

최우수작품상

행사 후 화려한 연회장에서 어느 기자가 하얀 소파에 앉아 휴대폰을 들여다보는 아카데미상 대표 셰릴 분 아이작Cheryl Boone Isaacs을 발견했다. 그는 사태 당시 무슨 생각이 들었냐고 물었다. "끔찍했죠"라고 그녀는 대답했다.

> "이 생각밖에 없었어요. '뭐? 뭐야?' 프라이스워터하우스 사람이 무대에 올라선 걸 보고는 '아, 안돼, 대체 무슨 일이야? 뭐야 대체 뭐? 어떻게 이런 일이……?' 했죠. 그다음은 이랬죠. '세상에, 어떻게 이런 일이 벌어질 수 있어? 어떻게. 이런. 일이. 벌어지냐고.'"[4]

아카데미상 측이나 PwC로서는 창피한 순간이기는 했어도 이 사건 때문에 누가 죽거나 한 건 아니다. 전체적으로 보면 상당히 사소한 시스템 오류다. 그래도 이 일은 우리에게 중요한 것을 알려준다.

컬리넌이 낭패를 겪기 전에 말했듯 배우들에게 카드를 건네주는 건 로켓 공학이 아니다. 그러나 어려운 일이긴 **했다**. 수상자를 발표 순간까지 비밀에 부치는 방식은 감동을 더할 뿐 아니라 복잡도도 키웠다. 그리고 관심이 높은 관객과 텔레비전 생중계로 인해 행사 전체가 긴밀히 연결된 상태였다.

그 시스템에는 세 가지 커다란 약점이 있었다. 첫째, 봉투에 찍힌 부문명을 읽기 힘들었다.[5] 붉은 봉투에 옅은 금색으로 글자가 새겨져 있어 컬리넌이 최우수작품상이 아니라 여우주연상 봉투를 건넸다는 걸 눈치채기 어려웠다. 카드에도 부문명이 제일 아래쪽에 아주 작은 글씨로 찍혀 있었다. 수상자 이름(엠마 스톤)과 영화 제목(〈라라랜드〉)은 둘 다 큰 글씨로 찍혀 있었다. 비티가 더너웨이에게 카드를 보여줬을 때, 그녀는 슬쩍 보고도 눈에 확 띄는 〈라라랜드〉라는 글씨를 한눈에 알아보았을 정도였다.

둘째, 회계사들이 맡은 역할이 놀라울 정도로 어려웠다. 무대 뒤는 혼란스러웠고, 컬리넌이 예언처럼 말했듯 '주의를 기울여야' 했다. 발표자 중 일부는 루이스에게서, 일부는 컬리넌에게서 봉투를 건네받았다. 그리고 대기하며 배우 가까이에 있던 컬리넌이 사진을 찍어 트위터에 올리려 했던 것처럼 방심할 수 있는 요소도 많았다.

그러나 가장 흥미로운 약점은 PwC의 이중 가방 시스템이었다. 원리는 이렇다. 회계사 중 한 명이 가방을 잃어버리거나 교통체증에 갇히는 등 예상할 만한 사고를 막기 위해서 봉투를 전부두 개씩 만들었다. 그러나 안전장치가 될 줄 알았던 이 여분이 **복**

잡도를 키웠다. 여분 봉투로 인해 시스템에서 예상치 못한 상호작용이 발생할 가능성이 생겼던 것이다. 지켜봐야 할 것, 이동할 경로, 방심할 기회가 늘고, 실패가 파고들 틈이 커졌다.

일전에 찰스 페로는 이렇게 썼다. "복잡하고 긴밀히 결합한 시스템에서 안전장치는 재앙적 실패의 가장 큰 단일요인이다."[6] 그는 핵발전소, 화학 공장, 비행기를 꼽았다. 그러나 오스카상을 분석해도 좋았을 것이다. 여분의 봉투가 없었다면 오스카상은 절대 낭패를 겪지 않았을 것이다.

페로의 경고에도 불구하고, 안전장치는 확실히 매력적이다. 예측할 만한 실수를 막아주기 때문에 가능한 한 많이 사용하고 싶어진다. 그러나 안전장치는 그 **자체가** 시스템의 일부가 되어 복잡도를 높인다. 복잡도가 증가할수록 예상치 못한 요인 때문에 실패를 마주할 가능성이 커진다. (이 점은 규모가 더 큰 부문에서도 마찬가지다. 예를 들어, 여객기는 승객의 안전을 위해 여분의 산소를 실어야 하지만, 그 필수요소가 복잡도를 높여 우리가 프롤로그에서 살펴본 밸루젯 592편 사고의 주요인이 되었다.)

역효과를 낳는 안전장치는 여분만이 아니다. 집중치료실 다섯 곳의 침대 머리맡 경보를 연구한 결과 불과 한 달 사이에 뜬 경보가 250만 건인데 그중 40만 건 정도는 경고음도 울렸다.[7] 그 말은 경보가 **초당** 한 개씩 뜨고 8분에 한 번씩은 경고음이 울렸다는 것이다. 경보 중 90퍼센트 가까이가 거짓양성 false positive 이었다. 옛 우화에서처럼 8분에 한 번씩 늑대가 왔다고 외친다면 사람들은 곧 관심을 잃을 것이다. 더 큰 문제는 **실제로** 심각한 사건이 발생할 경우, 무수히 뜨는 경보 중에서 사소한 것들을 제치고 중요한 경보를 찾아내기가 어려워진다.

안전장치가 안전성을 떨어뜨리다니, 직관에 맞지 않는다.[8] UCSF(University of California, San Francisco, 캘리포니아대학교 샌프란시스코캠퍼스) 소속 내과의이자 작가인 밥 워터 박사Dr. Bob Wachter는 이 모순에 관심을 기울인 몇 안 되는 사람 중 한 명이다. 그는 저서 『디지털 닥터The Digital Doctor』[9]에서 간호사가 뜻하지 않게 항생제를 엄청나게 투여해 거의 죽을 뻔했던 10대 소년 파블로 가르시아Pablo Garcia의 사례를 자세히 서술하고 있다.

2012년, UCSF는 새로운 컴퓨터 시스템을 도입했다. 이 시스템에는 미리 비치된 서랍에서 기계식 팔로 약물을 꺼내 포장하는, 방 하나 크기의 초현대적인 조제 로봇이 포함되어 있었다. 의사와 간호사 들은 이 시스템이 조제 과정 중 실수를 막아 환자의 안전을 지켜주리라 기대했다. "컴퓨터 시스템이 도입되면 의사가 쓴 손글씨 처방은 레코드판 위의 흠집만큼이나 불필요하고 부적절해질 것이다"[10]라고 워터는 썼다. "조제 로봇은 정확한 약품을 선반에서 꺼내고, 보석상이 보석을 재듯 필요한 양을 정확히 측정했다. 그리고 바코드 시스템은 간호사가 잘못된 약품을 꺼내거나 엉뚱한 병실로 가지고 갈 경우 신호를 울려 이 전달체계를 최종단계까지 완벽하게 진행하게 했다."

이 훌륭한 안전장치는 흔히 발생했던 수많은 오류를 제거했다. 그러나 동시에 복잡도를 상당히 높였다. 가르시아 사례에서 문제가 시작된 건 조제 실수를 방지하기 위해 설계한 주문 시스템 화면이 젊은 소아과 의사를 혼란에 빠뜨리면서부터였다. 의사는 160밀리그램짜리 약을 한 알만 주문했다고 생각했다. 그러나 실제로는 160밀리그램 퍼 킬로그램을 주문했고, 시스템은 가르시아의 체중 38.6킬로그램에 의사의 주문을 대입했다. **$38\frac{1}{2}$알을 주문한 셈이었다.**

경고 시스템이 작동해 화면에 과다복용 경보를 띄웠다. 그러나 의사는 늘 화면에 뜨는 불필요한 경보라고 생각해 닫아버렸다. 주문을 (물론 시스템상에서) 확인한 약사도 실수를 잡아내지 못했다. 수백만 달러짜리 조제 로봇은 기꺼이 약물을 포장했다. 그리고 약을 가지고 병실에 들어선 간호사는 양이 너무 많아 약간 의아해하긴 했지만, 또 다른 안전장치인 바코드 시스템이 그 방과 그 환자가 맞다고 알려주었다. 그러자 간호사는 의심을 거두고 아이에게 $38\frac{1}{2}$알을 전부 투여했다.

경고음과 경보, 이중장치는 어느 정도 오류를 막아주지만, 동시에 복잡도를 부채질해 엄청난 멜트다운을 발생시킬 수 있다. 그런데도 우리는 대형 사고를 겪은 후, 심지어 복잡도가 주된 역할을 한 경우에도 **더 많은** 안전장치를 추가하려는 경향이 있다. 과다복용 사건을 검토하던 중 월터의 동료 중 한 명은 심사숙고하며 말했다. "여기에 경보를 딱 하나 더 더해야 할 것 같아." 월터는 거의 소리치듯 대답했다. "문제는 경보가 너무 많다는 거야. 거기다 하나를 더 더하면 더 나빠지기만 할걸!"[11]

그 말이 옳다. 언뜻 확실해 보이는 해법, 즉 더욱더 많은 안전장치를 더하는 것은 효과가 없다. 그렇다면 우리는 어떻게 해야 할까? 시스템을 어떻게 개선해야 할까?

시작은 진단이다. 페로의 복잡도 및 결합 사분면은 우리가 취약한 부분이 당혹스러운 사고인지 예상치 못할 부정행위인지를 파악하는 데 도움을 준다. "사분면은 진행 중인 작업 또는 사업에서 끔찍한 충격을 각오해야 할 부분이 어디인지 알려줍니다."[12] 핵 기술자에서 페로의 사분면을 열렬히 지지하는 관리 컨설턴트로 변한 게리 밀러 Gary Miller의 말이다.

밀러는 신규 매장을 줄줄이 오픈하려고 준비 중인 소매업체를 예로 들었다. "개업 일정을 빠듯하게 잡고 오류가 발생할 여지를 두지 않았나요? 그렇다면 그건 긴밀한 결합입니다. 정교한 재고 관리 시스템 때문에 물건을 직접 확인하기 어려운가요? 그건 복잡도입니다. 혹시 두 가지를 다 갖고 있다면 어느 순간 골치 아픈 사고가 벌어질지 모르니 개업 전에 문제를 개선해야 해요."

밀러는 페로의 사분면이 '골치 아픈 사고'가 정확히 어떤 것인지 알려주진 않더라도, 도움이 된다는 게 핵심이라고 주장했다. 단지 시스템(또는 조직이나 사업)의 어떤 부분이 취약한지 알기만 해도 복잡도와 긴밀한 결합을 줄여야 하는 상황인지, 어디에 주의를 집중할지 파악하는 데 도움이 된다. 이를테면 안전띠 착용과 마찬가지다. 우리가 안전띠를 채우는 이유는 구체적으로 어떤 사고가 발생해 어떻게 다칠지 정확히 예상하기 때문이 아니다. 정신없는 명절 저녁 식사를 준비할 때 여유시간을 두는 이유는 **무엇이** 잘못될지 알아서가 아니라 **무엇인가** 잘못될 수도 있다는 걸 알기 때문이다. "예방을 위해 예측할 필요는 없어요"라고 밀러는 말했다. "그러나 어떤 계획을 세우거나 무언가를 만들어낼 때는 복잡도와 긴밀한 결합을 핵심변수로 다뤄야만 해요."[13]

페로의 사분면은 우리가 혹시 위험한 영역으로 향하고 있는 건 아닌지 알려주고, 그렇다면 방향을 전환하는 것이 우리가 할 일임을 깨닫게 한다. 이 장의 나머지 부분에서는 바로 그 일을 어떻게 해야 할지 살펴볼 것이다. 비행기, 등반 원정대에서 빵집까지 복잡도가 낮거나 덜 긴밀하게 결합한 시스템을 만드는 사례를 살펴본다.

2. 단순화하고, 투명성을 높이고, 여유를 더하는 방법

"에어버스 A330은 코끝부터 꼬리 끝까지 외관이 믿을 수 없을 만큼 아름답다."[14] 네덜란드항공(KLM, Royal Dutch Airlines) 조종사 타이스 용스마Thijs Jongsma는 블로그에 그 비행기를 향한 사랑 고백을 담은 글을 잔뜩 올렸다. "서 있는 모습은 지극히 당당하다. 땅 위에 있는 언제라도 전속력으로 돌진할 수 있다는 듯 앞으로 약간 기운 모습이다. 비행 중에는 코끝을 살짝 드는데, 그게 우아함을 더한다……. 내가 조종해본 비행기 중에서 가장 아름다운 비행기다."

조종석도 일품이다. 스크린 몇 개만 붙은 매끄럽고 유연한 디자인, 인체공학적 배치, 그리고 다채로운 신호와 패널 불빛을 표시하는 영리한 시스템을 갖추었다. 용스마는 이렇게 썼다. "포르셰가 이 조종석 내부 기기 중 상당수를 디자인했다는 사실을 말했던가? 형태, 색, 불빛이 이토록 예쁜 건 놀랄 일이 아니다."

거기다가 조종도 쉽다. A330은 각 조종사 앞에 있던 전통적인 조종 핸들인 조종간을 비디오게임기에 달린 조이스틱처럼 보이는 작은 측면 조종기로 대체했다.

측면 조종기는 비행기 컴퓨터에 연결되어 있기 때문에, 예를

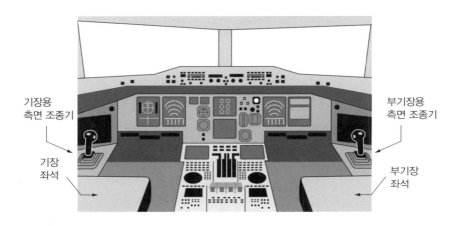

기장용
측면 조종기

부기장용
측면 조종기

기장
좌석

부기장
좌석

들어, 우측 15도 회전을 명령할 때 조종사가 측면 조종 장치를 움직이기만 하면 비행기는 정확히 임무를 수행할 것이다. 그리고 측면 조종기는 아주 적은 공간만 차지해 기기 패널을 가로막지도 않는다. "조종간이 사라지니 기기 패널 아래에 깔끔하게 접어 넣을 수 있는 탁자를 놓을 공간이 생겼다." 접이식 탁자 위에 가지런히 올려놓은 점심 사진 아래에 용스마는 이렇게 썼다. "KLM에서 탁자를 놓고 일하거나 식사할 수 있는 비행기는 이 것밖에 없다!"

이제 보잉 737의 조종실을 살펴보자.

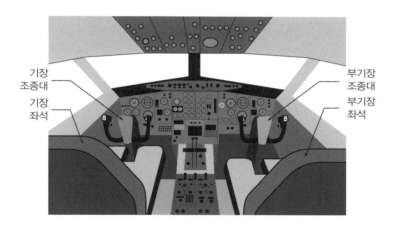

접이식 탁자는커녕 매끄러운 측면 조종기도 없다. 각 조종사 앞에는 커다란 W자 모양 조종간이 길이 3피트인 조종대 위에 장착되어 있다. 조종사는 그 조종간을 왼쪽이나 오른쪽으로 돌려

4장 | 위험구역 밖으로

비행기를 몬다. 비행기 코끝을 기울이려면 조종대 전체를 앞으로 밀고, 들어 올리려면 조종대를 자기 몸쪽으로 끌어당겨야 한다. 조종대를 완전히 끌어당겨야 할 때도 있는데, 그 때문에 조종석 앞쪽이 갈라져 있다. 에어버스의 영리한 측면 조종기와 비교하면 이 기기들은 너무 크고 거추장스럽다.

"보잉 737을 운항할 때는 조종석 앞에 이렇게 커다란 조종간이 있는데, 조종사 한 명이 조종간을 돌리면 전체가 다 움직여요." 프롤로그에서 만나본 비행기 기장이자 사고조사관인 벤 버먼의 말이다. "두 조종사의 조종간은 물리적으로 연결되어 있어서 제가 왼쪽으로 돌리면 부기장 쪽 조종간도 왼쪽으로 돌아갑니다. 몸쪽으로 세게 당기면 부기장의 조종대도 똑같이 움직이니까 무릎에 부딪히거나 배를 찌르거나 할 거예요."

가지런히 정돈된 식사는 잊도록 하자. "조종간이 너무 커서 점심을 먹을 때면 걸리적거리죠." 버먼은 말했다. "항상 셔츠에 음식을 흘리게 된다니까요!"[15]

많은 면에서 에어버스 A330은 보잉 737보다 디자인이 더 나아 보인다. 인체공학적 우아함과 거추장스러움, 근사한 접이식 탁자에 올려둔 점심과 셔츠에 음식을 흘리게 만드는 점심 사이의 대결이다. 그러나 더 자세히 들여다보면 구식 조종간과 거추장스러운 조종대는 나름 탁월한 면이 있다는 걸 알 수 있다.

2009년, 에어버스 A330에 228명을 실은 에어프랑스 447편이 대서양에 추락해 전원 사망했다.[16] 5년 후, A330과 유사한 비행

조종 시스템을 갖춘 에어버스 A320으로 운항하던 에어아시아 8501편이 자바해에 빠져 승객 155명과 승무원 일곱 명이 목숨을 잃었다.

두 사고 모두 그 영리하고 작은 조종기가 문제였다. 근본적으로 두 비행기 모두 공기역학적 실속 상태, 즉 비행기 코끝이 너무 가파르게 들려 올라가 날개 위로 흐르는 공기가 부족해진 탓에 비행기를 지탱할 만큼 충분히 '날아오르지' 못해 추락했다.[17] 실속 상태를 벗어나는 방법은 간단하다. 비행기의 코끝을 내리는 거다! 그러나 두 경우 모두 혼란과 공황에 빠진 초임 조종사가 측면 조종기를 끌어당기는 바람에 머리끝이 오히려 더 높이 들려 올라갔다. 그리고 두 경우 모두 이 결정적 실수를 다른 조종사가 알아채지 못했다.

"측면 조종기 두 개가 동시에 움직이지 않고, 다른 조종사의 측면 조종기는 반대편 어두운 구석에 있으니 동료가 뭘 하고 있는지 전혀 안 보여요. 어찌어찌해서 본다 해도 동료가 조종기를 움직이는 그 순간 봐야지, 안 그러면 알 수 없어요."[18] 버먼 기장의 말이다.

양쪽이 동시에 움직이는 구식 조종간을 쓰는 조종실에서는 이런 일이 벌어지지 않을 것이다. 동료 조종사가 그 커다란 조종대를 끌어당기는 걸 모를 수가 없으니 말이다. 말 그대로 바로 코앞에 있고, 배에 부딪히기도 한다. 무슨 일이 벌어지는지 또렷이 볼 수 있기 때문에 복잡도가 줄어든다.

그러나 투명성의 힘은 그렇게 먼 사례까지 들지 않고, 자동차만 들여다봐도 드러난다. 〈스타트렉〉에 출연했던 배우 안톤 옐친Anton Yelchin은 직접 몰던 차 그랜드 체로키Jeep Grand Cherokee에서 내린 뒤 그 4500파운드짜리 자동차가 굴러내려와 그의 몸을 벽돌 기둥에 처박았고, 그 자리에서 사망했다. 사고 원인은 그 차의 변속기 디자인 때문으로 드러났다.[19] 일반적인 변속기라면 변속할 때 변속기의 위치를 **보고 느낄** 수 있다. 그러나 이 차는 그저 매끈한 모노스테이블Monostable 변속기의 전진 또는 후진 버튼을 누르기만 하면 변속한 다음 저절로 중립으로 돌아온다. 변속기 전환 반응을 확인하기 어려웠던 운전자 수백 명이 변속기가 중립이나 후진 상태라고 믿고 주차장에 차를 댔다.[20]

우아한 디자인은 가치가 있다. 보기 좋고 다루기도 편하다. 그러나 보기만 해도 시스템 상태를 파악할 수 있는 디자인에는 어마어마한 가치가 있다. 투명한 디자인은 실수할 가능성을 크게 낮추고, 만약 실수**했을** 경우 쉽게 알아채게 해준다. 투명성은 복잡도를 줄이고 위험구역을 빠져나가도록 도와준다.

물리적인 장치뿐 아니라 모든 시스템이 마찬가지다. 엔론사 내부 상황을 가려주던 시가평가 회계를 기억하는가? 그 기법은 회사를 블랙박스로 만들었다. 아무리 매끈하고 반짝거려도 블랙박스만 믿고 있다가는 재앙을 맞이할 수 있다.

시스템을 투명하게 만드는 일은 언제든지 가능한 게 아니고,

복잡도를 낮추는 유일한 방법도 아니다. 에베레스트산 등반 원정대를 생각해보자. 깊이 갈라진 틈이나 낙석, 산사태부터 날씨 변화까지 숨은 위험요소가 대단히 많다. 고산병 때문에 눈앞이 흐릿해지고, 자외선 과다노출로 설맹snow blindness 증세가 나타난다. 게다가 폭풍이라도 불어오면 아무것도 보이지 않는다. 산은 불투명한 시스템이고, 그걸 바꿀 방법은 없다.

그러나 다른 방법으로 복잡도를 줄일 수는 있다. 과거에는 수송 관련 문제가 여러 에베레스트 등반대를 괴롭혔다. 베이스캠프에 도착하기까지 그들은 항공편 지연, 국경 지역 세관 통과 문제, 보급품 배송 문제, 지역 짐꾼들과 벌이는 비용 다툼, 호흡기 및 소화 관련 질환 등 많은 문제에 부딪혔다. 이런 문제 중 상당수는 실제 등반을 시작하기 수주 전부터 드러나는데, 그 시점에는 그저 사소한 문제로 치부되곤 한다.

그러나 바로 이 사소한 문제들이 일정을 지연시키고, 팀 지도부에게 부담을 주고, 계획을 세울 여유를 앗아가고, 등반대원들이 고산지대에 적응하지 못하게 방해한다. 그리고 정상을 앞둔 마지막 분투 중에는 이런 실패가 다른 문제들과 상호작용한다. 집중력을 잃은 지도부와 지친 등반대원들은 또렷한 경고신호를 놓치고 평소 같으면 하지 않을 실수를 저지르고 만다. 그러다 혹시 날씨라도 나빠지면 촉박한 일정에 녹초가 된 팀에게는 선택지가 별로 없게 된다.

진짜 범인은 산이 아니라 수많은 작은 문제들의 상호작용이라는 사실을 일단 인식하고 나면 해법을 찾아낼 수 있다. 수송 관련 문제를 최대한 제거하는 것이다. 그게 바로 일류 등반 업체들이 하는 일이다. 그들은 따분한 수송 문제를 중대한 안전 문제로 여긴다.[21] 지도부의 짐을 덜어줄 수송 담당자를 고용하는 것부터 베이스캠프 시설을 제대로 갖추는 일까지 등반대에 필요한 일상 업무에 상당히 공을 들인다. 요리조차도 아주 중요한 사안이다. 한 업체의 안내서에는 이렇게 적혀 있다. "우리 회사는 에베레스트 및 세계 각지에 있는 산에서 대원들이 소화 관련 문제를 거의 겪지 않을 정도로 정성을 다해 음식을 준비합니다."[22]

등반가들은 사소한 문제들이 복잡하게 상호작용하면서 위험이 발생하는 경우가 많다는 것을 너무나 잘 안다. 수송 부분을 개선한다고 에베레스트를 완전히 안전하게 만들 수는 없지만, 그 덕에 등반대는 복잡도를 덜고, 행여 재앙을 불러올지도 모를 작은 문제들을 차단할 수 있다.

에베레스트에 적용한 해법은 추수감사절 저녁 준비처럼 부담이 덜한 일상적 상황을 관리하는 데도 도움이 된다. 여기서도 작은 실수들이 긴밀하게 결합해 큰 사고를 일으킬 수 있다는 것을 알 수 있다. 요리하면서 욕실 청소부터 식탁 차리기까지 여러 가지 일을 동시에 해내자면 부담이 크고 집중력이 떨어진다. 혼이 쏙 빠진 주최자는 1장에 등장한 《본 아페티》 독자처럼 아이스크림에 바닐라 대신 감기약을 넣는 바보 같은 실수를 저지를 수도 있다.

정상을 향해 질주하는 등반대에게 음식에 해당하는 요리 자체에만 집중할 게 아니라, 만찬 전체를 하나의 시스템 안에서 살펴볼 필요가 있다. 등반 업체가 그랬듯 혼란에 빠지기 전에 사소한 세부사항에 주의를 기울이는 작업을 해야 한다. 행사 당일이 오기 전에 마당을 쓸고 욕실 청소를 해두는 것이다. 주재료뿐 아니라 소금, 올리브유, 호일 등 필요한 식자재가 있는지 미리 확인해 둘 필요도 있다. 이런 평범한 일을 성공적인 식사 준비의 핵심으로 보면 추수감사절의 재앙을 막을 수 있다.

불필요한 벨 소리와 경고음을 제거함으로써 복잡도를 줄이는 방법을 찾아낸 시스템도 있다.[23] 보잉 조종실을 다시 떠올리면서 아래 목록을 살펴보자. 대형, 다중 엔진 제트기에 영향을 줄 수 있는 문제의 목록이다. 이 중에서 조종실에 최고단계 긴급 경보를 띄울 만한 문제는 무엇일까?

- 엔진 화재
- 착륙단계에 접어들었는데 착륙장치가 내려가지 않음
- 공기역학적 실속 상태가 예상됨
- 엔진 가동 중단

전부 다 상당히 심각해 보인다. 그렇지 않은가?

그러나 최신 보잉 조종실에서는 이 가운데 단 한 가지 상황에서만 최고단계 경보가 작동한다. 공기역학적 실속 상태에 빠지기 직전일 때 붉은 경고등이 켜지고 조종석 화면에 붉은 글씨가 뜨며 조종대가 거칠고 세게 흔들린다. 조종사는 경고를 보고 듣고 느낀다.

실속상황을 제외하고는, 심지어 엔진 화재 시에도 이렇게 모든 경보가 작동하는 경우는 없다. 물론 엔진 화재는 심각한 사건이지만, 항로에 즉각적으로 영향을 주지는 않는다. 그렇기 때문에 붉은 경고등이 켜지고, 붉은 글씨가 뜨고, 특유의 벨 소리가 울리긴 하지만 조종대가 흔들리지는 않는다.

수준이 더 낮은 '주의'단계에서는 화면에 노란 글씨만 뜰 뿐 경고등도 켜지지 않는다. 수압 시스템 중 어딘가에 수량이 낮을 경우가 여기에 해당한다. 조종사는 수량을 관측해야 하므로 이를 알고 있어야 하지만 상황이 급박하지는 않다. 수량이 완전히 바닥나면 노란 등이 더 많이 깜빡이고 소음이 강해지는 더 높은 경고단계로 접어든다.

원리는 단순하다. 경고 시스템, 또는 그 어떤 시스템이든 필요 이상 복잡하게 만들어 사람들을 압박하지 말라는 것이다. 필요 없는 것은 잘라내고 지켜야 할 것을 우선시하자. (적절한 반응을 유도하기 위해 매우 고심하던 보잉 기술자들은 더욱더 세밀한 차원의 접근법을 썼다. 예를 들어, 이륙 초반에 엔진이 꺼지면 조종사가 활주로에서 재빨리 비행기를 멈춰야 하므로 붉은 경고등, 붉은 글씨, 그리고 '엔진 고장'이라고 외치는 합성음까지 포함한 경고가 작동한다. 몇 초 후 비행기가 가속해 멈추어 설 만큼 활주로가 남지 않은 상황이 되면 자동으로 경고문을 제외한 모든 경고 장치를 억제한다. 멈출 수 없는 상황인데도 조종사가 비행기를 멈추려 드는 걸 막기 위해서다. 그리고 만약 비행기가 순항하는 중 엔진이 고장 나면 노란 등, 삐 소리, 노란 글씨로만 이루어진 경고 장치가 뜬다.) 이것이 계층식 경고다. 과거 비행기가 점점 더 복잡해지던 중에는 경고등이 조종실 전체에 켜지고 경고음이 내내 울려댔다. 계층적 접근법 덕에 요즘에는 거의 모든 비행기에서 경고음이 전혀 울리지 않고, 조종사가 사소한 경고에 압도당하지 않는 편이다.

당연히 다른 산업에서도 이를 주목하기 시작했다. 병원에 계층식 경고를 도입하려는 노력에 관해 밥 워터 박사는 이렇게 썼다. "모든 경고 장치를 재검토해 하나씩 쳐낼 위원회를 구성했다. 잔디밭 잡초 뽑기의 디지털 버전이라고 할 만큼 공이 들어가는 작업이다."[24]

물론 때로는 복잡도를 줄이는 게 불가능할 때도 있다. 더 투명하게 만들고, 사소한 실수를 제거하고, 과다한 안전장치를 쳐내는 작업은 언제든 할 수 있는 것이 아니다. 그러나 그런 상황이라 할지라도 긴밀한 결합을 조금 느슨하게 풀어놓을 수는 있다.

이 장 초반에 등장한 관리 컨설턴트 게리 밀러[25]는 소규모 제과 카페 체인을 재단장하는 작업을 진행한 적이 있다. 점주들은 새 메뉴를 개발하고, 기존 매장을 새롭게 꾸미는 동시에, 새 지점을 몇 군데 더 열 계획을 세웠다.

"그건 빵집이었어요. 스리마일섬과는 다르죠"라며 밀러는 웃었다. "하지만 어떤 면에서는, 생각해보면 그렇게 다르지도 않아요."

그는 재단장 계획이 너무 복잡하고 긴밀히 결합한 상태라고 판단했다. 새 메뉴는 길고 복잡했는데, 그 말은 회사가 복잡하게 얽힌 공급망에 의존해야 한다는 뜻이었다. 밀러는 말했다. "새로운 도매업체들과 매우 복잡하게 계약을 맺었어요. 빵, 수프, 소스, 과일, 음료, 전부 제각기 다른 데서 가져오니 그걸 모두 다 파악할 방법이 없었죠. 심지어 새 매장 디자인조차 너무 복잡했어요." 게다가 재단장 일정도 너무 빠듯했다. 점주들은 기존 매장을 전부 다 한꺼번에 재단장하는 동시에 새 매장을 여러 개 열기를 원했다. 실수를 허용할 공간이 적었다.

밀러는 메뉴를 줄이고, 공급망을 정돈하고, 새 매장 디자인을 간소화하는 등 복잡도를 낮추라고 점주들을 설득했다. 그들은 이미 필요한 계약은 대부분 체결했고, 새 메뉴와 디자인을 마음에 들어 했다. 그래서 밀러는 다른 방식을 시도했다. "속도를 줄이고, 일정을 여유롭게 잡고, 모든 매장을 한꺼번에 진행하지 말자고 했어요. 시간이 좀 걸렸지만 결국에는 모두 동의했죠."

두말할 것도 없이 이 복잡한 상황 속에서 진행한 개점작업은 완벽하지 않았다. 그러나 일정에 여유가 좀 생기니 회사가 문제를 처리할 수 있었다. 밀러는 이렇게 회상했다. "몇 주 동안 좀 빡빡하게 보내긴 했어요. 그래도 재앙은 닥치지 않았죠."

이 장에서 우리는 시스템을 단순화하고, 투명성을 높이고, 여유를 더하는 방법을 살펴보았다. 그러나 이 접근법에는 한계가 있다. 비행에는 복잡도와 결합이라는 요소가 언제나 내재해 있을 것이고, 의약품, 해저 시추, 금융 부분에서도 마찬가지일 것이다. 다양한 이유로 당신이 일하는 분야와 삶 속에서도 마찬가지 상황이 벌어진다는 것을 잘 알 것이다.

복잡도와 긴밀한 결합에는 물론 장점도 있다. 게리 밀러가 작업했던 제과점은 더 복잡하고 완벽한 메뉴로 고객에게 더 많은 선택지를 제공하고자 했다. 공급망을 최적화해 상품을 잔뜩 쌓아두지 않으니 비용은 줄었지만 결합도는 높아졌다. 그리고 오늘날 우리가 생활하고 일하는 방식을 결정하는 유용한 기술 중에는 복잡하면서 긴밀히 결합된 것이 많다. 위험구역에서 쉽게 빠져나갈 방법은 없다.

한 가지 좋은 소식은 이 새로운 세계에서 우리가 일하고, 생각하고, 생활하는 방식을 더 영리하게 바꿀 수 있다는 점이다. 시스템 대부분을 근본적으로 바꿀 수는 없더라도 **그 안에서 움직이는 방식**은 바꿀 수 있다. 다음 장에서는 복잡도에 직면했을 때 더 나은 결정을 내리는 방법, 시스템 어디에서 문제가 발생하는지 찾아내기 위해 경고신호를 알아차리는 방법, 그리고 위험구역에서 멜트다운 발생을 막기 위해 타인과 함께 일하는 방식을 어떻게 바꿀 수 있는지를 살펴볼 것이다.

5장

복잡한 시스템, 단순한 도구

"직관에 의문을 던지는 것은
특별한 훈련이다."

1. 핵발전소보다 나은 대피소는 없었다

일본 북동쪽 해안, 삼나무로 둘러싸인 계곡 안에 아네요시라는 작은 마을이 있다. 마을의 유일한 도로 건너편, 숲이 우거진 언덕 위에는 비석이 하나 서 있는데 거기에는 이런 경고문이 새겨져 있다.

고지대에 세운 집들은 후손의 평화와 행복을 보장해줄 것이다.
거대한 쓰나미 참사를 기억하라.
이 지점 아래로는 집을 짓지말아라.[1]

1930년대, 치명적인 쓰나미가 지나가자 주민들은 언덕 위 마을로 이주한 후 비석을 세웠다. 이런 비석은 일본 해안을 따라 점점이 서 있다. 1896년 쓰나미 직후에 세운 것도 있고, 심지어 더 오래된 것들도 있다. 그러나 제2차 세계대전 이후 사람들은 오래된 이 경고를 대부분 무시했다.[2] 인구가 폭증하면서 해변 마을이 발전했고, 많은 지역공동체가 고지대에서 바닷가로 옮겨갔다.

2011년 3월 11일, 거대한 지진이 해안을 강타하자 발생한 쓰나미로 물이 아네요시계곡을 덮치고는 비석 바로 몇백 피트 아래에서 멈추었다. 비탈 아래쪽은 파도에 몽땅 쓸려나갔다.

아네요시 남쪽 200마일 거리에는 후쿠시마제1핵발전소가 있다. 지진이 나자 발전소 원자로가 멈췄다.[3] 비상 발전기가 작동해 아직 뜨거운 핵연료를 식히기 시작했다. 모든 것이 계획대로 돌아가는 듯 보였다.

그러나 지진 후 한 시간도 채 안 돼 쓰나미가 몰아닥쳤다. 파도가 제방을 넘어 들어와 발전기를 덮쳤다. 냉각 시스템이 고장 나고, 원자로가 과열되기 시작하더니 곧 녹아내렸다. 언덕 위 더 높은 곳에도 발전기가 몇 대 있었지만, 전기를 전달할 변환 시스템마저 물에 잠겼다. 그 결과 원자로 세 개에서 멜트다운이 발생하고, 몇 차례 화학적 폭발이 발생하고, 방사성물질이 공기 중에 누출되었다.

지난 25년 사이에 발생한 세계 최악의 핵 사고였다. 그러나 막을 수 있는 일이었다. 일례로 진앙에 훨씬 가까웠던 오나가와핵

발전소는 심지어 쓰나미가 주변 마을을 초토화시켰는데도 거의 별 탈 없었다.[4] 오나가와발전소는 안전하게 폐쇄되었다. 실제로 쓰나미가 덮쳤을 때 가까운 지역주민 수백 명은 **발전소로** 대피했다. 그 주민 중 한 명은 이렇게 회상했다. "그때는 핵발전소보다 더 나은 곳은 없었어요." **핵발전소보다 더 나은 대피소는 없었다.**

　오나가와는 왜 그렇게 달랐을까? 필립 립시 Phillip Lipscy, 겐지 구시다 Kenji Kushida, 트레버 인체르티 Trevor Incerti 등 스탠퍼드의 연구자 세 명[5]은 바로 이 의문점을 탐구했다. 연구를 통해 여러 가지 요인을 발견했지만, 핵심은 오나가와 제방의 높이였다. 그들이 썼듯 "14미터짜리 오나가와발전소 제방은 10미터인 후쿠시마제1발전소 제방과 달리 13미터 높이의 쓰나미를 막기에 적절했다."[6] 제방이 더 높았다면 "후쿠시마제1발전소에 닥친 재앙을 막거나 실질적으로 완화시켰을 것이다." 제방 높이가 몇 미터만 높거나 낮았어도 결과는 엄청나게 달라졌을 것이다.

　오나가와와 후쿠시마 이외의 사례까지 살펴본 립시와 동료들은 무서운 결론에 도달했다.[7] 후쿠시마는 특별한 경우가 아니다. 그 지역에서 역대 최고 높이를 기록한 쓰나미보다 제방이 더 낮은 핵발전소는 적어도 **10여 곳이** 넘는다. 그리고 일본, 파키스탄, 대만, 영국, 미국까지 전 세계에 이런 핵발전소가 널려 있다.

　핵발전소 제방 높이를 결정하는 게 주어진 임무라고 상상해보자. 그 임무를 어떻게 해내야 할까? 이 일을 쉽게 해내기 어려운 이유는 평균이 아니라 최고 지점을 어떻게 정해야 할지 때문이다. 분명 당신은 그 지역에서 관측된 역대 쓰나미 최고 높이보다 제방이 더 높으면 좋다고 말할 것이다. 타당하긴 한데, 그래서 얼마나 높아야 할까? 그 높이는 얼마여야 할까?

어려운 질문이다. 제방이 높을수록 비용이 많이 드는데, 높이뿐만 아니라 단단하게 쌓기 위해선 더 그렇다. 오나가와보다 1미터 낮은 12미터로 쌓는 데에도 높이가 4층 건물과 맞먹는다. 그리고 제방이 높아질수록 더 많은 문제에 직면하게 된다. 공사는 더욱 복잡해지고, 사람들은 시야를 가린다고 항의하기 시작하고, 관리비가 하늘을 찌르고, 그러다 보면 제방은 당신이 안고 있는 골칫거리 중 꽤 큰 부분을 차지하게 될 것이다. 그럼 어떤 결정을 내려야 할까?

역사적 기록을 근거로 쓰나미 높이를 계산해 쓰나미 모델에 대입한 결과치를 가져오는 방법을 생각할 수 있다. 그러나 역사적 기록에 반드시 최악의 사례가 담겨 있는 것도 아니고, 모델 역시 불확실한 부분이 많다. 무한대로 높은 제방을 쌓을 수는 없기 때문에 **아주 확실하게** 맞아떨어질 숫자를 찾아내려고 애쓸 것이다. 100퍼센트 확신할 수는 없지만, 발생 가능한 파도 높이의 범위를 도출해낼 수는 있다. 최선과 최악의 사이에서 합리적인 범위를 설정해볼 수 있을 것이다. 예를 들어, 가장 높은 파도는 7에서 10미터 사이일 것이라고 99퍼센트 확신할 수 있다. 그러면 이 예측에 근거해 제방 높이를 결정하게 된다.

우리 중에 핵발전소 제방 높이를 결정할 사람은 거의 없을 테지만, 그런데도 이 과정은 낯설지 않다. 우리는 항상 이런 식으로 예측한다. 어떤 일의 진행 기간이라든지, 꽉 막힌 도로 위에서 공항 도착 시각을 어림잡을 때 이 같은 방식을 쓴다. 이 예측을 100퍼센트 확신할 수는 없다. 정확하게 예측하려면 그 일을 완료하는 데 하루에서 영원까지 걸릴 거라고 말해야 옳다. 그런 예측은 아무짝에도 쓸모없으니 암묵적으로든 명시적으로든 이른바 신뢰구간confidence interval이라는 것, 즉 일어날 수 있는 최상과 최악의 경우 사이에 있는 범위를 활용해야 한다. 예를 들어, 우리는 사업을 완료하기까지 두 달에서 넉 달이 걸릴 것이라고 90퍼센트 확신할 수 있을 것이다.

문제는 우리가 이런 예측을 너무 못 한다는 데 있다. 범위를 지나치게 좁게 잡는다. 심리학자 돈 무어Don Moore와 유리엘 해런Uriel Haran은 이렇게 말한다. "이런 예측방식을 연구한 결과에 따르면, 의미상 열 번 중 아홉 번을 맞혀야 하는 90퍼센트 신뢰구간에서 정답이 나오는 경우는 50퍼센트에도 미치지 못합니다."[8] **우리가 90퍼센트 확신하고 내리는 예측이 맞아떨어질 때가 절반이 안 된다는 것이다.** 우리는 그냥 가볍게 예측하는 경우에도 강하게 확신한다. 마찬가지로 우리는 99퍼센트 확신할 때도 1퍼센트보다 더 많이 틀리곤 한다. 만약 가장 높은 파도가 7에서 10미터 사이라고 99퍼센트 확신한다면 크게 뒤통수를 맞을지 모른다.

대체로 무언가를 예상할 때는 사업 소요 기간을 어림잡을 때처럼 두 개의 맨 끝 지점에만 주목한다. 예상할 만한 최상의 결과

(2개월 이내에 완료)와 최악의 결과(4개월 만에 완료)를 상정하는 것이다. 무어와 해런, 그리고 동료 케리 모어웨지 Carey Morewedge는 결과를 더 폭넓게 고려할 수 있는 좋은 도구를 찾아냈다. 주관적 구간예측확률 Subjective Probability Interval Estimates의 머리글자를 딴 SPIES다.[9] 어감은 좀 미심쩍지만 매우 간단한 도구다. 단 두 개의 끝 지점만 검토해보는 대신에 가능한 결괏값의 전체 범위 안에서 몇 가지 다른 결과가 나올 확률을 계산해보는 것이다. 먼저 가능한 **모든** 결과를 아우를 구간을 설정한다. 그런 다음 **개별** 구간의 확률을 짐작해 차례로 써넣는다. 아래와 같은 식이다.

구간(사업 소요 기간)	확률 추정
1개월 이내	0%
1~2개월	5%
2~3개월	35%
3~4개월	35%
4~5개월	15%
5~6개월	5%
6~7개월	3%
7~8개월	2%
8개월 이상	0%

이렇게 가능성을 가늠해보면 신뢰구간을 찾아낼 수 있다. 예를 들어, 90퍼센트 확신을 원한다면 낮은 쪽 끝의 총 5퍼센트 확률 구간(1개월 이내와 1~2개월 사이 구간)을 삭제하고 높은 쪽 끝의 총 5퍼센트 확률 구간(6~7개월, 7~8개월, 8개월 이상 구간)을 삭제한다.

5장 | 복잡한 시스템, 단순한 도구

그 후 남아 있는 부분이 90퍼센트 신뢰구간, 즉 2~6개월이다. 그러나 여기서 계산을 끝낼 필요는 없다. 무어와 해런은 구간을 입력하면 쉽게 계산을 해주는 유용한 온라인 도구를 만들었다.[10] 이 계산기가 나머지 작업을 처리하고 어떤 신뢰수준에서든 구간을 예측해준다. 빠르고 쉽다.

SPIES가 완벽하냐고? 그렇지는 않지만 상당히 큰 차이를 만들 수는 있다. 무어와 해런은 이렇게 말한다.

> 우리 연구는 SPIES가 내놓은 예측이 다른 예측 도구보다 정답을 알려주는 경우가 더 많다는 사실을 거듭 보여준다. 예를 들어, 한 연구에서 참가자들은 기온을 예측하는 데 [전통적인] 신뢰구간과 SPIES를 동시에 사용했다. 90퍼센트 신뢰구간에서 정답은 30퍼센트였던 반면, SPIES 계산기로 뽑은 구간의 정답률은 74퍼센트에 약간 못 미쳤다. 역사적 사건이 발생한 날을 맞추는 퀴즈를 활용한 또 다른 연구도 있다. 참가자들은 [전통적인] 90퍼센트 신뢰구간에서 문항 중 54퍼센트의 정답을 맞혔다. 그러나 SPIES가 산출한 신뢰구간에서는 정답률이 77퍼센트였다.[11]

단 두 개의 맨 끝 지점보다는 가능한 전체 범위를 고려하도록 이끄는 SPIES는 과신을 줄이고 전혀 불가능한 예상을 묵과하는 경향을 낮춘다.

불행히도 후쿠시마발전소를 설계한 TEPCO(Tokyo Electric

Power Company, 도쿄전력) 기술자들은 가능한 전체 범위를 검토하지 못했다. "TEPCO는 예상을 넘어서는 거대한 쓰나미가 실제로 닥치리라 생각지 않았다"[12]라고 사고 후 회사의 한 고위급 임원이 인정했다. 오래된 쓰나미 비석과 현대 컴퓨터 모델의 경고에도 불구하고 회사는 "자연재해가 주는 최대한의 영향을 고려하는 겸손함을 충분히 갖추지 못했다."

2. 고약한 환경과 중요한 결정

TEPCO 관리자들은 과신했다. 또한 그들은 어려운 도전과 마주했다. 쓰나미 규모를 예측하기 위해 정교한 모델을 사용하긴 했어도 그 모델이 실제로 얼마나 우수한지 충분한 평가를 거치지 않았다. 오랫동안 쓰나미가 오지 않았기 때문이다. 전반적으로는 물론 좋은 일이지만, 그 때문에 TEPCO의 임무는 더 어려워졌다.

TEPCO 기술자들은 심리학에서 고약한 환경wicked environment[13]이라 부르는 상황에서 일했다. 이런 환경에서는 예측이나 결정이 얼마나 잘된 것인지 확인하기 어렵다. 맛을 보지 못하면서 요리를 배우는 것과 마찬가지다. 피드백 없는 경험으로는 더 나은 결정을 내릴 수 없다. 소금 한 숟가락을 더 넣었을 때 먹어보지 않고는 담백한 수프가 될지 소금 범벅이 될지 알아낼 기술을 연마하지 못하는 것과 같다.

반대로 '관대한 환경'이라 부를 만한 환경에서는 다양한 문제가 오히려 의사결정 결과에 대한 피드백으로 작용한다. 이런 환경에서 사람들은 효과적이고 신속한 상황판단을 위한 의사결정 패턴을 자연스레 익히게 **된다**. 예를 들어, 경험이 부족한 체스 선수는 아무리 긴 시간 고민해도 최상의 수를 놓칠 때가 많지만, 고수는 좋은 수를 빠르게 짚어낸다. 그리고 기상 예보관은 특정 지역 날씨에 관한 경험을 예측 정확도를 높이는 데 활용한다. 이런 전문가들은 항상 평가를 받는다. 체스 고수는 경기에서 이기거나 지고, 기상 예보관은 예보 정확도를 정기적으로 확인받아야 한다. 말하자면 직접 만든 수프의 맛을 보는 것이다. 맬컴 글래드웰Malcolm Gladwell이 쓴 『블링크』에는 불타는 건물 안에서 육감에 따라 바닥이 무너지기 전에 부하 소방관을 끌어낸 소방 대장 이야기가 실려 있다. 관대한 환경에서 전문가들은 소방 대장과 마찬가지로 직관을 발휘하는 초능력자가 되기도 한다.

그러나 고약한 환경에서 일하는 사람들[15]은 결코 이런 종류의 전문성을 개발할 기회를 누릴 수 없다. 연구에 따르면 이런 사람은 시간을 충분히 주어도 더 나은 판단을 하지 못한다.[16] 일례로 한 실험에서는 출입국 관리관이 신분증 사진과 외모가 일치하지 않는 사람을 **일곱 번에 한 번씩** 통과시켰다. 경험 많은 관리관들이 보여준 실력은 똑같은 실험에 참여한 학생들과 다를 바 없이 나빴다. 마찬가지로 경찰관이 거짓말을 파악하는 능력도 훈련받지 않은 학생들보다 별반 나을 게 없었다. 그리고 고약한 환경에 처한 사람들은 별 상관없는 요소에 근거해 결정을 내리는 일이 잦다. 한 연구에서는 직접 내린 결정에 관해 따로 평가받을 일이 별로 없는 판사들의 사례를 살펴봤다. 가석방 심리로 종일 바쁜 날이면 판사들은 식사 시간 직후 가석방 처분을 내리는 경향이 훨씬 높았다. 차이는 대단히 커서 식사 직후 호의적인 처분을 내리는 비율은 65퍼센트 정도였다가 점차 떨어져 다음 식사 직전에는 거의 0퍼센트로 떨어졌다! 이 문제에 관해 잠시만 생각해 보자. 허기는 전문가가 내릴 판결에 영향을 줄 만한 중요한 요소가 아니다. 그렇지 않은가?

설상가상으로 고약한 임무를 맡은 전문가들은 실수를 용납받기 어렵다. 높은 신뢰성을 요구받는 그들은 실수를 인정하고 토론하며 교훈을 얻기 어렵다. 기상 예보관이 내일 기온을 잘못 예측하는 거야 별로 신경 쓸 일이 아니지만, 경찰이 엉뚱한 사람을 체포하거나 가석방 심사 위원이 제멋대로 결정을 내리는 건 생각조차 하고 싶지 않은 일이다.

경찰이나 판사보다 소방대원과 기상학자가 더 똑똑해서 생기는 차이는 아니다. 관건은 **그들이 해야 하는 일이 무엇인가**다. 예를 들어, 기상학자는 경험이 많은 강우 예보에는 능하지만, 토네이도처럼 흔치 않은 기상 사건은 잘 예측하지 못한다.[17] 그리고 같은 강우 예보라도 (열기가 거대한 먹구름을 피워 올리는) 여름보다 (비구름이 안정적인) 겨울에 더 잘 맞는다.[18]

복잡한 체계에서 결정을 내리는 일은 강우 예보보다는 토네이도 예측에 더 가깝다. 복잡한 체계는 고약한 환경이어서 우리가 내린 결정이 끼칠 영향을 이해하거나 배우기 어렵고, 직관은 틀릴 때가 많다. 다행스러운 소식은 본능을 따르지 말아야 할 때 사용할 만한 도구가 있다는 거다.[19]

환자가 절룩거리며 응급실로 들어설 때 의사가 발목 골절을 진단하는 방법을 생각해보자.[20] 오랫동안 의사들은 붓기처럼 실제로는 중요하지 않은 증상 때문에 판단이 흐려지곤 했다. 마치 진단 안전망이라도 되는 듯 필요 이상으로 엑스레이를 많이 찍었다. 하지만 발목을 다친 사람들 모두 엑스레이를 찍는다고 생각하고 계산해보면 여기에 드는 비용도 만만치 않고, 환자들은 쓸데없이 방사선을 쐬어야 한다. 게다가 의사들은 정작 필요할 때는 엑스레이를 생략해 심각한 골절을 **놓치곤 한다.** 그들은 직감적 본능에 의지했지만, 그 본능을 향상시킬 만큼 충분한 피드백을 받은 적이 없었다.

1990년대 초, 한 캐나다 의사 팀이 이를 개선하고자 나섰다.[21] 그들은 정말로 중요한 요소가 무엇인지 찾아내기 위해 연구를 진행했다. 그 결과, 의사들이 딱 네 가지 기준만 활용하면 엑스레이 촬영 횟수를 3분의 1로 줄이고도 심각한 골절을 잡아낼 수 있음을 알아냈다.

통증, 연령, 체중 부하, 골 압통-bone tenderness. 간단하고 미리 정해진 이런 기준은 직관보다 훨씬 유용했다. 이 네 가지 간단한 질문

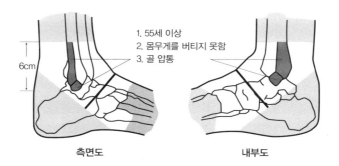

발목 엑스레이는 아래와 같은 상황에서만 필요함

발목뼈 근처 통증 그리고 아래 증상 중 한 가지 이상 나타날 때

6cm

1. 55세 이상
2. 몸무게를 버티지 못함
3. 골 압통

측면도 　　　　　 내부도

이 모든 의사를 뛰어난 진단 전문의로 바꾸어놓았다.[22]

이 오타와 발목 규칙Ottawa Ankle Rules이 생기기 전에 진단하던 의사들처럼 우리는 어떤 결정을 내릴 때 선결 기준보다 직감적 본능을 활용하는 경우가 많다. 예를 들어, 평소 중요하고 위험부담이 큰 사업을 맡길 사람을 어떻게 결정하는지 생각해보자. 그 일을 맡을 만한 프로젝트 관리자들을 떠올리고, 직관적으로 그들을 비교한 다음 선택할 것이다. 그러나 직감에 따르다 보면 고약한 환경 속에서 길을 잃고 헤맬 수 있다.

그 대신 **해당 사업**을 근거로 놓고 기준을 설정해야 한다. 먼저 프로젝트 관리자가 일을 성공적으로 해내는 데 필요한 핵심 기술을 파악한다. 그다음 이 기준에 따라 후보자들을 간단히 1, 0, -1로 점수 매겨 비교해본다. 여럿이 함께 결정하는 경우라면 각자 점수를 매긴 뒤 평균을 낸다. 이 방법을 이용해 각 후보가 가진 전반적인 강점을 수치로 표현할 수 있다. 이를테면 다음과 같다.

기술	평균 점수		
	게리	앨리스	수미
공학 이해도	1	1	.25
고객 확보능력	−.25	.5	.75
내부 지지 확보능력	.5	.75	1
총점	1.25	2.25	2

간단한 과정이지만 이를 통해 사교적이고 매력적이지만 해당 업무에 필요한 기술적 또는 조직적 역량은 부족할 수 있는 직원(수미)과 뛰어난 기술자지만 고객과 소통이 불가능한 직원(게리)을 알아볼 수 있다. 물론 목록에 넣을 기준은 더 많을 수 있고, 어떤 항목은 다른 것보다 더 중요하게 다룰 수도 있다.

시애틀에 사는 젊은 엄마 리사Lisa[23]와 남편은 첫 주택을 구입할 때 이 방법을 썼다. 선결 기준을 사용하기 전까지 그들은 집을 50채도 넘게 보러 다녔지만 성과가 없었다. "한 사람은 정말 마음에 들어 하는데 다른 사람이 안 좋아하는 집도 있었고, 자기가 선호하는 게 뭔지 둘 다 제대로 설명하지 못했어요"라고 리사가 우리에게 말했다. "침실 페인트가 보기 싫다든가 조경이 뭔가 마음에 안 든다든가 그런 사소한 것에 집착할 때도 많았어요." 가끔은 너무나 마음에 드는 주택을 발견하고는 장기적 목표를 잊어버리기도 했다. 근사한 저녁 파티를 열 수 있겠다는 상상을 하면서 그 집 구조가 가족이 살기에는 걸맞지 않다는 점을 간과했던 것이다. "제일 힘든 점은 두 살짜리 아이를 데리고 이집 저집 옮겨 다니는 거였어요"라고 리사가 덧붙였다. "그냥 대충 해치우고 싶어졌죠. 아차 하면 좁은 시야에 갇히기 쉬워요."

4개월을 허송세월한 뒤 둘은 새로운 접근법을 시도했다. 첫 단계로, 집의 동선에서부터 동네 분위기까지 자신들에게 중요한 기준 10여 가지를 모두 나열했다. 그다음에는 페어와이즈 위키서베이pairwise wiki survey[24]라는 온라인 도구를 사용해 기준에 따라 순위를 매겼다. 이 서비스는 목록에서 무작위로 기준 두 개를 골라 둘 중 더 중요한 항목을 선택하도록 한다.

둘 중 더 중요한 것은 무엇입니까?

효율적인 동선   오래 산 이웃

결정할 수 없음

이런 선택을 열 번 정도 하고 나서, 0(전혀 선호하지 않음)과 100(항상 선호함) 사이에서 각 항목 점수를 산출해준다. 예를 들어, '효율적인 동선'이 79점이라면 목록 중에서 임의로 고른 한

5장 | 복잡한 시스템, 단순한 도구

가지 항목과 비교했을 때 이 항목을 선택할 가능성이 79퍼센트라는 뜻이다. 둘은 이 점수를 이용해 기준별 가중치를 매겼다.[25]

그 후로 집을 보러 갈 때면 그들은 각자 항목별로 –1, 0, 1로 점수를 매겼다. 서로 의견이 다르면 평균을 냈다. 가중치 합계를 보면 각 주택의 전체적인 점수를 알 수 있었다. 아래는 그들이 실제로 집을 보면서 매긴 점수를 기록한 채점표 중 일부다.

기준*	가중치	집 D	집 J	집 T
기능적 요소 (방 3개, 손님방)	89	1	1	1
효율적인 동선	79	0.5	1	0.5
널찍한 공간	73	0	1	1
보조 주거공간 추가 가능성	67	1	1	1
외부와 연결성/자연환경	62	1	1	0.5
집의 느낌	62	1	–1	0.5
큰 수리가 필요 없음	61	1	–0.5	1
가격대비 가치	53	0	0	0.5
동네 분위기	65	0	–1	0.5
오래 산 이웃	57	–1	–1	0
이웃들	54	–1	0	0
가중치 총점 (최대: 722점)		269.5	155.5	450.5
백분율 총점 (722점 대비)		37.3%	21.5%	62%

* 과정을 간소화하기 위해 부부는 순위가 매우 낮은 항목 몇 개를 삭제했다.

이 중에서 집 D를 보자. 리사와 남편은 이 집이 마음에 들어 여러 항목에 +1점을 주었다. 그러나 놀랍게도 계산을 끝내고 보니 총점이 매우 낮았다. "이 집의 여러 부분이 마음에 들어서 거의 사랑에 빠지기 직전이었어요." 리사가 말했다. "그러나 채점 시스템에 넣어보니 이웃에 어떤 사람이 사는지도 고려해야 했는데, 그 점이 문제였어요." 결국 부부는 집 T를 샀다. D나 J에 비하면 +1점 항목이 적긴 해도 모든 항목에서 점수가 고르게 나왔고 가중치가 가장 높은 항목들에서는 점수가 아주 좋았다.

"이 방법은 우리가 피상적인 세부사항과 막연한 느낌에 얽매이지 않게 도와주었어요." 리사가 말했다. "10개가 넘는 기준을 동시에 고려하려면 너무 복잡한데, 이 도구를 쓰니까 한눈에 모든 것을 살펴볼 수 있었어요. 서로 의견이 다를 때도 감정적으로 대응하는 일이 줄었고요. 개인적 감상을 놓고 왈가왈부하기보다는 구체적인 항목에 관해 토론했거든요."

이런 식으로 선결 기준을 부여하는 것이 우리가 하는 모든 선택에 들어맞지는 않는다. 그러나 고약한 환경에서 중요한 결정을 내려야 할 때는 단순한 해법이 결과를 크게 가른다.

3. 경기가 끝나면 이야기가 달라진다

2013년 3월, 미국의 대형 할인점 타깃이 캐나다에서 최초로 매장 몇 개를 열자 호기심에 찬 구매자들과 할인상품 사냥꾼 수백 명이 추운 새벽에 길게 줄을 섰다. 심지어 텐트를 치고 노숙한 사람들도 있었다. 오전 8시 정각, 가게 문이 열렸다. "타깃 개점 현장에 있고 싶었는데 내가 여기 있다니! 너무 떨려. 기대돼!"라고 문을 들어서던 한 여성이 말했다. 회사 고유 제복인 노란 셔츠와 카키색 바지를 입은 직원들이 손뼉을 치고 환호하며 고객과 하이파이브를 했다. "어서 오세요, 고객님. 타깃에 오신 것을 환영합니다! 어서 오세요. 다들 카트를 잡으세요!"

캐나다에 매장을 열기 전부터 타깃은 꽤 유명했고, 캐나다인들은 매장에서 물건을 사려고 미국 국경을 넘곤 했다.[26] 캐나다 진출을 적극적으로 홍보하기 위해 타깃은 오스카 시상식 동안 캐나다를 주제로 광고를 내보내기까지 했다. 아홉 달도 채 안 돼서 캐나다 전역에 124개 매장을 연 이 회사는 조그마한 프린스에드워드섬까지 포함해 캐나다의 모든 지역에 빠짐없이 입점했다.

하지만 개점 2년도 채 지나지 않아 타깃은 캐나다에 연 모든 매장을 닫고 철수했고, 1만 7000여 명이 일자리를 잃었다. 그때까지 타깃이 캐나다에서 입은 손실은 수백만 달러에 이르렀다. "간단히 말해 우리는 매일 돈을 잃고 있었습니다"[27]라고 타깃 CEO가 시인했다. 캐나다 언론은 '웅장한 실패', '완전한 재앙', '미국 소매업체, 국내에서 사상 최대의 실패를 맞다' 같은 문구로 이 확장사업을 평했다. 너무나 극적인 멜트다운이다 보니 어느 캐나다 극작가는 이를 바탕으로 극본까지 썼다.[28]

타깃이 세운 확장 계획은 원대했다. 차근차근 단계를 밟지 않고 100개가 넘는 소매점 공간을 임차하는 데 18억 달러를 쏟아부었다. 쓰지도 않는 공간에 임대료만 내는 일을 피하려면 최대한 빠른 시일 내에 개점해야 했고, 그러자 압박감이 몰려왔다. 건물주들도 상가에 공실이 생기는 걸 싫어하기 때문에 부담은 한층 더 심했다. 타깃은 야심 찬 일정표에 따라 달렸다.

캐나다 진출은 시작부터 긴밀히 결합한 시스템이었다. "처음 진출하는 나라에서 단기간에 그렇게 많은 매장을 열려다 보면 실패를 허용할 여지가 매우 좁아집니다."[29] 토론토의 경제지 기자로 타깃 캐나다 진출 실패 건을 취재한 조 카스탈도Joe Castaldo가 한 말이다. "그래서 일단 뭐가 잘못되더라도 바로잡을 시간이 없어요. 몇 주 안에 계속 새 매장을 열어야 하니까요."[30]

매장 확장사업은 복잡했다. 캐나다에 진출하려면 도매상에서 타깃 물류창고로, 거기서 매장창고로, 또 매대로 제품을 받아서 옮기는 전 과정을 제어할 거대한 공급망 관리 시스템을 갖춰야 했다. 그 시스템은 모든 제품을 일일이 추적해 타깃이 예상 수요를 산출하고, 재고를 보충하고, 유통센터를 관리하는 데 필요한 자료를 제공해야 했다. 타깃은 미국에서 이 작업을 위해 검증된 시스템을 쓰고 있었다. 그러나 캐나다는 다른 환경이었다. 프랑스어 문자, 숫자체계, 캐나다 달러와 같이 다른 요소를 반영해 시스템의 많은 부분을 조정해야 했다. 타깃이 쓰던 시스템은 다른 나라에서 곧바로 쓸 수 있는 시스템이 아니었다.

시간 관계상 타깃은 캐나다에서 쓸 공급망 관리 시스템을 기성품으로 구매했다. 소매업 전문가들이 동급 최고라고 평하는 독일제 프로그램이었다. 근사한 최첨단 시스템이었지만 좀처럼 익숙해지지 않았다. 게다가 타깃에는 그 프로그램을 제대로 이해하는 사람조차 없었다. 카스탈도는 이 프로그램을 '가차 없는 맹수'라고 불렀다.

시스템을 가동하고 운영하려면 제품정보 7만 5000개를 전부 입력해야 했다. 제품번호와 무게, 배송함 하나에 들어가는 물품 개수에 이르기까지, 한 제품을 입력하는 데 채울 항목이 열 개가 넘었다. 그리고 이 작업을 빨리 끝내야 했기 때문에 실수할 여지가 아주 많았다.

당연히 직원들은 실수를 했다. 철자를 틀리고, 칸을 비워두고, 센티미터가 아닌 인치로 치수를 기재하는 이런 실수는 일상적으로 일어나긴 하지만 그 프로그램에 유독 많았다. 거기다 재고 관리 시스템은 각 제품정보가 정확하지 않거나 각 매장의 매대별 입력 치수가 정확하지 않으면 제대로 작동하지 않았다.

사소한 실수가 무수히 쌓이자 타깃의 공급망은 크게 흔들렸다. 제품이 매장에 제대로 전달되지 않아 고객이 물건을 찾아도 매대가 반쯤 비어 있기 일쑤였다. 그와 동시에 확장사업부가 수요를 과다 측정하는 바람에 창고에는 제품이 **넘쳐났다.** 그래서 타깃은 창고 공간을 더 빌려야 했는데, 그 때문에 물건이 어디 있는지 파악하기가 훨씬 더 어려워졌다.

"타깃의 유통센터가 왜 그렇게 빨리 마비되었냐고요? 글쎄요, 알고 보면 그렇게까지 오래 걸릴 일도 아니었어요"[31]라고 카스탈도가 말했다. "다음 물품을 들일 여유 공간을 만들려면 제품들이 빨리 들어오고 나가야 했기 때문에 한 가지 문제가 또 다른 문제를 불러왔죠."

한번은 판촉부 직원들이 몇 주에 걸쳐 혼이 쏙 빠지도록 시스템에 입력된 제품정보를 하나하나 수작업으로 확인했다. 그런데도 여전히 오류가 너무 많았다. 매장에는 제품이 부족하고, 매대는 비고, 고객들은 화를 냈다. 캐나다 현지의 본사 관리자들이 보는 컴퓨터 화면은 실제상황과 맞지 않았다. 이것은 복잡한 시스템이 보내는 확실한 신호였다. "고객이 보는 현실을 거의 보지 못했어요"[32]라고 전 직원 한 명이 말했다. "서류를 보고 일이 잘된 줄 알고 매장에 가보면 '아이고 세상에' 하게 되는 거죠."

확장사업은 결국 엉망진창이 되었다. 2015년 초, 타깃 캐나다는 폐업했다.

그러나 여러 면에서 타깃은 이보다 훨씬 전인 2011년, 매장 임대차계약에 서명하고 공격적인 일정표에 따라 달리기 시작했을 때 이미 이 싸움에서 졌다. 바로 그즈음에 타깃 연례보고서[33]에는 캐나다 진출에 예상되는 위험이 담겨 있었다. 그 보고서는 홍보 프로그램, 매장 재단장 작업, 직원 채용과 같은 일반적인 요소 몇 가지를 지적했다. 지나치게 공격적인 개점 일정, 재고 관리 시스템의 복잡도, 당황스러운 자료 입력 문제, 미터법이나 프랑스어 철자 같은 캐나다 현지와 미국 본사 시스템의 차이점 등 이후에 엄청난 고통을 안겨주어 확장을 좌절시킬 실제적인 위험에 관해서는 언급조차 하지 않았던 것이다. 그런 건 일절 등장하지도 않았다.

물론 지나고 나서 돌아보면 문제는 더 쉽게 드러난다. 워런 버핏Warren Buffett의 말처럼 언제나 백미러가 앞 유리보다 선명한 법이다. 깨달음은 늘 너무 늦게 오거나 적어도 그런 것처럼 느껴진다. 그러나 깨달음을 멜트다운이 발생하기 **전에** 끌어낼 방법이 있다면 어떨까? 이미 일이 벌어지고 난 뒤처럼 문제를 쉽게 파악할 수 있다면?

몇 년 전 우리는 일류 경영대학원에서 졸업을 몇 주 앞둔 학생 60명을 대상으로 설문 조사를 했다. 질문이 딱 하나뿐인 온라인 설문이었다. 향후 몇 년 안에 학교를 성공적으로 운영하기 어렵게 만들 가장 큰 위험요소가 뭐라고 생각하는지 단시간 안에 쓰도록 했다. 그리고 질문의 문구가 미치는 영향을 파악하기 위해서 약간 다른 두 개의 설문을 더 준비했다. 학생 절반에게는 원래 질문 그대로(형식 #1)를, 나머지 절반에게는 살짝 비틀어 쓴 질문 (형식 #2)을 제시했다.

다음은 그 답변 중 무작위로 뽑은 표본이다. 어떤 경향이 보이는가?

형식 #1에 대한 답변은 일부 편협한 경우가 있긴 해도 확실

질문 형식 #1의 답변	질문 형식 #2의 답변
"학생들을 위한 실질적인 훈련이 충분치 않습니다. 다른 곳에서 공부하는 학생들보다 실전 기술을 덜 배우고 있습니다."	"너무 많은 이론을 배우는 데 집중하고 실제적인 기술과 경력 관리 지원은 너무 적습니다."
"프로그램 참가 인원이 많아서 해마다 학생들이 좋은 직장을 구하기 어렵습니다."	"시험에서 부정행위를 하는 학생 등 학문적인 부정으로, 학교 평판이 나빠집니다."
"우리 프로그램은 교실 내에서의 학습과 현장 경험을 결합하지 않습니다."	"우리 학교 졸업생이 주로 가던 괜찮은 신입 일자리를 인공지능이 상당수 대체합니다"
"다른 학교에 비해 여기 출신을 채용하는 회사가 적습니다. 취업 대비 지원이 부족합니다."	"자연재해가 건물을 파괴합니다. 새로운 법 때문에 외국 학생들이 비자를 받기 어렵습니다."
"다른 학교와의 경쟁, 그리고 전반적으로 확대된 경제 위기"	"다른 학교에 지원자가 더 많습니다. 온라인 강의 프로그램이 면대면 수업을 쓸모없게 만듭니다. 학내에 있는 경영학부에서 응용 프로그램을 개설해 우수한 학생을 흡수해갑니다."

히 합리적이다. 외부 경쟁자와 프로그램 내용에 관해 이야기한다. 다른 학교가 더 낫고 프로그램이 충분히 실용적이지 않다는 등 학생들이 주로 하는 불평이다. 합리적인 지점들이긴 한데 형식 #2의 답변을 살펴보자. 여기서도 학생들은 외부 경쟁자와 프로그램 내용에 관해 지적한다. 그러나 좀 더 많은 내용이 담겨 있다. **부정행위! 자연재해! 인공지능! 온라인 강의!** 이 목록은 예상 못한 법 개정에서부터 대학 내 경영학부에 관해서까지 광범위하다. 위험요소가 더 다양하고 생각지 못한 발상이 더 많다.

그러면 이런 답변들을 끌어낸 두 질문은 어떻게 달랐던 걸까? 첫 번째는 잠재적 위험에 관한 자유토론에서 던질 만한 단도직입적인 질문이었다.

> 향후 2년 동안 대학원의 지속성과 성공에 가장 큰 위협을 줄 요소나 경향, 사건은 무엇인지 생각해보고 떠오른 것들을 모두 다 기록해주세요.

두 번째는 접근방식을 달리했다. **일어날 수도 있는** 위험에 주목하지 않았다. 대신에 사람들에게 2년 후 **발생할 나쁜 결과**를 상상해보라고 했다.

> 2년 후, 대학원이 굉장히 힘들어졌다고 상상해봅시다. 졸업을 앞둔 입장에서 여러분은 무언가 잘못되고 있고, 사실은 대학 측에서 경영대학원 과정을 없애버릴 수도 있다는 나쁜 소식을 듣습니다. 이제 이런 결과를 가져올 요소나 경향, 사건은 무엇인지 상상해본 뒤 떠오른 것들을 전부 다 기록해주세요.

이 질문은 사전부검premortem이라는 기발한 방법[34]을 바탕으로 작성한 것이다. 이 기법을 고안한 연구자 게리 클라인Gary Klein은 이렇게 말한다.

사업이 잘 안 풀리면 의학에서 부검을 하듯 어디가 잘못되었고 왜 사업이 실패했는지 살펴봄으로써 교훈을 얻는 시간을 가질 수 있다. 그 작업을 앞서서 해보면 어떨까? 사업을 시작하기 전에 우리는 이런 이야기를 나눠야 한다. "미래를 내다봤는데 이 사업이 실패한 거예요. 대실패. 자, 모두 2분 동안 사업이 왜 실패했을지 생각해보고 그 이유를 전부 써보세요."[35]

그런 다음 모두 자기가 생각한 것을 발표하고 그 내용을 종합한 목록을 보면서 예상되는 위험을 피할 해법을 제시한다.

사전부검은 심리학자들이 예기적 사후가정prospective hindsight이라고 부르는 개념, 즉 어떤 일이 이미 벌어졌다고 상상함으로써 얻는 깨달음에 기반한 기법이다. 1989년에 나온 기념비적인 연구[36]는 예기적 사후가정이 어떤 결과가 발생한 원인을 파악하는 능력을 키워준다고 밝혔다. 연구 참가자들이 예기적 사후가정을 사용했을 때, 결과를 상상해보지 않았을 때보다 훨씬 더 많은 원인을 찾아냈고, 그 이유도 더 구체적이고 정확했다. 이것은 뒤돌아보는 행위가 우리를 괴롭히기보다 도움을 주게 만드는 기법이다.

아래는 연구에 담긴 구체적 사례 중 하나다.

농구 리그 챔피언십 시리즈 첫 번째 경기의 승자를 예상한다고 가정해보자. 경기 전에 승자를 예상하는 데는 주전선수들 간의 비교, 팀의 강점과 약점 등 일반적인 요소가 바탕이 된다. ……경기 후에는 이야기가 달라진다. 경기에서 진 팀의 패배 이유에는 위의 일반적 요소에 경기 초반 A 선수의 파울 문제, B 선수의 '미출전', 이전 시리즈 우승 후 너무 많이 쉰 문제 등 구체적 사안이 덧붙는다.[37]

경기 후에는 이야기가 달라진다. 결과가 확실하면 우리는 더욱 자세한 설명을 내놓을 수 있는데, 사전부검은 바로 그러한 경향성을 끌어낸다. 그저 결과를 상상해보기만 해도 원인을 바라보는 틀이 달라진다. 그리고 사전부검은 동기부여에도 영향을 준다. "계획을 잘 세우는 영리함을 드러내기보다는 사업이 잘 안 풀릴 이유를 찾아내는 쪽으로 영리함을 보여주는 방식이다"[38]라고 게리 클라인은 말한다. "조화를 깨뜨릴 문제를 피하려 하기보다는 잠재적 문제를 드러내려는 쪽으로 전반적인 분위기 전환이 일어난다."

예를 들어, 타깃이 확장사업을 어떻게 해낼 수 있을지 묻는 대신 타깃 캐나다가 형편없이 실패할 것이라는 상상을 한다. 그런 다음 실패한 원인을 찾으려 열심히 노력하는데, 이 과정을 사업 확장 결정을 내리기 전에 모두 끝내는 것이다.

그러나 사전부검은 10억 달러 규모의 사업 확장을 고민하는 데만 활용할 수 있는 게 아니다. 시애틀의 대형 IT회사에서 일하는 영리하고 부지런한 관리자 질 블룸Jill Bloom[39]은 삶에 관한 중요한 결정을 내릴 때 사전부검을 사용했다. 그녀는 몇 년째 같은 직급에서 일하다가 새로운 역할을 맡게 되었다. 처음에는 들뜬 기분이었다. 새 관리자인 로버트Robert는 활기 있고 매력적인 사람 같았고, 더 거시적인 결정을 내리는 자리에서 일할 기회를 얻은 것이 좋았다. 그러나 그녀는 얼마 안 가 로버트가 활기차기보다는 변덕스러운 사람이라는 걸 알게 되었다. 맡은 역할도 기대했던 것과는 달랐다. 전략적인 업무를 맡은 건 맞지만, 구상한 것을 실행으로 옮길 자원을 확보하기가 거의 불가능했다. 게다가 팀이 계속해서 위기를 맞았고, 불규칙한 근무시간으로 인해 스트레스도 많이 받았다.

로버트의 팀에 들어가기로 하기 전에 블룸은 업무 변경에 따르는 위험과 이득을 전부 표로 정리해보았다. "하지만 몇 가지 큰 위험요소를 놓쳤고, 제가 아주 진지하게 생각하던 것들을 끝까지 밀고 나가지 못했어요"라고 그녀는 말했다. "그게 정말로 위험요소인지 아닌지 가늠할 정도로 깊이 파고들지 않았어요."

블룸이 맡은 새 업무가 별로 즐겁지 않다는 이야기를 들은 또 다른 관리자 메리Mary는 자기 팀에 들어오지 않겠느냐고 제안했다. 블룸은 로버트의 팀에서 일을 시작한 지 몇 달 안 된 시점이어서 팀을 또 옮기면 승진 기회를 놓칠까봐 걱정스러웠다. 거기다 팀 이동을 고민 중이라는 말을 들은 로버트가 팀 내에서 다른 역할을 맡아보라고 제안하는 바람에 일은 더 꼬였다.

로버트가 제안한 새로운 임무와 메리의 팀에서 맡을 임무 둘 사이에서 결정을 내리기 위해 블룸은 남편과 마주 앉아 각각의 선택지를 놓고 사전부검을 해보았다. "지금부터 1년 후 일이 **잘**

안 되었을 거라고 가정한 뒤, 왜 그렇게 될지 알아보려고 했어요"
라고 블룸이 우리에게 말했다. 사전부검을 통해 그녀는 관리자의
업무 수행방식, 팀 문화, 사업을 추진할 본인의 능력 등 두 개의
업무를 비교하는 데 고려할 만한 구체적인 요소들을 뽑아냈다.

그 목록을 놓고 가능한 한 많은 정보를 수집했다. "20개가 넘
는 질문의 답을 정보 확인 차원에서 보는 30분짜리 면접으로는
다 알아낼 수 없어요. 사전부검 덕분에 제일 핵심적인 위험요소
만 뽑아서 그에 관해 구체적으로 물어볼 수 있었죠." 그런 다음
사전부검에서 뽑은 목록을 두 업무를 비교하는 기준으로 삼았
다. "이런 위험요소에 따라 두 개 업무에 점수를 매겨보니 제가
정말로 중요하게 생각하는 게 뭔지 파악할 수 있었어요. 새 팀으
로 옮기면 다시 역량을 쌓아야 하니 승진에 걸림돌이 될 거예요.
하지만 평소 업무에서 느끼는 흥미도로 비교하니 메리의 팀이
확실히 위험부담이 덜하다는 걸 깨달았어요."

결정의 시간이 다가올수록 두 팀은 그녀에게 엄청난 압박을
가했다. 블룸은 이렇게 말했다. "감당하기가 버거웠어요. 한 걸음
뒤로 물러서서 제 결정을 세심하게 검토할 기회가 필요했어요."
사전부검과 선결 기준을 통해 그 작업을 바로 할 수 있었다. 결국
그녀는 메리의 팀으로 가기로 했고, 새 임무가 자신에게 훨씬 잘
맞는다는 걸 알게 되었다.

행동경제학 창시자이며 『생각에 관한 생각』을 쓴 대니얼 카너
먼Daniel Kahneman은 고약한 환경에서 중요하고 복잡한 결정을 내릴

때 도구를 쓰라고 권한다. SPIES, 선결 기준, 사전부검이 실수를 없애주지는 못할 것이다. 그러나 이런 도구는 우리가 늘 하던 대로 행동하기를 멈추고 체계적인 선택을 하도록 유도한다.

카너먼이 말했듯 "의사결정자는 대개 스스로 상황을 명확히 이해하고 있다고 생각하기 때문에 직관을 신뢰한다. 직관에 의문을 던지는 것은 특별한 훈련이다."[40] 그러나 고약한 환경에서 직관에 의문을 제기하는 것이야말로 우리에게 필요한 일이다. 타깃을 보자. 미국에서 수년에 걸쳐 매장을 운영해본 직관에 근거해 타깃 경영진은 캐나다 진출 성공을 기대했다. 그러나 그들은 외국 진출에 대한 평가의견을 전혀 들어본 적이 없었다. 그래서 캐나다에서 수십억 달러 규모의 임대차계약서에 서명할 때도 전혀 거리낌이 없었다.

타깃 경영진은 직관을 신뢰할 게 아니라 이 장에서 살펴본 기술들을 활용했어야 했다. SIPES는 판매량을 지나치게 낙관적으로 예측하지 않도록 도와주었을 것이다. 처음 집을 사는 사람들처럼 중요한 결정을 검토하는 데 선결 기준을 활용했다면, 그리고 질 블룸이 남편과 함께했던 것처럼 사전부검을 했더라면 사업에 방해가 될 요소를 구체적으로 파악할 수 있었을 것이다. 이런 도구는 온갖 고약한 환경을 헤쳐나가는 데 도움을 준다. 복잡한 시스템 속에서 허덕이더라도 어떤 결정을 내릴 때 아주 약간의 구조를 추가하면 성공의 기회를 얻을 수 있다.

6장 | 불길한 징조 읽기

"네, 밤에 잠을 못 자요. 마음이 무너져요.
제 아이들이고, 모두의 아이들이에요."

1. 하루 60달러의 대가

2014년 여름, 리앤 월터스LeeAnne Walters는 욕조에서 비누칠을
해 씻거나 뒷마당에서 물놀이를 할 때마다 아이의 피부에 빨간
반점이 생기는 걸 발견했다. 몇 주 후부터는 아이의 머리카락이
한 움큼씩 빠지기 시작했고, 세 살짜리 쌍둥이 중 한 명이 성장을
멈추었다. 11월, 리앤의 집 수돗물이 흉물스러운 갈색으로 바뀌
었다. 그녀는 요리할 때와 마실 때, 양치할 때 쓸 생수를 따로 사
들여야 했다. 얼마 후 가족들의 샤워를 제한하기 시작했고, 난로
에서 데운 생수로 아이들을 목욕시켰다. **대체 이 집 물에 무슨 문제
가 생긴 걸까?**[1]

몇 달이 지나도록 미시간주 플린트 지방 담당 공무원에게 제기한 민원에 아무도 귀를 기울이지 않았다. 리앤이 어느 공청회 자리에 자기 집 수도꼭지에서 받은 갈색 물을 담은 병을 들고 가자시 공무원들은 그게 집에서 나왔을 리 없다며 거짓말쟁이로 몰았다. 그러나 아들의 몸에 생긴 발진을 영상으로 찍어 의사에게 보여주니, 소아과 의사는 그녀의 집 수돗물을 검사하라는 경고의견을 써 시에 보냈다. 리앤의 집을 살피러 간 시의 시설 관리자 마이크 글래스고Mike Glasgow는 수돗물이 오렌지색인 걸 확인했다. 부식 발생을 짐작한 그는 수돗물을 가져가 납 성분조사를 의뢰했다.

일주일 정도 지난 뒤 글래스고는 리앤에게 전화해 결과를 알려주었다. 내용은 간단했다. **"절대 아무도 그 물을 마시지 못하게 하시요."** 납 수치가 위험할 정도로 높았던 것이다.

안전한 수중 납 수치라는 건 없지만, 환경보호국Environmental Protection Agency은 10억분의 15피피비*를 조금이라도 넘으면 개입이 필요한 상태로 본다. 리앤의 집은 배관도 전부 새것이고 정수 필터까지 설치되어 있었는데도 납 수치가 104피피비였다. 글래스고는 그렇게 높은 수치는 한 번도 본 적이 없다고 고백했다. 일주일 후 새로 한 검사에서는 납 수치가 397피피비로 뛰었다. 나중에 민간 연구소에서 필터를 거치지 않은 물을 조사해보니, 결

---

* 수질오염이나 대기오염 농도를 나타내는 단위로, 검출량이 극미량일 때 사용한다. ppb, parts per billion.

과는 평균 2500피피비였다. 어떤 것은 1만 3500피피비가 나오기도 했다.

리앤의 아이들 몸에 발진이 생기기 몇 달 전, 한때 번성했던 도시 플린트는 지난 40여 년 동안 이웃 지역 디트로이트에서 사 오던 물을 플린트강에서 퍼오기 시작했다. 이유는 단 하나, 비용 절감을 위해서였다.

2014년 봄에 연 기념행사에서 플린트 시장이 조그만 검은 버튼을 누르자 물을 공급하던 디트로이트의 밸브는 잠기고 플린트 상수 처리 실험이 시작되었다. 시와 주 공무원들은 플린트강 물이 담긴 깨끗한 잔으로 축배를 들었다. "물은 거의 모든 사람이 당연히 누려야 할 지극히 필수적인 서비스입니다"라고 시장이 말했다. "식수공급원을 되돌려 우리 지역 강물을 사용하게 된 것은 플린트시로서는 역사적인 순간입니다."[2]

행사를 진행하는 동안 시 공무원들은 수질이 전혀 달라지지 않을 거라고 말했다.[3] 하지만 시민들이 항의하기 시작하자 그들은 태도를 바꾸어 센물*이라 맛이 **다를** 것이라고 했다. 그러다 물맛과 냄새가 역하다는 항의가 폭주하자 공무원들은 플린트 시내의 낡은 배관에서 물을 빼내겠다며 소화전을 사용하는 식으로 몇 가지 소극적인 대책을 내놓았다.

얼마 후 정기검사를 통해 물속에 소독제가 충분치 않다는 사실

----

* 칼슘 및 마그네슘이 많이 녹아 있는 물.

이 드러났다. 그러면 **대장균** 같은 박테리아가 증식할 수 있어 주민들은 반드시 물을 끓여서 사용해야 한다. 이에 대응하기 위해 관리자들은 염소를 훨씬 더 많이 투입했는데 사실 **양이 너무 많았다.** 그 때문에 위험수위에 이른 소독제가 부작용을 일으켰고, 시는 수돗물을 공급받는 주민들에게 이 사실을 알렸으며, 주에서는 생수를 사서 플린트 지역 공무원들에게 지급했다.[4] 시가 대장균 문제를 처리하느라 안간힘을 쓰는 사이 보건 공무원은 박테리아가 폐를 감염시켜 생기는 레지오넬라병 Legionnaires' disease 발병을 확인했다.[5] 조사 결과 감염원은 시의 수돗물이었다.

리앤의 집에서 불과 5분 거리에 있는 거대한 GM(General Motors, 제너럴모터스) 공장에도 비슷한 문제가 발생했다. 리앤네 아이들에게 반점이 나기 시작한 것과 거의 비슷한 시기에 공장에서 생산한 엔진 블록에 녹이 슬었다.[6] GM의 초기 대응은 리앤이 시도한 것과 크게 다르지 않았다. 정수 필터를 설치하고, 그다음에는 식료품점에서 생수를 사듯이 물을 가득 채운 거대한 트럭을 사들였다. 그래도 해결이 안 되자 GM은 공장의 물 공급원을 이웃 마을로 바꾸었다.

GM과 달리 리앤 가족은 수돗물 공급자를 바꿀 수가 없었다. 그리고 아이들은 이미 피해를 입은 상태였다. 마이크 글래스고에게서 납 검사 결과를 들은 후 쌍둥이를 의사에게 데려간 그녀는 둘 중 한 아이가 이미 납중독 상태임을 알게 되었다. 유아는 납 수치가 조금만 높아도 IQ가 낮아지고, 기대수명이 줄고, 영구

6장 | 불길한 징조 읽기

적인 행동장애를 겪을 수 있다.

　납 성분이 리앤의 집을 뒤덮은 후, 주 공무원들은 문제를 숨기려 들었다. 그들은 수돗물 속 납 성분이 집 안의 배관에서 나오는 것이라고 했다. 그러나 리앤의 집 배관은 몇 년 전에 안전기준을 충족하는 새 플라스틱 관으로 전부 교체한 상태였다.

　플린트시 전역에서 GM 공장산 엔진과 똑같은 부식 현상이 나타났다. 낡은 파이프가 부식되며 주민들의 식수를 오염시키는 일이 발생한 것이다. 리앤이 계속해서 항의하자 결국 공무원들은 그녀의 집과 주 상수관을 연결하는 낡은 관을 교체했다. 납 수치는 일시적으로 떨어졌다.

　물맛과 색깔, 세균 발생, 물을 끓여 먹으라는 경고, 리앤의 집 수돗물에서 검출된 어마어마한 납 수치, GM 공장의 부식 현상 등 이 모든 자료에도 불구하고 공무원들은 변함없이 플린트시 수돗물이 안전하다고 주장하며 문제를 부인했다.

　그들은 경고신호를 무시하기만 한 게 아니라 납 검출량이 적게 나오도록 시료 채취 절차를 **조작했다.**[7] 아래에서 플린트시 수도공사가 일부 고객에게 발송한 편지를 살펴보자.

식수 중 납과 구리 시료 채취 안내

주민 여러분께,

식수 중 납과 구리 성분조사에 협조해주셔서서 감사합니다. 식수 중 납과 구리 수치를 정확히 파악하려면, 여러분이 아래 안내에 따라 시료 채취를 해주시는 것이 대단히 중요합니다. 시료는 평소 마시는 물을 표본으로 하기 때문에 식수용으로 사용하는 수도꼭지에서 받은 것이어야 합니다. 문의사항이 있을 시 언제든지 수도공사에 전화해주시기 바랍니다.

1. 평소 식수용으로 사용하는 **부엌** 또는 **화장실**의 수도꼭지를 선택하세요. 세탁조나 호스가 달린 수도꼭지에서 시료를 채취할 경우 사용이 불가능하니 **삼가세요.**
2. **차가운** 물을 최소 5분 정도 흘려보내세요. 시료를 채취하기 **전에** 최소 6시간 정도는 물을 틀지 마세요. 수도꼭지 손잡이가 하나인 경우 **차가운** 물 쪽으로 돌려두세요. 시료 채취가 끝낼 때까지 이 수도꼭지를 **사용하지 마세요.**
3. 시료를 수집하기 전에 최소 6시간은 기다리되 12시간 이상 쓰지 않은 수도꼭지에서는 채취를 권장하지 않습니다.
4. 최소 6시간 전에 물을 흘려보낸 수도꼭지에서 '처음 받은' **차가운** 물을 시료병 목 부분까지 채우세요.

편지에는 작은 병이 동봉되어 있었는데, 추후 이 병을 공사가 수거해 분석할 예정이었다.

미국의 환경 관리 당국은 납이 함유된 낡은 배관을 사용해 납 오염 최고 위험 상태에 달한 주택에서 공사가 시료를 수집하도록 요구했다. 이 방식은 특이한 게 아니었다. 그러나 플린트 주민들에게 보낸 편지는 달랐다. 그냥 봐서는 알 수 없는 기만책이 담겨 있었다. 항목 2를 다시 보자.

시료 채취 전날 밤에 5분 정도 수도꼭지를 틀어두면 배관에서 물이 흘러나가기 때문에 일시적으로 집 안의 배관에서 납 성분이 꽤 많이 제거된다. 한 전문가는 이 작업이 먼지 검사를 위해 시료를 채취하기 전날 밤 집 안 전체를 진공청소기로 미는 거나 마찬가지라고 했다.[8]

그리고 시료 채취용 병 주둥이가 너무 좁았기 때문에 주민들은 시료를 채취할 때 수도꼭지를 완전히 틀 수 없었다. 물이 약하게 흘러나오면서 배관의 납 성분이 더 적게 나와 결과는 더욱 왜곡되었다. 무엇보다 나쁜 점은 수도공사가 대부분 고위험 주택이 아닌 납으로 만든 배관이나 외부 연결관을 전혀 사용하지 않는 주택을 조사대상으로 선정했다는 것이다.

이마저도 충분치 않았는지 미시간주 공무원은 리앤의 집에서 시행한 납 측정이 부적절하다고 결론 내렸다. 집에 정수 필터가 있었기 때문이었다. 원칙적으로 수도공사가 납 측정치를 **줄이기** 위해 정수 필터를 거친 물을 사용해서는 안된다는 연방 기준 때문이었다. 리앤의 집 측정 결과를 제외하자 주 공무원들은 시 전체의 납 수치를 연방정부의 주의를 끌 한계선 바로 밑으로 맞출 수 있었다.[9] 그래서 플린트시는 주민들에게 이 문제를 알릴 필요가 없었다.

그러는 사이에 물은 리앤의 자녀뿐 아니라 도시 전역의 아이들을 중독시켰다. 리앤은 이렇게 말했다.

> 우리 가족만의 문제가 아니었어요. 한 번도 그런 적이 없고, 앞으로도 마찬가지일 거예요. 플린트시의 다른 가족, 다른 아이들은 어떻게 하죠? 어떻게 그냥 가만히 앉아서 사람들을 다치게 하고 그걸 알면서도 아무것도 안 할 수가 있어요. …… 네 살배기 아이가 자기가 중독되어서 죽는 거냐고 저에게 물을 때는요. …… 저는 쌍둥이를 키워요. 한 아이는 56파운드인데 다른 아이는 35파운드예요. 1년 동안 전혀 자라지 않았어요. 빈혈 증세는 여전하고요. …… 네, 그 때문에 저는 밤에 잠을 못 이뤄요. 네, 마음이 무너져요. 제 아이들이고, 모두의 아이들이에요.[10]

플린트시가 플린트강을 상수원으로 쓰기 시작했을 때, 공무원들은 수도 관리 시스템의 기본임에도 불구하고 수도관 부식을 막는 화학 처리를 중단하기로 했다. 그러한 결정으로 시는 하루 **60달러**를 아꼈다.[11] 오타가 아니다. 주민 1인당 60달러가 아니라 연간 운영비가 500만 달러에 달하는 시스템에서 **하루 60달러**, 연간 2만 달러 정도다. 1년 동안 실험실 기사 한 명을 고용하는 비용의 절반도 안 된다. 반대로 연구자들이 계산한 바에 따르면 납에 중독된 **아이 한 명**에 드는 비용은 임금에 미치는 직접적인 경제적 타격만 고려해도 5만 달러다. 플린트시에서 오염된 물을 마신 아이는 9000명이었다. 해당 식수 문제를 해결하는 데 미시간주가 할당한 예산은 수백만 달러 규모였다.[12] 만약 시가 수도기반시설 전체를 교체해야 한다면 더 많은 돈이 들 것이다.

복잡도와 긴밀한 결합이 플린트시의 위기를 더욱 악화시켰다. 시가 잘 검증된 시스템에서 새로운 상수원으로 전환할 때 주 공무원들은 세균, 그 세균을 관리하는 화학약품, 부식성 화학물질, 낡은 납 배관 사이에서 벌어진 예측하기 어려운 일련의 상호작용에 맞닥뜨렸다. 게다가 수도는 워낙에 불완전하고 간접적인 지표들에 의존해야 하는 시스템이다. 예를 들어, 플린트시 공무원들은 도시의 배관 상태를 제대로 표시한 지도를 갖고 있지 않았던 탓에 대부분 납 성분 배관을 쓰지도 않는 주택들을 수돗물 시료 채취 대상으로 선택했다. 그리고 납은 눈에 보이지 않아 측정 결과가 나오기까지 몇 주가 걸렸다. 긴밀한 결합도 있었다. 일단 물속에 납이 있으면 제거할 수가 없고, 납을 삼킨 아동이 입은 피해는 회복할 수 없다.

복잡한 시스템을 다룰 때, 그냥 일이 잘될 거라 기대하면서 그 기대에 반하는 증거를 무시하는 경우가 너무나 흔하다. 플린트시의 상수원 변경작업을 감독하던 주 공무원은 기념행사에서 이런 발언을 했다. "처리한 강물이 수도시설로 주입되기 시작하면 우리는 계획에서 현실로 이동하게 됩니다. 수질 그 자체가 말해

줄 겁니다."[13] 그의 말대로 수질 그 자체가 말해주었다. 그러나 문제를 추적하는 체계적인 과정 없이 미시간주 공무원들은 경고 신호를 무시했다. 사실은 단지 숲을 보지 못한 것만이 아니라, 자기들이 숲 한가운데에 서 있다는 사실조차 한사코 부인했다.

찰스 페로는 이런 식의 현실 부정은 너무 흔한 일이라고 주장한다. "우리는 실재하는 세계의 복잡도를 감당할 수 없기 때문에 그럴듯한 세계를 건설한 뒤, 그 세계에 걸맞은 정보는 받아들이고 그에 반하는 것은 배제할 이유를 찾는다. 그 세계를 건설할 때는 예상치 못했거나 불가능해 보이는 상호작용은 무시한다."[14]

바로 그런 일이 플린트시에서 벌어졌다.

2. 사라진 열차

워싱턴 D.C. 중심부에서 그리 멀지 않은 별 특징 없는 건물에 워싱턴 메트로 운영제어센터Operations Control Center for the Washington Metro System가 입주해 있다. 실시간 지도, 그리고 선로 및 터널 입구를 비추는 카메라 영상 수십 개가 떠 있는 화면 주위로 놓인 책상에 운영자들이 앉아 있다.

1970년대 메트로 시스템을 설계한 기술자들은 열차를 자동으로 추적하는 기능을 시스템에 탑재했다. 이 작업을 위해 전체 선로 시스템을 수많은 블록으로 나누었다. 그중에는 40피트밖에 안 되는 블록도 있고, 1500피트에 달하는 긴 블록도 있다. 각 블록마다 열차를 추적하는 장치가 있다.

괜찮은 시스템이었다.[15] 블록의 한쪽 끝에 있는 송신기가 전기 신호를 보내면 다른 쪽 끝에 있는 수신기가 그 신호를 받았다. 블록이 비어 있을 때는 선로가 신호를 송신기에서 수신기로 전달했다. 그러나 블록에 열차가 진입하면 회로가 바뀌었다. 열차 바퀴가 선로와 연결되면 신호를 바로 바닥으로 보내 수신기를 건너뛰었다. 그래서 수신기가 신호를 받지 못하면 시스템은 그 블록에 열차가 있다는 걸 감지하고 해당 선로를 사용 중으로 표시했다. 그리고 이 정보를 통해 열차 속도를 자동으로 관리함으로써 충돌을 방지했다.

그러나 시스템은 점점 낡았다. 메트로는 노후 부속 교체작업을

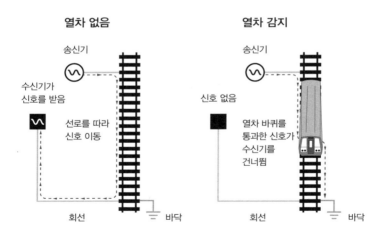

시작했지만, 그렇게 하더라도 기반기술 자체가 구식이었다.[16] 그 시스템은 특정 열차의 위치를 추적하지는 못하고, 해당 선로가 사용 중인지 아닌지만 알려주었다.

2005년이 되자 이 문제가 끼칠 영향이 수면에 드러났다. 바쁜 출퇴근 시간에 열차 세대가 포토맥강 지하 깊은 곳에 몇 피트 간격으로 들어섰다. 열차가 많이 지나다니는 그 선로에서 무슨 이유에서인지 자동 시스템이 고장 났는데, 운이 좋게도 기관사가 재빨리 대응한 덕에 무사히 넘어갈 수 있었다.

충돌할 뻔한 상황에 관한 이야기가 우연히 어느 기술자의 귀에 들어갔다. 문제를 일으킨 선로 블록 자료를 살펴본 그는 열차가 선로 중앙 부분에 있을 때 센서가 열차를 감지하지 못했다는 사실을 발견했다.[17] 그는 즉시 선로에 작업자들을 보냈다. 그 후 며칠에 걸쳐 기술자들이 문제를 푸는 동안 작업자들은 현장을 지키고 서서 제어실에서 다음 열차의 진입을 허용하기 전에 선로가 비었는지를 확인했다.[18]

기술자들은 900피트 길이의 그 블록이 열차를 추적하지 못하는 이유를 찾아내야 했다. 그들은 어쩐 일인지 **블록 안에 열차가 있을 때도** 열차 추적신호가 송신기에서 수신기로 전달되고 있다는 걸 알아냈다. 회로 어딘가가 합선되었을 거로 추측했지만, 찾아내기도 전에 문제가 사라져버렸다.

문제점을 고칠 수 있었는데도 기술자들은 회로의 모든 부품을 교체했다. 그러나 시스템의 다른 부분에서 같은 문제가 발생하지 않을지 확인할 필요가 있었다. 그래서 점검 절차를 마련했다. 정비사들이 선로 사이에 열차 바퀴를 대신할 커다란 철제 막대를 놓아두고 블록이 사용 중으로 표시되는지 한 블록씩 선로 회로를 점검해나간 것이다. 문제가 간헐적으로 발생했기 때문에 정비사들은 송신기 근처, 선로 중앙 부분, 수신기 근처 등 세 곳에서 선로를 점검해야 했다.

기술자들은 사라지는 열차를 찾아내는 프로그램도 개발해 주 1회씩 가동했다. 모든 기능이 제대로 작동하는 것을 확인한 후 관리 팀 동료들에게 그 프로그램을 넘겨주면서 월 1회 출퇴근 시간에 가동하라고 얘기했다.

플린트시 공무원들과 달리 워싱턴 메트로 기술자들은 건초 더미에서 바늘을 찾아냈고, 경고신호에 대응했다. 그들은 문제를 해결했다. 그런 다음 점검 절차와 시스템 감시방안을 마련해 다시 바늘이 떨어지면 알아낼 수 있도록 조치했다. **그들은 해결책을 찾아냈다.**

그러나 조직은 곧 문제를 잊었다. 점검 절차를 시행하거나 사라진 열차를 추적하는 프로그램을 가동한 사람이 아무도 없었다.

이제 2009년 6월로 가보자. 설비개선작업의 일환으로 정비사들이 선로 B2-304구역의 부품 일부를 교체했다. 하지만 작업이 잘 안 되었다. 부품을 교체하고 송신기와 수신기를 몇 차례 손보고 난 후에도 해당 블록의 추적 회로는 정상적으로 작동하지 않았다. 정비사들은 작업이 끝난 후, 첫 번째로 지나가는 열차를 선로가 추적하는지 확인하기 위해 기다렸다. 문제 해결 작업을 진행하는 동안 그들은 열차가 또 한 대 지나가는 걸 보았다. 운영센터에 아직 문제가 남아 있다고 알리고 그들은 현장을 떠났다.

운영센터는 문제 선로에 작업 지시를 내렸지만, 작업은 이루어지지 않았다. 이후 5일 동안 해당 선로를 지나는 거의 모든 열차가 센서에서 사라졌는데 아무도 알지 못했다. 열차가 이상 증세를 보이는 선로 구역을 지나고 나면 시스템이 그 열차를 추적했기 때문에 아무 문제 없어 보였다.

메트로가 B2-304구역의 문제를 놓친 것, 그리고 점검 절차나 기술자들이 개발한 프로그램을 활용하지 못한 것은 단순한 부주의가 아니었다. 간단한 시스템에서는 중요한 문제를 추적하기 쉽지만, 복잡하고 긴밀히 결합한 시스템에서는 쉬운 일이 아니다. 위험구역에서는 무엇이 중요한 문제인지 뚜렷하게 드러나지 않는데, 우리는 중요한 이 세부사항을 놓친 채 무사할 수 없다.

2009년 6월 22일, 혼잡한 퇴근 시간이 시작될 무렵, 214호 열차가 문제의 선로 구역에 도착했고, 이전의 모든 열차가 그랬듯 센서에서 사라졌다. 이전 5일 동안과 마찬가지로 선로 회로에서 추적하는 데 실패하자, 열차는 자동으로 속도를 줄였다.[19] 그러나 앞서간 다른 열차들과 달리 214호 열차는 운이 나빴다. 블록에 진입하기 전에 역 플랫폼에 정확하게 정차하기를 좋아하던 기관사가 평소보다 느린 속도로 열차를 운전했다. 214호 열차가 감속을 시작하자 문제의 선로 블록을 통과해 정상 선로까지 도달

사라진 열차

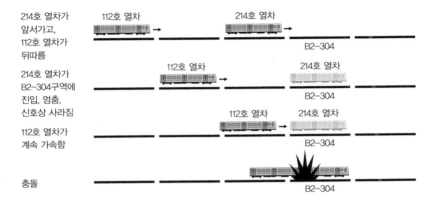

214호 열차가
앞서가고,
112호 열차가
뒤따름

112호 열차　　214호 열차
B2-304

214호 열차가
B2-304구역에
진입, 멈춤.
신호상 사라짐

112호 열차　　214호 열차
B2-304

112호 열차가
계속 가속함

112호 열차　214호 열차
B2-304

충돌

B2-304

할 속도가 부족해졌다. 열차 전체가 해당 선로 구역 안에 멈춰 섰고, 시스템에서 완전히 사라졌다.

214호 열차 뒤에는 우리가 이 책 초반에 만난 공군 장교 데이비드 윌리와 부인 앤, 그 밖에 수많은 사람을 태운 112호 열차가 뒤따라가고 있었다. 자동열차제어 시스템은 112호 열차가 향하고 있던 선로가 비어 있음을 확인하고 가속 명령을 보냈다. 4시 58분, 112호 열차가 코너를 돈 순간, 기관사는 멈춰 서 있는 열차를 발견하고 비상 브레이크를 밟았다. 그러나 너무 늦었다. 13피트 두께의 좌석, 기둥, 천장 패널 파편이 열차로 쏟아져 들어왔고 첫 번째 칸은 75피트에서 12피트로 납작하게 짓눌려버렸다.

112호 열차는 그 자리에 있으리라 생각지 못했던 유령과 충돌했다. 메트로의 시스템은 기술자들이 이미 해결책을 알아낸 후에도 문제를 처리하지 못할 정도로 지나치게 복잡했던 탓에 아홉 명의 목숨을 앗아갔다.

3. 주위는 어둡고, 지시는 모호했다

경고신호로 재앙을 피하는 방법을 찾아낸 산업 분야가 있다. 항공산업이다. 제트기 시대가 시작된 1950년대 말, 상업 비행기는 100만 편 중 40편 비율로 치명적인 사고를 겪고 추락하곤 했다. 10년 사이에 그 비율은 100만 편 중 2편 이하로 줄었다. 최근에는 **1000만** 편에 2편 이하로 더욱더 개선되었다.[20] 마일 당 위험 수준은 자동차 사고율이 100배 더 높다.[21]

이런 진보는 상당 부분 플린트시와 워싱턴 메트로 시스템 관리자들이 무시했던 바로 그것, 즉 사소한 오류, 이상증세, 구사일생상황 등에 주의를 기울인 덕이다. 항공사들은 이미 발생한 사고만이 아니라 **일어날 수도** 있었지만 '일어나지 않은' 사고로부터 교훈을 얻는 방법을 알아냈다.

조종사들 사이에는 기체 앞에 새가 앉아 조종실을 돌아보면 조종사 정수리밖에 안 보일 거라는 농담이 있다. 조종사들이 비행기 밖을 내다봐야 할 필요와 조종석 내부의 무수한 일들을 신경 써야 할 필요 사이를 곡예 하듯 오가야 하기 때문이다. 비행 중 바쁜 시간에는 지도를 보고, 항법 컴퓨터를 조작하고, 비행 기기들을 지켜보느라 머리를 숙이고 있을 때가 많다.

맑은 날 비행기 조종실에 앉은 조종사는 수백 마일 너머까지도 내다볼 수 있다. 그러나 구름이 많으면 아무것도 볼 수 없다. 조종실 내의 기기로 조종을 하고, 지상에 있는 무선표지radio beacon*가 송출하는 전파로 만들어진 가상의 항공로를 따라 항해해야 한다.[22] 비행기에는 이런 표지를 감지할 수 있는 전파수신기가 탑재되어 있다. (미국 서부 해안의 I-5 도로나 런던에서 나가는 M-20 도로 같은) 자동차용 고속도로처럼 이 항로에도 제각기 고유한 이름이 있다. 예를 들어, 시애틀에서 샌프란시스코로 가려면 조종사는 J589에서 J143을 따라 비행경로를 설정할 것이다. 일단 이런 항로를 따라 목적지 인근에 다다르면 비행기는 공항까지 인도해주는 계기접근instrument approach이라는 방식으로 운항된다. 계기접근은 고도, 턴바이턴turn-by-turn** 경로 지시, 조종사가 사용할 무선표지 등을 기록해놓은 계기접근 차트가 제시하는 상세한 지시에 따라 설정한다. 이 차트들은 활주로에 맞추어 지상에서 불과 몇백 피트 떨어진 착륙 지점까지 비행기를 어떻게 운항해야 하는지 알려준다.

이 모든 과정에서 항공교통관제사가 중요한 역할을 맡는다. 그들은 착륙할 비행기를 서로 충돌하지 않도록 차례로 배열한다.

---

* 지상에서 특정 전파를 보내 항공기나 선박에 위치를 알려주는 시설.
** GPS신호를 받아 실시간으로 경로를 안내하는 기능.

조종사에게는 공항에 어떻게 접근해야 하는지와 어느 활주로에 착륙해야 하는지를 알려준다.

계기비행은 페로의 위험구역 안에서 벌어진다. 낮게 낀 구름, 안개, 어둠은 기체 밖에서 무슨 일이 벌어지는지 알아보기 어렵게 한다. 조종사는 비행계기와 무선유도표지, 계기접근 차트, 관제사와 나누는 대화 등 간접적인 정보에만 의존할 수밖에 없다. 그리고 시스템은 긴밀히 결합한다. 일단 이륙하면 조종사는 자동차를 운전할 때처럼 쉽게 도로 옆으로 빠질 수가 없고, 착륙할 때까지 계속 비행해야만 한다. 게다가 제때 실수를 잡아내지 못하면 만회하기 어렵다.

1974년 12월 1일, 승객 92명을 태운 TWA(Trans World Airlines, 트랜스월드항공) 514편[23]이 오하이오주 콜럼버스에서 이륙해 워싱턴국립공항으로 향했다. 구름이 많은 데다 눈이 내리고 워싱턴 D.C. 부근에는 강풍이 부는 등 날씨가 고약했다. 조종실에는 경력이 오랜 기장 리처드 브록Richard Brock, 부기장 레너드 크레셰크Lenard Kresheck, 항공기관사 토머스 사프라넥Thomas Safranek이 앉아 있었다.

비행은 한 시간이면 끝날 예정이었다. 그러나 이륙하고 몇 분후, 항공관제사가 국립공항에 착륙하기에는 바람이 너무 세다고 했다. 기장 브록은 국립공항 서쪽 30마일 거리에 있는 더 큰 공항인 덜레스Dulles로 경로를 전환하기로 했다. 비행은 평상시처럼 진행되었고, 15분쯤 지나 비행기가 아직 덜레스공항 북서쪽

50마일 부근을 날고 있을 때였다. 또 다른 관제사가 계기접근으로 12번 활주로를 향해 운항하라고 허가했다.

승무원들은 접근 차트[24]에서 12번 활주로를 찾아 소리 내 읽으며 '접근 알림'을 하고, 비행기를 계기 세부사항에 맞추어 조종했다. 접근 차트에는 고도, 공항 위치, 하강 시작 지점 등이 조감도로 그려져 있었다. 또한 공항에서 25마일 거리에 있는 1764피트 높이의 위더산 위치와 그 산을 피해 비행하기 위해 지켜야 할 최저 고도가 표시되어 있었다.

접근 차트
측면도

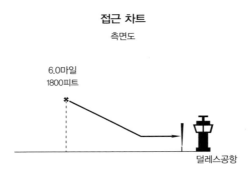

6.0마일
1800피트

덜레스공항

공항에서 6.0마일, 1800피트 떨어진 지점이 유일하게 측면도로 표시되어 있었다. 이 말은 비행기가 일단 덜레스공항으로부터 6마일 지점에 도착하면 1800피트에서 공항과 지면이 보일 때까지 하강을 시작해야 한다는 뜻이었다.

그러나 측면도에는 아주 중요한 부분이 빠져 있었다. 공항에서 더 멀리 떨어진 지점의 고도는 전혀 표시되어 있지 않았다.

항공관제사가 TWA 514편의 접근을 허가했을 때, 비행기는 지도에 라운드 힐Round Hill이라 표시된 지점의 북서쪽을 날고 있었다. 기체가 구름 속 난기류를 뚫고 하강하고 있을 때 승무원들은 다음 단계를 의논했다.[25]

기장: 최저 고도 1800[피트].

부기장: 하강 시작.

항공기관사: 한참 멀었네요. 온도를 내려야겠어요.

부기장: 고도가 뒤흔들리는 거 싫은데…… 한동안 두통이 온단 말이죠……. 지금 아래쪽에 바람 부는 거 느껴지겠죠.

기장: 근데, 이 빌어먹을 종이[접근 차트에 그려진 조감도]는 라운드 힐까지 최저 고도가 3400[피트]라고 하거든.

항공기관사는 기장에게 어느 부분을 보았냐고 물었고, 기장은 대답했다. "그러니까, 여기, 라운드 힐."

기장은 비행기가 서쪽에서 접근할 경우 조감도상 최저 고도가 3400피트로 표시된 경로를 보았다. 그러나 그들은 해당 경로에 있지 않았다. 정면으로 공항을 향하고 있었는데, 항공관제사로부터 하강 시점에 관한 지시를 전혀 받지 못했다. 공항으로부터 6마일 지점에만 표시해놓은 측면도 가지고는 해결하기가 너무 애매했다.

모두가 동시에 말했다. "아니, 그런데…… 관제사가 허가해줬다는 건…… 최초 접근을…… 그래요, 최초 접근 고도."

기장이 옳았다. 구름에 가려져 있던 위더산 때문에 1800피트
는 위험할 정도로 낮았다. 그러나 토론을 거치며 염려가 누그러
진 그는 더 이상 신경 쓰지 않았다. 비행기는 계속 하강했다.

"어둡네요." 항공기관사가 말했다. "그리고 흔들거리고요." 부
기장이 응답했다. 514편 승객 92명이 목숨을 잃기 1분 전이었다.

그날 혼란에 빠진 건 브록 기장과 동료들만이 아니었다. 불과
30분 전, 북서쪽에서 날아오던 또 다른 비행기 역시 똑같은 계기
접근 허가를 받았다. 514편처럼 이 비행기의 허가 내용에도 위
더산을 지날 때까지 3400피트를 유지하라는 식의 고도제한은
전혀 없었다. 조종사로서는 1800피트까지 하강할 수 있다고 생
각할 만한 상황이었다. 그러나 그 비행기의 기장은 문득, 항공관
제사에게 간단한 추가 질문을 던졌다. 해당 지점에서 가장 낮게
비행할 수 있는 고도는 얼마입니까? 관제사는 명확한 답을 주었
고, 비행기는 별 탈 없이 착륙했다.

그러나 514편 승무원들은 허가 내용을 잘못 이해했다. 그들의
머릿속에 있던 모델은 현실과 맞지 않았다. 사고 후 몇 년 사이
이런 애매한 상황에서 뇌가 어떻게 반응하는지에 관한 수많은
연구 결과가 나왔다. 문제를 풀기에 정보가 충분치 않을 때, 뇌는
재빨리 빈틈을 메워 부조화를 조화로 바꾸어놓는다.[26] 달리 말해
지어낸다는 거다.

승무원들은 어떻게 해야 할지 확실치 않았다. 그들은 정상 경로로 날고 있지 않았다. '빌어먹을 종이'는 하강하지 말라고 했다. 그러나 항공관제사는 접근을 허가했다. 이 애매함을 해결하기 위해서 그들은 규칙을 만들어냈다. "그가 허가를 내렸다는 건 최초 접근 고도로 갈 수 있다는 뜻이다."

그들은 앞에 있는 산을 볼 순 없었지만, 구름 사이로 지면을 힐끗 바라보기는 했다. 근접 탐지기가 경고음을 냈다. 그러나 그때는 너무 이미 늦었다. 몇 초 후, 비행기는 위더산의 단단한 경사면을 향해 날아가고 있었다. 옆에서 보면 그들의 마지막 비행경로는 아래와 같았다.

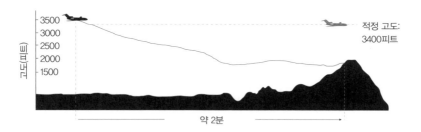

514편이 추락한 후 FAA(Federal Aviation Administration, 연방항공국)은 계기접근 차트를 개정했다. 아래에서 변경 내용을 살펴보자.

기존 측면도에서는 공항과 6마일 떨어진 거리에서 최저 고도가 1800피트 높이라는 것은 알려주면서 하강을 시작해야 할 지점이 어디인지는 해석의 여지를 남겨두었다. 개정 측면도에서는

6장 | 불길한 징조 읽기

기존 측면도

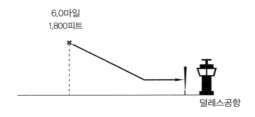

6.0마일
1,800피트

덜레스공항

개정 측면도

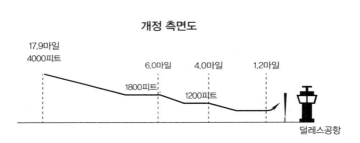

17.9마일
4000피트

6.0마일

4.0마일

1.2마일

1800피트

1200피트

덜레스공항

17.9마일 전까지는 4000피트를 유지해야 한다고 명시했다. 이 설명은 명확하다.

승무원들의 부주의나 무능력 때문에 벌어진 일이 아니었다. 오히려 항공관제사의 지시에 따르려다 발생한 모호함이 혼란을 만들었다. 관제사가 514편 접근을 허가했을 때, 조종사들은 필요하다면 관제사가 고도제한을 알려줄 것이라고 기대했다. 하지만 항공관제사는 그러한 정보가 필요하리라고는 생각지도 않았다.

미국연방교통안전위원회는 사고 당시 승무원과 항공관제사의 역할에 관한 진술을 몇 시간에 걸쳐 들은 뒤 "조종사들이 관제사에게 지원을 받는 데 너무 익숙해져 이런 지원 없이는 자신이 어떤 지시를 받거나 받지 못하고 있는지 알지 못한다"[27]라고 결론 내렸다.

물론 지나고 나서 되돌아보면 당시 상황은 늘 명확해 보인다. 그러나 사고 전에 문제를 제대로 파악해낸 사람들도 있었다는 게 밝혀졌다. 그들은 접근 허가에서 발생하는 혼란이 재앙을 불러올 수 있다는 것과 덜레스공항 인근에 위치한 산이 조종사에게 위험을 안겨주리라는 것까지도 알고 있었다.

1974년, 유나이티드항공United Airlines은 조종사들이 사고 및 안전 관련 제안사항을 보고하도록 하는 내부 안전인식 프로그램을 운용하기 시작했다. 조종사는 익명으로 문제를 보고할 수 있고, 항공사 측은 그 정보를 결코 조종사에게 피해를 주는 방식으로는 사용하지 않을 것이며, FAA 측에 신상정보를 넘기는 일은 절대 없을 것이라고 약속했다. 514편이 추락하기 두 달 전, 유나이티드는 막 덜레스공항에 착륙한 어느 조종사로부터 등골이 오싹해질 법한 보고를 받았다.

항공관제사가 북서쪽에서 접근하는 유나이티드항공기에, 나중에 514편을 집어삼킨 12번 활주로와 똑같은 방법으로 접근을 허가했다. 브록과 마찬가지로 유나이티드의 기장도 접근 차트를 잘못 해석해 1800피트로 하강하기 시작했다. 유나이티드 승무원 역시 TWA 조종사들과 **정확히 똑같은** 실수를 저질렀다. 그러나 그들은 운이 좋았다. 위더산을 비켜 날아가 정상 착륙한 것이다.

그럼에도 유나이티드의 승무원은 뭔가 문제가 있다고 생각했다. 지정 게이트에 도착하자 접근 차트를 재검토한 그들은 하강이 너무 일렀다는 사실을 깨달았다. 이것이 사내에서 찾던 바로 그 정보라고 생각한 그들은 보고서를 제출했다.

항공사는 문제를 조사한 후 조종사들에게 공지했다.[28]

항공관제사와의 교신에서 전파유도 정보가 너무 포괄적으로 활용되면서 일부 승무원에게 혼란을 초래. 최근 발생한 사건과 관련해 아래 사항을 알림.

1. '접근 허가'는 일반적으로 승무원 스스로 해야 하는 말임.

2. 다른 고도제한을 검토하지 않은 채 최종 접근에 표기된 고도로 하강하지 말 것.

3. 외측 픽스outer fixes를 향한 접근 최저 고도는 [접근] 차트에 표기되어 있음.

4. 승무원은 운항하려는 터미널의 접근 및 구역 차트에 기재된 고도 정보를 완벽히 숙지해야 함. 이는 MSA(minimum segment altitude, 최저 역내 고도) 정보까지 포함함.

비행 승무원들에게 직접 확인할 것, 접근 차트에 적힌 고도에 관해 완전히 이해하지 않은 상태에서 하강하지 말 것 등 기장 브

록이 품었던 의문을 해결할 수 있는 이 네 가지 지시사항은 TWA 514편 추락 몇 주 전에 배포되었다. 그러나 유나이티드의 안전인식 프로그램은 내부 시험가동용이었기 때문에 FAA나 TWA의 조종사들, 그 밖에 다른 항공사로는 배포되지 않았다. 만약 배포했다면 92명의 목숨을 구할 수 있었을 것이다.

4. 구사일생상황보고서 작성하기

복잡한 시스템 내에서 실패를 막으려면 산처럼 쌓인 건초 더미에서 바늘을 한 무더기 찾아내야 한다. 유나이티드항공은 안전인식 프로그램을 집요하게 진행했다. 그들은 바늘이 숨겨진 곳을 표시한 지도를 만들었다. 그러나 프로그램은 충분히 널리 퍼지지 않았다. 지도는 필요한 모든 사람에게 가닿지 않았다.

514편 조사 과정에서 진술한 증인들은 업계 전반에 걸쳐 익명안전보고서를 수집하고, 보고서를 제출한 사람은 누구든 면책권을 보장하는 시스템을 만들라고 권고했다. 6개월 후, ASRS(Aviation Safety Reporting System, 항공안전보고 시스템)이 탄생했다.

나사의 독립 부서인 ASRS는 조종사, 군 조종사, 항공관제사, 공학자, 그 밖에 항공산업에 종사하는 사람들로부터 한 달에 수천 통의 보고서를 수집한다. 조종사는 실수에 대한 면책권을 얻을 뿐 아니라, ASRS 보고서를 제출하는 것에 자부심도 느낀다.

보고서는 누구나 접속할 수 있는 데이터베이스에 검색 가능한 정보로 저장되며, 나사는 월간 소식지 《콜백Callback》을 통해 주요 안전 관련 동향을 전한다. 예를 들어, 최근 호에서는 하강 직전에 활주로 변경을 통보받아 무리하게 낮은 고도로 급하강해야 했던 한 승무원의 보고서[29]를 다루었다. 그 승무원은 시간 내에 고도를 맞추지 못했고, 그래서 보고서를 제출했다. 그에 따라 FAA는 접근 절차를 변경했다.

《콜백》의 또 다른 호에서는 연료탱크를 바꾸라는 점검표상 지시사항을 무시한 (그래서 연료탱크 하나가 텅 빈 채로 비행기를 착륙시킨) 소형 비행기 조종사부터 엔진 내부에 공구를 흘려 엔진을 망가뜨린 기술자까지 근무 태만이 불러오는 위험 사례를 다루었다. 짐작했겠지만 칙 페로는 ASRS를 아주 좋아했다. "[ASRS는] 설계자들에게는 직관에 반하는 시스템 결함 사례를 보여주는 데이터베이스를 제공하고, 조직에는 누군가 실제로 [결함을 극복하려] 노력하고 있다는 인식을 강화해준다."[31]

복잡한 시스템이 갖는 근본적 특징은 바로 단순히 생각만으로는 모든 문제를 찾아낼 수 없다는 점이다. 복잡도는 독특하고 희귀한 상호작용을 만들어낸다. 그렇기 때문에 일어날 만한 모든 오류의 연결고리를 예상하기란 불가능한 일이다. 그러나 복잡한 시스템은 무너지기 전에 이러한 상호작용을 드러내는 경고신호를 내보낸다. 시스템이 어떻게 망가질지, 그 근거를 시스템 스스로 보여준다.

그러나 우리는 이러한 근거에 관심을 기울이는 데 실패하곤한다. 일이 별 탈 없이 돌아가기만 하면, 심지어 억세게 운이 좋아서 잘 넘어간 상황에서도 시스템이 잘 작동한다고 짐작하는 경향이 있다. 이른바 결과편향outcome bias이다. 회사의 태블릿 신모델 출시를 맡은 가상의 프로젝트 관리자 스테판 피셔Stefan Fischer를 예로 들어보자. 출시 몇 달 전, 태블릿 카메라를 담당하는 기술자가 다른 회사로 이직하는 바람에 일정이 늘어졌다. 시간 지연을 줄이기 위해 스테판은 카메라 설계 변경을 검토하는 과정을 생략하기로 했다.

우리는 경영대학원 학생 80명을 대상으로 한 실험에서 프로젝트 내용과 다음 세 가지 결과 중 하나를 읽어본 후 스테판의 업무능력을 평가해달라고 요청했다.[32] **성공한 경우**에서는 태블릿은 잘 팔렸고 아무런 문제가 없었다. **구사일생상황인 경우** 프로젝트는 그저 운이 좋아 성공했다. 카메라 설계 때문에 태블릿 과열 현상이 생겼지만, 순전히 운이 좋아서 열기를 제어하도록 프로세서를 업데이트할 수 있었다. **실패한 경우**에서는 프로세서 업데이트에 실패해 과열 현상이 커다란 문제가 되었고, 태블릿 판매는 저조했다.

스테판을 평가한 학생들(그리고 무인 우주선을 소재로 한 비슷한 연구에 참여한 나사 기술자들)에게 평가 기준은 **결과**였다. 태블릿 출시에 성공한 경우, 스테판은 좋은 점수를 얻었다. 순전히 운이 좋아 성공한 경우에도 사람들은 그가 아주 유능하고 영리하며, 승진할 자격이 있다고 생각했다. 실패한 경우에만 그가 내린 결정의 질을 따졌다. 프로젝트가 망하지 않는 한 스테판이 그저 운이 좋았을 뿐이라는 사실에는 크게 신경 쓰지 않았다. 실력이 좋은 경우와 운이 좋은 경우를 구분하지 않았던 것이다.

투자금을 5억 달러나 잃은 나이트캐피털을 떠올려보자. 문제는 나이트의 서버 여덟 대 모두에 새 컴퓨터 코드를 복사하는 일을 개발자가 깜빡 잊었다는, 단순한 실수에서 비롯했다. 과거 어느 시점에 개발자들은 그와 똑같은 실수를 하고도 운이 좋아 별다른 사고 없이 문제가 해결되었을 게 거의 틀림없다. 결국 재앙이 벌어지지 않았으니 그들은 그저 시스템이 잘 작동하고 있다고 판단한 것이다. 그러나 실제 프로그램 업그레이드는 주사위 굴리기처럼 항상 위태로웠다.

많은 이들이 일상생활에서도 이렇게 행동한다. 어쩌다 변기가 막히면 그저 불편해할 뿐, 넘치지 않는 한 경고신호로 생각지 않는다. 혹은, 변속이 매끄럽지 않거나 타이어에서 바람이 조금씩 빠지는 식으로 미묘한 경고신호가 있어도 자동차를 카센터에 가져갈 생각을 하지 않는다.

복잡도를 관리하려면 시스템이 사소한 오류, 구사일생의 상황, 기타 경고신호의 형태로 우리에게 보내는 정보를 알아채야 한다. 이 장에서 우리는 다른 여러 방식으로 이 문제와 씨름하는 세 가지 형태의 조직 사례를 살펴보았다. 플린트시 공무원들은 반복되는 경고신호를 대수롭지 않게 여기고 수돗물이 안전하다고 주장했다. 심지어 문제가 있다는 걸 인정하지도 않았다. 워싱턴 메트로 기술자들은 좀 나았다. 그들은 문제를 파악하고, 검사 절차를 마련하고, 꾸준히 지켜보기 위한 감시 프로그램을 만들었다. 그러나 이런 안전장치는 몰아치는 일상 업무의 틈바구니에서 밀려나고 말았다. 해결책이 있는데도 실행하지 못한 것이다. 마지막으로, 유나이티드항공의 관리자들은 한발 더 나아갔다. 그들은 문제를 파악하고 조직 내 모든 조종사에게 그 내용을 알렸다. 그러나 그 경고는 유나이티드항공사 바깥에서 같은 문제를 겪던 514편 운항 책임자를 포함한 TWA 조종사들에게 전달되지 못했다.

이 사례들은 차례차례 실효성 있는 해결책에 더 가까이 다가서는 과정을 보여준다. 그리고 작은 실패와 구사일생상황으로부터 교훈을 얻는 방법을 알아낸 조직도 있다는 게 드러났다. 연구자들이 비일상화anomalizing라고 부르는 이 학습 과정[33]은 다음과 같이 작동한다.

첫 단계는 정보를 모으는 것이다.[34] 구사일생상황에 관한 보고 자료를 수집하고 문제가 발생하는 부분을 조사한다. 예를 들어, 항공사는 일어날 뻔한 사고에 관한 보고서뿐 아니라 비행 정보도 함께 수집한다.

다음은 드러난 문제를 고쳐야 한다. 구사일생상황보고서는 건의함에 파묻혀 있어서는 안 된다. 일례로 일리노이주 어느 병원

간호사가 같은 병실에 있는 환자 두 명의 약 처방을 혼동할 뻔했다.[35] 두 환자의 성이 비슷했고, 처방전에 적힌 약품명도 사이토텍Cytotec과 사이톡산Cytoxan으로 매우 유사했다. 간호사는 실수를 깨닫고 구사일생상황보고서를 제출했다. 이에 병원은 **다음** 간호사가 같은 실수를 반복하지 않도록 환자들을 분리 배치했다.

　세 번째는 문제를 이해하고 근본 원인을 파악하기 위해 더 깊이 파헤치는 것이다. 어느 지역병원 약품 관리자가 살펴보니 유독 한 병동에서 투약 오류가 자주 발생했다. 약품 관리 팀은 이런 실수를 연속으로 발생한 개별 사고로 보지 않고 근본 문제를 알아내기 위해 더 깊이 파고들었다. 그러자 간호사들이 복도에서 투약을 준비하는 과정 중에 계속 방해받는다는 사실이 드러났다. 이에 대응하기 위해 관리자들은 방해받지 않는 투약준비실

을 별도로 마련했다.[36]

　일단 문제를 이해했으면 구사일생으로 상황이 수습된 걸 숨길 일이 아니라는 것을 인식할 필요가 있다. 소식지 《콜백》처럼 그 내용을 조직 내부뿐만 아니라 업계 전체에 공유해야 한다. 실책을 공유하면 실수가 시스템의 일부[37]임이 명백해지고, 우리 자신도 언젠가 부딪칠지 모를 문제에 대비할 수 있다.

　마지막 단계로는 경고신호에 대응하기 위해 만든 해결책이 실제로 작동하는지 확인해야 한다. 예를 들어, 일부 비행에서는 점검표 항목을 빠트리거나 절차를 혼동하지 않는지 살펴보기 위해 조종실 안에서 별도로 승무원들의 작업을 지켜보는 조종사가 동승한다. 이러한 방법으로 항공사는 자신들이 만든 해법을 검증한다. 그렇게 하지 않으면 빠뜨리는 일이 생길 수 있기 때문이다. 워싱턴 메트로에서 그랬듯 때로는 해결책을 활용할 당사자가 그것이 존재하는지조차 모르는 경우가 허다하다. 검증을 통해 치료법이 질병보다 더 나쁜 건 아닌지도 확인할 수 있다. 이를테면 수리 후에 복잡도가 크게 는다거나 추가 감시기능이 거짓양성을 너무 많이 일으키는 경우가 여기에 해당한다.

　이 모든 과정의 중심에는 조직문화가 자리한다. 항공기 기장이자 사고조사관인 벤 버먼이 우리에게 말했듯 "당사자를 저격하려 들면 아무도 시스템에서 발생한 실수나 사고를 말하지 않을 겁니다."[38] 질책이나 처벌 없이 실패와 발생할 뻔한 사고 경험을 공개적으로 공유하면, 오류를 마녀사냥을 벌일 계기가 아니라 새로운 배움의 기회로 바라보는 문화를 만들 수 있다. 파블로 가르시아 과다투약 사건을 검토한 UCSF 의사 밥 웍터는 이렇게 썼다. "조직 안정성의 지표는 큰일을 해낸 누군가가 CEO에게 감사장을 받느냐 마느냐가 아니다."[39] 문제를 보고하는 누군가가 **잘못을 저질렀을 때도** 감사장을 받는지 여부에 달렸다.

이 글을 읽고 '**글쎄, 항공사나 병원에서는 좋은 방법이겠지. 하지만 특정한 운영 문제와 연관된 오류가 없는 우리 조직에서는 뭘 해야 하지?**'[40]라고 생각할 수 있다. 그러면 당신이 추적하고 있는 것은 무엇인가? 안전과 관련되지 않은, 경쟁자와 공유하기를 원치 않는 문제는 무엇인가?

그 답을 덴마크의 조직 연구가 클라우스 러럽Claus Rerup이 내놨다.[41] 러럽은 록 공연, 여객선 사고, 거대 다국적기업 등 여러 가지 흥미로운 상황에서 뽑아낸 정보를 사용해 조직이 재난을 막기 위해 미약한 실패신호에 주의를 기울이는 방법을 연구하고 있다.

러럽은 전 지구적 제약업계 강자로서 세계 최대 인슐린 생산기업 중 하나인 노보노디스크Novo Nordisk를 수년에 걸쳐 심층적으로 연구했다.[42] 그 결과 1990년대 초 노보노디스크는 심각한 위험신호가 있을 때 누구도 주의를 기울이기 어려운 환경이었다는 사실을 알아냈다. "무엇이 문제인지를 바로 위 상사, 그 위 상사, 또 그 위에 있는 상사까지 이해시켜야만 했어요"라고 한 상무이사가 말했다. "그런 다음 업무 수행방식을 바꿀 좋은 방안이 있다고 상사를 설득해야 했어요." 그러나 다음 사람에게 말을 전할 때마다 내용이 조금씩 달라지는 전화 놀이처럼 명령체계 위로 올라갈수록 문제는 지나치게 단순화되었다. "보고서 원본에 담긴 내용이 무엇인지…… 어느 부분이 전문가가 봐야 할 경고신호인지 고위 관리자가 받아보는 보고서에는 빠지곤 했습니다"라고 CEO가 러럼에게 말했다.

당시 노보노디스크 공장 직원들은 회사가 점점 높아지는 FDA 기준을 맞추지 못할 거라는 걸 알고 있었다. 그러나 고위 경영진은 위기가 다가오고 있다는 사실을 전혀 몰랐다. 1993년, 회사는 전직 FDA 조사관들을 고용해 모의 감사를 벌였다. 조사관들은 엄청나게 많은 문제를 발견했다. 노보노디스크는 미국 내 인슐린 판매 자격을 잃게 될 상황이었다. 회사는 6개월치 생산품을 폐기하고 주요 경쟁사 중 하나인 엘리 릴리Eli Lilly에 미국 내 고객 인수를 요청했다. 결국 FDA 기준을 맞추는 데 실패한 탓에 회사 평판이 흔들리고 1억 달러가 넘는 비용이 발생했다.

하지만 실패를 겪은 노보노디스크는 개인을 탓하지 않았다. 관리자들에게 좀 더 책임감을 가지라고 하지도 않았다. 대신 경고신호를 발견하고 학습하는 능력을 키우도록 조직 전체를 뜯어고치기 위한 작업을 시행했다.

새로운 문제가 발생하는 것을 알아채기 위해 노보노디스크는 회사 바깥에서 닥쳐오는 새로운 도전을 검토하기 위한 약 20명 규모의 부서를 신설했다. 그 부서의 임무에는 유전자 변형, 규제 변경 등 경영진이 간과하거나 깊이 생각하지 못할 법한 중요한 문제에 관해 비영리단체와 환경운동단체, 정부 관료를 만나 의논하는 일까지도 포함되었다. 일단 문제를 발견하면 해당 부서는 그 문제가 자사에 끼칠 영향에 대해 깊이 파헤치고, 문제를 막기 위해 할 수 있는 일을 찾아내도록 부서별로 경력자급을 모아 특별 팀을 꾸린다. 목표는 문제를 유발하는 미약한 신호를 회사가 간과하지 않도록 주의를 기울이는 것이다.

노보노디스크는 회사 **내부** 문제를 찾아내기 위한 감사도 시행했다. (인슐린 생산 위기 이전에도 그랬듯) 중요한 문제가 위계 구조의 하부에 묶여 있지 않도록 확실히 살펴보기 위해 촉진자facilitator를 둔다. 사내에서 가장 존경받는 관리자 중 20명 정도로 구성된 촉진자는 몇 년 간격으로 최소한 한 번 이상 모든 부서와 함께 작업한다.[43] 우려스러운 문제를 찾아내기 위해 촉진자 두 명이 한 부서 직원의 40퍼센트 정도와 면담한다. 한 촉진자는 이렇게 말했다. "평소라면 꺼내지 않을 주제에 관해 이야기를 나눕니다. 금기사항은 전혀 없습니다."

그런 다음 촉진자는 수집한 정보를 분석해 부서 관리자가 간과한 문제가 있는지 검토한다. "우리는 돌아다니며 사소한 문제를 잔뜩 찾아냅니다." 한 촉진자가 설명했다. "그걸 내버려둔다고 더 큰 문제로 발전할지는 알 수 없어요. 그러나 위험을 안고 가지는 않습니다. 사소한 것이라도 끝까지 추적해요."

촉진자가 문제를 드러내면 부서 관리자는 그 문제에 주의를 기울인다. 우려사항이 더는 위계 구조를 통과하며 걸러지거나 단지 주의를 환기하는 데서 끝나지도 않는다. 촉진자는 해당 부서를 개선하려 관리자가 취해야 할 조치들을 목록으로 작성한다. 각 조치를 담당할 사람을 지정하고 문제가 개선되었는지도 추적해서 확인한다. 최근 어느 해에는 개선조치를 기간 내에 완료한 비율이 95퍼센트에 달했다.[44]

노보노디스크가 시행한 대책이 커다란 과업으로 보일 수도 있지만, 노보노디스크는 큰 기업이다. 이 사업운영비가 연간 수입에서 차지하는 비율은 1퍼센트에 불과하다. 그리고 이런 원칙은 작은 규모에도 적용할 수 있고, 더 큰 조직의 한 팀이나 부서에도 적용 가능하다. 실제로 러럽과 동료들은 가족 기업 정도 규모인 사업에 신뢰할 만한 자문위원 한 사람을 개입시키는 방식으로, 같은 원칙을 작은 규모에서 활용할 방안을 연구하기도 했다.[45] 이 자문위원은 한 걸음 물러서서 사업을 지켜보며 주가 경쟁자, 기술상의 혼란, 규제 변경 등에서 발생하는 위협을 인지하도록 도와준다. 노보노디스크에서 마련한 특별 팀과 마찬가지로 이런 자문위원은 새로 생긴 문제를 찾기 위해 사업 전체를 샅샅이 뒤지고, 경고신호를 발견하고, 의사결정자가 주의를 기울이도록 한다.

위험구역에 있는 우리의 시스템은 너무나 복잡해서 정확히 무슨 문제가 생길지 예측하기 어렵다. 그러나 경고신호는 **있다.** 불길한 조짐은 눈앞에 자주 드러난다. 우리가 할 일은 그 신호를 읽어내는 데 있다.

　　　　　　　　　　6장 | 불길한 징조 읽기

7장

반대의견의 진면목

"머리를 숙이고 맡은 일을 해야지,
안 그러면 둘 다 잃는 수가 있어요."

1. 죽음을 불러온 '시체 냄새'

1846년 가을, 출산이 임박한 한 젊은 여성이 빈 외곽에 자리 잡은 종합병원 산부인과의 커다란 나무문을 두드렸다.[1] 그러자 간호사 두 명이 나와서 그녀의 팔을 붙잡고 긴 계단을 올라갔다. 그리고 꼭대기 층 작은 탁자에 앉아 있던 의과생이 그녀를 병원의 제1 산과 진료소 환자로 등록했다.

제1 진료소가 조산사가 아닌 의사들이 진료를 보는 곳이라는 사실을 안 그 여성은 아연실색했다. 그녀는 조산사들이 있는 제2 진료소로 보내 달라고 애원했다. 무릎을 꿇고 두 손을 비비며 간청했지만, 학생은 들어주지 않았다. 규칙은 규칙이기 때문이었다. 환자들은 병원에 도착한 주마다 정해진 요일에 따라 두 진료소 중 한 곳으로 배정되었고, 일정표에 따르면 그녀는 제1 진료소로 가야 했다.

다음 날 그녀는 제1 진료소의 작은 병실에서 아들을 낳았다. 그리고 사흘 뒤 사망했다.

흔한 사연이었다. 출산을 앞두고 병원을 찾은 많은 여성이 제1 진료소에 관한 소문을 들었고, 필사적으로 그곳을 피하려 했다. 그리고 그중 상당수가 출산 후 며칠 만에 죽고 말았다. 증상은 늘 똑같았다. 지독한 열과 오한, 처음에는 약하다가 이내 극심해지는 복통. 태아 역시 죽는 경우가 많았다. 병명은 당시로서는 무시무시한 질병이던 산욕열이었다.

그 젊은 여성이 죽기 직전, 한 사제와 부제가 마지막 의례를 집전하러 진료소에 도착했다. 두 사람이 병동을 따라 걷는 동안 부제는 사제가 도착했다고 알리는 작은 종을 흔들었다. 너무나 익숙한 소리였다. 거의 매일, 때로는 하루에 한 번 이상 사제가 영혼을 구원하러 병동을 순회했다.

죽어가는 젊은 여성이 누운 병실을 향해 가던 사제와 부제는 회청색 눈동자에 커다란 어깨, 숱이 적은 금발을 한 젊은 의사를 스쳐 지나갔다. 헝가리 출신의 28세 의대 졸업생으로, 최근 진료소 수석 레지던트로 들어온 이그나츠 제멜바이스Ignác Semmelweis였다.

제멜바이스는 불길하게 울리는 그 종소리를 거의 매일 듣는

데도 여전히 마음이 쓰였다. 그는 나중에 이렇게 썼다. "문 앞을 지나치는 종소리를 들을 때면 또다시 누군가가 알 수 없는 힘에 사로잡혀 희생당했다는 생각에 가슴 깊은 곳에서부터 탄식이 새어나왔다. 종소리는 그 알 수 없는 원인을 찾아내라는 고통스러운 권유였다."[2]

실제로 이 여성들이 왜 죽어나가는지 정말로 알 수가 없었다. 고압적인 상사 요한 클라인Johann Klein 교수를 포함해 제멜바이스와 같은 시대를 살았던 사람들은 산욕열이 도시 전체에 드리운 일종의 유해한 공기 때문이라고 생각했다. 그러나 제멜바이스는 그러한 생각에 안주하지 않았다. 두 진료소를 비교한 아래 그래프를 살펴보자.

해로운 공기가 제1 진료소 주변에만 떠돌고 있는 게 아닌 한, 산욕열이 유난히 제1 진료소에서 많이 발생하는 이유를 달리 설명할 방법이 없었다. 산욕열로 사망하는 산모가 제2 진료소에서

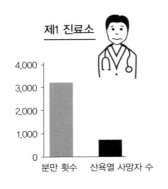

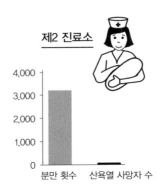

는 한 해 평균 여섯 명이었다. 하지만 제1 진료소에서는 **600에서 800여 명**이 사망했다.

두 진료소에서 이루어진 분만 횟수가 비슷하다는 점, 그리고 두 병동이 딱 한 가지만 빼고는 거의 같은 조건이라는 점을 고려하면 차이가 심해도 너무 심했다. 제1 진료소는 의사와 의과생, 제2 진료소는 조산사와 그 제자들이 근무했다.

그리고 그 병은 병원 담 너머 도시 전체로는 퍼지지 않았다. 분만을 민간 의료인이 맡든 조산사가 맡든, 가정에서 출산하는 사람들에게서는 거의 발병하지 않았다. 심지어 길에서 출산하는 경우조차도 제1 진료소에서 출산한 여성보다 산욕열에 덜 걸렸다. **병원보다 뒷골목에서 출산하는 게 더 안전했다.** 제1 진료소, 오직 그곳에서만 뭔가 이상한 일이 벌어지고 있는 게 틀림없었다.

두 분만실에서 보이는 한 가지 차이점은 의사는 산모가 엎드린 채로, 조산사는 옆으로 눕힌 채로 출산하게 한다는 점이었다. 출산 시 자세가 문제인지를 확인하기 위해 제멜바이스는 제1 진료소에서 산모를 옆으로 눕혀 분만해보았다. 그러나 결과는 다르지 않았다. 투약방식을 바꾸기도 하고 제1 진료소 병동의 환기 시설을 개선해보기도 했지만 소용없었다.

연구에 별다른 진척이 없자 제멜바이스는 1847년 봄 베네치아로 잠시 휴가를 떠났다. 아름다운 풍경이 머리를 맑게 해주기를 기대했다. 그러나 다시 병원으로 돌아온 그는 끔찍한 소식을 접했다. 가장 존경하던 동료 중 한 명인 법의학자 야콥 콜레츠카Jakob Kolletschka가 사망한 것이었다. 콜레츠카가 부검하는 동안 곁에 있던 한 학생이 실수로 콜레츠카의 손가락을 메스로 찔렀고, 며칠 못가 몸져누운 콜레츠카는 곧 죽고 말았다.

사후부검보고서를 읽던 제멜바이스는 충격을 받았다. 콜레츠카의 사인은 제멜바이스가 제1 병동에서 보고 또 보았던 증상과 무서울 정도로 닮아 있었다.

이것은 결정적인 증거였다. 제멜바이스는 콜레츠카가 손가락을 찔렀을 때 몸속으로 침투한 보이지 않는 감염원으로 인해 죽었을 거라 추측했다. 그리고 만약 그를 죽게 한 병과 산욕열이 사실상 같다면 제1 진료소 여성들도 같은 감염원으로 인해 목숨을 잃은 게 틀림없었다. 이런 생각이 들자 곧바로 해답이 떠올랐다. 제2 진료소의 조산사들은 부검을 하지 않았다. 그러나 의사와 의과생들은 부검실에서 **곧바로** 제1 진료소로 오는 경우가 많았고, 그들이 보이지 않는 치명적인 물질로 제1 진료소에서 출산한 여성들을 감염시켰던 것이다.

지금 우리는 산욕열이 다양한 세균에 의해 발생하며, 그중 일부는 사인이 무엇이든 시체에서 생기는 세균이라는 사실을 알고 있다. 그러나 제멜바이스가 살았던 시대는 질병 세균설germ theory of disease*을 받아들이기 몇십 년 전이라 의사들이 시체를 해부한 뒤 옷을 갈아입거나 손을 철저히 씻지 않았다. 비누와 물로 손을 헹

---

* 세균이 질병을 일으킨다는 이론. 매종설이라고도 한다.

구기는 했지만, 철저한 소독 같은 걸 따로 하지는 않았다. 실제로 시체 안치실에서 진료소로 돌아오는 그들의 손에서는 제멜바이스가 '시체 냄새'라고 부른 냄새[3]가 나곤 했다.

제멜바이스는 세균에 관해 잘 알지는 못했지만, 그 악취를 없애야 치명적인 물질도 사라질 거라고 판단했다. 그는 제1 진료소 입구에 염소액을 담은 큰 그릇을 놓고 의료진에게 병동에 들어올 때 그 물로 손을 씻도록 했다.

결과는 놀라웠다. 몇 주 만에 병동 사망자 수가 급격히 떨어졌다. 소독을 시행하고 만 1년 후, 산욕열로 인한 사망률은 1퍼센트대로 떨어졌다. 죽음이 일상이던 곳에서 단 한 명도 산욕열로 죽는 일이 없이 몇 달이 지나갔다.

이때까지 제멜바이스는 자신이 옳다는 걸 한 치도 의심하지 않았다. 그리고 그 발견이 담고 있는 무서운 의미도 알았다. 그는 이렇게 썼다. "나는 시체를 아주 많이 만졌다. 내 잘못으로 인해 얼마나 많은 환자가 일찍 세상을 떠나야만 했는지, 고백건대 오직 하느님만이 그 사실을 아실 것이다."[4]

제멜바이스는 이 고통스러운 진실을 받아들이고 감당하는 것만으로는 끝낼 수 없었다. 의학적으로 이 이론을 확립시키는 것은 또 다른 난제였다. 결국 지난 수십 년 동안 빈, 그리고 사실상 유럽 전역의 의사들이 말 그대로 맨손으로 산모와 영아 들을 죽이고 있었던 것이다. 그는 동료들이 그동안 해온 일은 잘못된 관행이었으며, 그릇된 믿음 때문에 무고한 이들이 목숨을 잃고 있다는 사실을 알려야 했다.

두려운 도전이었지만 제멜바이스는 목소리를 냈다. "치유법은 이미 드러났다. 이 불행이 영원히 이어져서는 안 되기에 관련된 모든 사람이 진실을 알아야 한다."

그러나 자기만족에 빠진 젊은 의사들과 분노를 표하는 원로단을 어떻게 설득할 수 있겠는가? 클라인 교수처럼 25년 동안이나 산부인과를 이끌어온 사람들에게 그렇게 중요한 잘못을 저질렀다는 사실을 어떻게 이해시킬 수 있겠는가?

반대자가 되기란 쉽지 않다. 우리는 자신이 속한 집단에서 타인의 견해에 따라야 한다고 느낄 때가 많은데, 신경과학은 동조하려는 욕구가 단지 억압의 결과 때문만은 아니라고 말한다. 그 욕구는 우리의 뇌와 얽혀 있다.

과학자들은 fMRI(functional magnetic resonance imaging, 기능적 자기공명영상)를 사용해 집단 내 여론에 반하는 의견을 가질 때 우리 뇌가 어떻게 반응하는지 살펴보는 실험을 했다.[5] 주위 의견을 거스를 때는 두 가지 증상이 나타났다. 첫째, 오류 탐지에 관여하는 뇌 영역이 매우 활성화되었다. 신경 시스템이 실수를 인지하고 오류신호를 내보냈다. 뇌가 이렇게 말하는 거나 마찬가지였다. **"야, 너 뭔가 잘못하고 있어! 바꿔야 해!"** 그와 동시에 보상을 예측하는 뇌 영역 활동이 느려졌다. 뇌가 이렇게 말하기 때문이다. **"보상은 기대하지도 마! 이건 너에게 그리 좋은 일이 아닐 거야!"**

"뇌는 집단의견에서 벗어나는 것을 처벌로 간주한다는 사실을 발견했습니다"[6]라고 이 연구의 주 저자인 바실리 클루카레프Vasily Klucharev는 말했다. 그리고 둔화하는 보상신호와 결합한 오류신호는 여론에 자기 의견을 맞추어야 한다는 의미를 담은 뇌 자극을 생성한다. 흥미롭게도 이 과정은 집단으로부터 처벌을 받으리라 짐작할 근거가 전혀 없을 때도 나타났다. 클루카레프가 말했듯 "자기 나름의 의견을 지닌 사람이 집단의 견해를 듣고 재빨리 그 견해와 더 잘 맞는 방향으로 자기 의견을 바꾸어가는 이 과정은 거의 자동으로 진행됩니다."[7]

에머리대학교의 신경과학자 그레그 번즈Greg Berns가 주도한 흥미로운 연구를 통해 이러한 과정이 드러났다.[8] 참가자들은 서로 다른 각도에서 본 3차원 물체 한 쌍을 보고 두 물체가 서로 같은지 다른지 말해야 했다. 참가자는 다섯 명씩 나눈 집단에 배정되었는데, 사실 그중 네 명은 연구자가 맡긴 역할을 담당하는 연기자였다. 연기자는 정답을 말할 때도 있었지만, 때로는 모두 함께 오답을 내놓을 때도 있었다. 그런 다음 실제 참가자가 대답할 차례가 되면 그 순간을 포착하기 위해 연구자들은 뇌 스캐너를 작동했다.

사람들이 오답을 내놓는 집단에 동조한 횟수는 40퍼센트 이상이었다. 동조하려는 의지를 보여주는 실험이 많았으니 그다지 놀라운 일도 아니다. 흥미로운 점은 뇌 스캐너에 나타난 현상이었다. 사람들이 주위에서 내놓은 오답에 동의할 때, 의식적 의사결

　　　　　　　　　　　　　　　7장 | 반대의견의 진면목

정 관련 영역의 활동성은 그다지 변하지 않았다. 대신 시각 및 공간 인식에 할당된 부분이 활성화됐다. 사람들은 동조하려고 의식적으로 거짓말을 한 게 아니었다. 우세한 의견이 실제로 **그들의 인식을 바꿔놓은** 것으로 보였다. 누군가 두 물체가 다르다고 말하면 참가자는 두 물체가 같을 때도 차이를 인지하는 듯했다. 동조하려는 경향은 말 그대로 눈앞에 보이는 것조차 바꾸어놓았다.

그리고 사람들이 집단에 반대할 때 뇌 속에서 북받치는 감정을 처리하는 영역이 급격히 활성화됐다. 개인적 신념을 밀고 나가는 데 드는 감정적 비용으로서, 연구자들이 **'독립의 고통'**[9]이라고 부르는 반응이다.

동조하기 위해 견해를 바꿀 때 우리는 거짓말을 하는 게 아니다. 타인의 의견에 따르고 있다는 것을 의식조차 못 한다. 현상은 훨씬 더 깊고 무의식적이며 즉흥적으로 벌어진다. 우리 뇌는 홀로 서는 고통을 회피하도록 만들어졌다.

현대 조직사회에서는 반대의견이 귀중한 자원인 만큼 이런 결과는 우려스럽다. 복잡하고 긴밀히 결합한 시스템 안에서 사람들은 심각한 위험을 놓치기 쉽고, 사소해 보이는 실수조차도 커다란 참사로 이어질 수 있다.

그러나 우리는 반대의견을 별로 반기지 않는 듯하다. "뇌는 집단사고에 자신을 맞추면서 다른 사람들이 자신을 어떻게 생각하는지에 따라 섬세하게 의견을 교정한다"[10]는 게 번즈 교수의 말이다. "진화라는 측면에서 동조 반응이 나타나는 이유는 자명하다. 집단에 반하는 것이 생존에 유리하지 않기 때문이다."

2. 반대의견의 중요성

독일 하노버 외곽 어느 기차역에서 인파를 뚫고 나온 50세 쯤 되어 보이는 세련된 남성이 선로로 걸어 올라가 다가오는 기차 앞으로 몸을 던졌다. 기차에 짓이겨져 죽은 이 남성은 과학적 조산술 발견에 공헌한 독일인 의사 구스타프 아돌프 미하엘리스Gustav Adolf Michaelis였다.

미하엘리스는 제멜바이스의 주장이 유럽 산부인과들에 처음 제기됐을 때 기꺼이 받아들인 몇 안 되는 사람 중 하나였다. 빈에서 제멜바이스가 발견한 사실을 접한 미하엘리스는 곧 독일 키엘에서 직접 운영하던 진료소에서 염소액을 필수적으로 사용하도록 했다. 그 제도는 효과가 있었다. 그러나 사망률이 떨어질수록 미하엘리스는 심란했다. 제멜바이스의 이론을 뒷받침하는 증거가 쌓여갈수록 모른 채 저질렀던 죄목이 더 명확해지는 것 같았다. 그동안 자신에게 진료를 받고 죽은 여성이 얼마나 많았는지 깨닫자 그는 공포에 휩싸였다. 염소액 손 소독제를 도입하기 불과 몇 주 전, 자신이 분만을 맡았던 사랑하는 조카도 산욕열로 죽었던 것이다. 그는 견딜 수가 없었다.

다른 의사는 대부분 자기 과실을 인정하려 하지 않았다. 몇몇은 산욕열이 주기적으로 발생하는 속성으로 볼 때 그 원인이 공기에 있는 게 틀림없다고 주장했다. 자기 이론을 정면 반박당한 의사들은 그것을 개인적인 공격으로 여겼다. 나머지는 그저 그 발견을 무시하고 기존 방식을 바꿀 필요를 전혀 느끼지 못했다.

그리고 제멜바이스의 상사 클라인 교수는 역정을 냈다. "그는 의과대학 내에서 젊은 의사들의 영향력이 커지는 것을 염려했다"[11]고 의학사가 셔윈 눌런드Sherwin Nuland는 말했다. 또한 "한 인간으로서 그는 제멜바이스가 진정으로 많은 생명을 살려낼 가치 있는 발견을 했고, 자신이 낡은 견해를 바꾸기를 거부한 탓에 분별력을 잃었다는 증거가 늘어나는 현실을 직면하기 힘들어했다"[12]라고 썼다.

수석 레지던트 임기 2년이 끝나자 제멜바이스는 재임용 신청을 했다. 하지만 클라인은 거절했다. 학장실에 재심을 청하자 원로들이 반대했다. 한 원로 교수는 제멜바이스와 클라인 사이의 갈등이 진료소에 피해를 주니 제멜바이스를 해고해야 한다고 했다. 제멜바이스를 가까이에 두면 시끄럽기만 했다. 제멜바이스는 해고당했고, 그 자리는 클라인의 제자 중 한 명에게 돌아갔다.

그러자 제멜바이스는 부검실을 포함해 병원 내 시설 일부에 접근할 수 있는 강사 자리에 응시했다. 그러나 그것조차 거부당했다. 그는 재응시했고, 이번에는 성공했다. 그러나 그가 제출한 원서는 접수 후 18개월 동안이나 처리되지 않았다. 그리고 마지막 순간에 그가 맡을 임무가 바뀌었다. 기대했던 것과는 달리 제멜바이스는 시체를 앞에 두고 강의할 수 없었다. 계약에 따라 그는 나무로 만든 해부 모형을 가지고 강의해야 했다.

인내심은 바닥났다. 원로들의 영향력이 서서히 약화되고 있었던 데다 떠오르는 일부 젊은 의학계 종사자들이 지지를 보내기도 했지만, 제멜바이스는 규제 없이는 강의조차 할 수 없었다. 그는 클라인 추종자들의 강한 적개심에 지쳤을 뿐만 아니라 자기 이론을 향한 공격에 좌절해야만 했다. 스스로 개척자라고 생각했던 그를 주변에서는 불가촉천민 취급했다.

새 강사직을 받은 지 5일 후 제멜바이스는 서둘러 빈을 떠났다. 아무에게도, 심지어 가장 가까운 동료들에게도 가는 곳을 알리지 않았다.

제멜바이스가 겪은 것처럼 반대 목소리를 내는 일은 동전의 한쪽 면에 불과하다. 아무도 듣지 않는다면 반대의견을 내도 달라질 게 전혀 없다. 그리고 반대의견을 듣는 일은 목소리를 내는 것만큼이나 어려울 수 있다.

거부당하거나 의심받는 이런 도전이 끼치는 영향은 심리적인 것만이 아니라는 게 드러났다. 연구를 통해 실제적, 물리적 충격이 몸에서 일어난다는 것이 밝혀졌으니 말이다.[13] 심장박동이 빨라지고 혈압이 오른다. 마치 다가올 싸움에서 입을 상처의 출혈을 줄이려는 듯 혈관이 좁아진다. 피부가 창백해지고, 스트레스 지수가 치솟는다. 정글 속을 걷다가 갑자기 호랑이와 마주쳤을 때 나타날 만한 반응이다.

즉각적으로 나타나는 이 투쟁 – 도피 반응fight-or-flight response이 반대 의견에 귀를 기울이기 어렵게 한다. 그리고 위스콘신대학교 매디슨캠퍼스University of Wisconsin-Madison에서 수행한 실험[14]에 따르면, 클라인처럼 권위를 지닌 상태일 때 결과는 훨씬 더 나빴다.

이 실험에서는 서로 모르는 사람 세 명이 한 탁자에 둘러앉아 학내 음주 금지 규정이나 의무 졸업시험의 필요성 같은 의제가 잔뜩 적힌 목록을 놓고 토론해야 했다. 토론은 금세 지루해졌다. 다행히도 30분 후 한 연구보조원이 초콜릿칩 쿠키가 담긴 접시를 들고 들어와 분위기를 전환시켰다. 그 쿠키 접시가 실험에 포함된, 그것도 가장 핵심적인 부분임을 참가자들은 알지 못했다.

회의 시작 30분 전에 연구자들은 세 명 중 한 명을 임의로 뽑아 그 사람이 일종의 평가를 담당할 것이라고 참가자들에게 알렸다. 실제로 뭔가 권력을 행사하는 자리가 아니라 단지 토론에 기여한 정도에 따라 나머지 두 명에게 '실험 점수'를 부여하는 것뿐이었다. 점수에 실질적인 의미는 전혀 없었다. 참가자에게 보상하거나 추후 연구에 다시 초대하거나 하는 데 사용하려는 게 아니었다. 그리고 실험 결과는 익명 처리하기 때문에 연구소 밖에서는 누가 얼마나 높은 점수를 받았는지 알 수조차 없었다.

덧없고 사소한 권력이었다. 평가자는 순전히 운이 좋았을 뿐 능력이나 경험 때문에 뽑힌 게 아니라는 걸 알고 있었다. 평가에 어떤 실질적인 영향력이 없다는 것도 알고 있었다.

그런데도 쿠키 접시가 들어오자 사람들은 아주 다르게 행동했다. 쿠키는 인원수에 딱 맞아떨어지지 않았는데, 남은 쿠키를 평가자가 먹는 경우가 많았다. 아주 약간의 권한만으로도 희소한 자원을 얻을 자격이 있다고 느끼기 충분했던 것이다.

"모두 쿠키를 하나씩 집어 들었어요"[15]라고 실험을 이끈 연구자 중 하나인 대처 켈트너Dacher Keltner가 설명했다. 그러나 **남은** 첫 번째 쿠키는 누가 집어 들까? "손을 뻗어 쿠키를 집으며 '이건' 내 거야, 라고 말한 사람은 우리가 권한을 부여한 사람이었어요."

나중에 실험 장면을 찍은 영상을 본 연구자들은 평가자들이 얼마나 많이 먹는지만이 아니라 **어떻게** 먹는지에 충격을 받았다. 그들은 심리학에서 동물처럼 먹는 행위를 가리키는 '무억제성 식습관disinhibited eating' 징후[16]를 보였다. 입을 벌린 채 씹고, 다른 참가자들에 비해 입가와 탁자 위에 부스러기를 더 많이 흘렸다.

쿠키 연구는 단순한 실험이지만 큰 의미를 담고 있다. 분명 그다지 중요하지 않은, 지극히 미약한 권력일지라도 부패할 수 있다는 것을 보여준다. 이 밖에도 많은 연구에서 이런 결론이 나왔다. 권력이 따르는 지위에 있거나 단지 권력 의식만 가진 경우에도 사람들은 타인의 의견을 잘못 이해하거나 무시하는 경향이 많고, 토론 중에 끼어들거나 순서를 지키지 않고 말하며, 심지어 상대가 전문가라도 조언을 받아들이려는 의지가 낮았다.

실제로 권력을 얻으면 일종의 뇌 손상을 입는다. 켈트너가 말했듯 "권력을 지닌 사람은 뇌내 안와전두엽orbitofrontal lobe에 손상을 입은 환자와 비슷한 행동을 보이는 경향이 있다."[17] 이런 환자는 둔감하고 지나치게 충동적인 행동을 유발할 수 있는 상태에 놓인다.

책임자가 되면 우리는 다른 견해를 무시한다. 권한이 커진다고 반드시 통찰력이 더 나아지는 게 아니기 때문에 이런 경향은 위험하다. 복잡한 시스템이 실패를 암시하는 증거를 드러내더라도 경고신호를 위계에 따라 나타내지 않는다. 구석진 사무실에 들어앉은 상사보다는 현장에서 일하는 사람들 눈에 더 잘 보이게 마련이다.

그러나 상사가 귀 기울이리라 기대하지 않으니 현장 직원들은 말하지 않는다.[18] 클라인 교수처럼 독재자 성향을 지닌 상사일수록 더욱더 그렇다. 그러나 반대의견을 억누르는 건 독재자만이 아니다. 누구보다 호의적인 상사라 할지라도 직원들의 입을 다물게 할 수 있다. 이 주제에 관해 수년에 걸쳐 연구한 세계적인 전문가인 짐 디터트Jim Detert가 내린 결론이다.[19]

"의식하든 못 하든 미묘한 신호를 통해 권력을 전달할 거예요"[20]라고 디터트와 공동 저자 이선 버리스Ethan Burris는 말한다. "누군가 조심스레 사무실로 들어올 때, 두 손을 머리 뒤에 깍지 낀 채 의자에 기대앉지 않나요? 아마 당신은 느긋한 태도를 보인다고 생각하겠지만, 실제로는 우월감을 드러내는 거예요."

연구한 결과에 따르면 기업이 직원의 목소리를 듣는 데 '가장 좋은 방법'이라 할 것은 없었다. 가맹점 식당이나 병원, 금융기관

등 어떤 조직을 운영하든지 간에 직원이 의견을 내도록 북돋우기 위해 무엇을 하느냐고 연구자들이 물었을 때, 대표들은 대부분 같은 반응을 보였다. 그들은 이렇게 답했다. "누구에게나 문을 열어둡니다." 그러나 디터트와 동료들이 직원들에게 물어보니 그 개방정책은 별 효과가 없었다는 게 드러났다.[21] 상사와 대화를 하지만 문제를 제기한 책임은 여전히 하급직원이 져야 했는데, 그것은 몹시 부담스러운 일이었다. 그리고 개방정책을 쓰는 상사를 만나기까지 닫힌 문 여러 개와 매우 방어적인 보좌진을 통과해야 하는 경우도 적지 않았다.

나서서 의견을 구하려는 대표들도 있지만, 호응을 얻지 못할 때가 많다. 가장 많이 쓰는 방법은 익명으로 의견을 받는 것이다. 익명 설문, 건의함, 발신자 번호 제한 직통전화를 곳곳에 두고 익명성을 지켜준다고 약속하면 의견을 말하기 쉽고, 솔직한 반응을 보일 거라 확신한다. 그러나 익명성을 강조할수록 발언의 위험성만 더 두드러진다. 디터트와 버리스가 말했듯 "'이 조직에서 자기 견해를 공개적으로 밝히는 것은 안전하지 않다'는 뜻이 숨어 있는 거죠."[22]

3. 경고 신호에 귀를 기울이기

손 소독정책을 발견하고 거의 20년 후, 머리는 벗어지고 살이 붙어 옛 모습을 찾아볼 수 없을 정도로 변해버린 48세의 이그나츠 제멜바이스는 자신이 국영정신병원에 갇혀 있다는 사실을 깨달았다. 그가 병원을 나가려 하자 경비원이 제압했고, 누군가 달려들어 배를 때렸다. 또 다른 사람은 그를 바닥에 쓰러뜨렸다. 그들은 쓰러진 제멜바이스를 때리고 발길질했다. 올라타서 짓밟았다. 재교육을 마친 그들은 어두운 방에 그를 가두었다. 2주 후, 그는 그때 입은 부상 때문에 죽었다. 시신은 가까운 종합병원으로 옮겨져 한때 그가 그렇게나 열심히 일했던 바로 그 수술대 위에서 부검됐다.

1850년 빈을 떠난 제멜바이스는 헝가리에서 살았다. 지역병원에서 손 소독제도를 도입해 굉장한 성과를 보였음에도 산과 전문의 대부분은 그 정책을 계속해서 거부했다. 갑작스레 이유도 알리지 않은 채, 심지어 가장 가깝던 지지자들마저 잃어가며 빈 탈출을 감행했건만 문제는 조금도 해결되지 않았다. 비판자들을 향한 원망도 해소되지 않았다.[22] 1860년, 그는 자신이 만든 이론에 잔뜩 취한 어조로 그를 폄훼했던 자들을 맹렬히 공격하는 책을 출간했다. 책을 비난하는 글이 쏟아지자, 발끈한 그는 비판자들에게 연달아 공개편지를 썼다. 어느 교수에게는 이렇게 썼다. "당신의 교수법은 출산 중 무지로 인해 살해당한 여성들의 죽은 몸 위에서 확립된 것입니다."[24] 이런 장문의 거친 언사는 정신이상이 시작되었다는 표지였다. 제멜바이스의 행동이 갈수록 변덕스러워지자 1865년, 가족과 친구 들은 그를 정신병원에 입원시킬 수밖에 없다는 결론을 내렸다.

수년이 지나 미생물학이 발달하고 마침내 미생물이 질병의 근원이라는 세균설이 부상할 때까지, 의학계는 제멜바이스의 견해를 채택하지 않았다. 그때까지도 손 소독정책은 널리 알려지지 않았고, 여성과 아이들은 계속해서 산욕열로 죽어 나갔다.

지금은 상황이 다를 거라고, 그토록 명확한 것을 우리가 몰랐을 리 없다고 생각하고 싶을 것이다. 어쨌든 우리는 과학을 믿는 현대인이니까. 그러나 제멜바이스와 동시대인들도 똑같이 생각했다. 그들은 세계 최고의 병원과 대학에서 일하는 똑똑한 사람들이었다. 단지 제멜바이스의 견해가 합당치 않다고 생각했을 뿐이다. 아무리 많은 증거를 들이대도 다수와 반대되는 의견은 그들을 설득하지 못했다.

복잡도면에서 현대 시스템에는 경쟁 상대가 없다는 사실은 제멜바이스가 발견한 것만큼이나 분명한 위험을 우리가 놓칠 수 있음을 뜻한다. 몇십 년 이내에, 사람들은 우리가 클라인 교수와 동료들을 바라보는 바로 그 시선으로 우리를 바라볼 것이다. **어떻게 그렇게까지 몰라볼 수 있었던 걸까?**

조직 내에 있는 사람들은 숨겨진 위험을 알고 있거나, 무언가가 제대로 돌아가지 않는다는 성가신 의심을 품고 있는 경우가 많다. 우리가 관리하는 직원이나 동료 중에도 제멜바이스가 있다는 것이다. 어떻게 해야 그들이 목소리를 낼 수 있을까?

7장 | 반대의견의 진면목

교훈 1 : 교양수업

크고 건장한 60대 남성 로버트Robert[25]가 정기검사를 받으러 토론토 시내 치과 진료소에 도착했다. 로버트는 항상 여덟 시 정각에 예약하기를 좋아했고 절대로 늦는 법이 없었다. 항상 건강하고 활기찬 모습으로 대기실에 들어서서 그 치과에서 오래 일해온 접수 담당자 도나Donna와 인사를 나누었다.

그런데 그날 아침 도나가 그를 봤을 때는 어딘가 좋지 않아 보였다. 얼굴은 벌겠고 땀이 줄줄 흘렀다. 그녀는 그를 의자에 앉히며 괜찮냐고 물었다. 그는 "네, 전 괜찮아요"라고 말했다. "그냥 잠을 제대로 못 잔 것뿐이에요. 소화불량이 와서요. 등도 조금 아프고요." 그는 온라인으로 자기 증상을 검색해보긴 했지만, 의사에게 물어볼 생각은 하지 못했다.

별일 아닌 듯 들렸지만, 그래도 도나는 뭔가 잘못되었다고 느꼈다. 치과 의사 리처드 스피어스Dr. Richard Speers는 다른 환자를 진료하는 중이었지만, 도나는 그를 불렀다. "딕, 로버트가 왔는데 어쩐지 느낌이 좋지 않아요. 와서 좀 봐줄 수 있어요?"

"지금 너무 바빠요." 스피어스가 말했다.

"어서 와서 봐줘야 할 것 같아요." 도나는 고집을 꺾지 않으며 말했다. "뭔가 문제가 있는 것 같아요."

"하지만 지금 진료 중이잖아요." 스피어스가 말했다.

"딕, 와서 **봐주면 좋겠어요.**"

결국 스피어스가 졌다. 그는 항상 간호사, 치위생사, 심지어 접수 담당자까지 포함해 병원 직원들에게 뭔가 이상한 일이 있으면 즉시 알리라고 교육해왔다. 자기가 발견하지 못한 뭔가를 그들이 알아낼 수도 있다고 생각했기 때문이다.

그는 장갑을 벗고 대기실로 갔다. 로버트에게 몇 가지 질문을 했다. 소화불량 때문에 혹시 텀스 Tums*를 먹었는지, 그게 도움이 되었는지, 왼쪽 팔에 통증이 있는지, 어깨뼈 사이에 불편한 곳은 없는지 물었다. 로버트는 텀스를 먹었지만 별 효과가 없었다. 왼쪽 팔과 손목 주위에 통증이 약간 있었다. 그리고 등 위쪽으로도 통증을 느꼈다.

"가족 중에 심장병 병력이 있는 사람이 있나요?" 스피어스가 물었다.

"네, 아버지와 형이 모두 심장마비로 죽었어요." 로버트가 답했다.

"몇 살 때 돌아가셨나요?"

"둘 다 제 나이 때였어요."

스피어스는 즉시 길 아래쪽에 있는 토론토 종합병원 심장센터로 그를 보냈다. 로버트는 심장마비 발생 18시간째였다. 삼중혈관 관상동맥우회 수술로 그는 목숨을 건졌다.

스피어스 박사는 업무 외 자유 시간에는 조종사이자 열광적인

---

* 미국에서 많이 사용하는 소화제 제품명.

비행기 애호가로서, 항공산업 분야에서 얻은 교훈을 치과 의사들에게 가르쳐주고 있다. 조종사 경험으로 얻은 가장 큰 교훈은 직급이 낮은 사람들에게 이야기를 듣고 고위급 상사들이 거기에 귀 기울이게 하라는 것이었다.

1970년대부터 이어진 치명적인 사고가 항공산업을 변화시켰다. 열악했던 지난 시대에 기장은 조종실에서 절대 실수하지 않는 절대자로 누구도 도전할 수 없는 존재였다. 부기장은 염려되는 일이 있으면 대체로 혼자서 감당했고, 어쩌다 말을 꺼내더라도 문제가 될 실마리만을 언급했다. 조직 연구자 칼 와이크Karl Weick는 이런 태도를 다음과 같이 표현했다. "무슨 일이 벌어지고 있는지 모르겠어. 아마 다른 사람은 아무도 안 그럴 거야. 특히 그들은 경험 많고 직위와 직급도 높으니까."[26]

그러나 산업이 성장하면서 이런 식으로 일을 진행하기에는 비행기, 항공관제, 공항 운영 업무가 너무나 복잡해졌다. 기장은 왕이었지만 그 왕은 틀릴 때가 많았다. 변화하는 부분이 너무 많고, 그 모든 것을 한 사람이 인지하고 이해하기에는 너무나 복잡하게 연결되었다.

기장과 부기장은 대개 번갈아가며 비행기를 운항한다. 운항을 맡는 조종사는 주조종기를 조작한다. 운항을 맡지 않는 조종사는 무선통신을 하고, 점검표를 살펴보고, 운항 중인 조종사가 저지르는 실수를 찾아내는 역할을 맡는다. 비행시간 중 절반 정도는 기장이 운항 조종사를, 부기장이 비운항 조종사를 맡는다. 나머지 절반은 서로 역할을 바꾼다. 그러니까 산술적으로 대충 사고의 50퍼센트는 기장이 운항할 때, 그리고 나머지 50퍼센트는 부기장이 운항을 맡았을 때 발생해야 한다. 그렇지 않은가?

1994년, 연방교통안전위원회는 1978년에서 1990년 사이 승무원 실수로 발생한 사고에 관한 연구자료를 펴냈다. 보고서에는 충격적인 결과가 담겨 있었다. 대형 사고 중 4분의 3이 기장이 운항하던 중 발생했다는 사실이다.[27] **승객들은 경험이 적은 조종사가 비행기를 운항할 때 더 안전했다.**

물론 그 기장들이 형편없는 조종사는 아니었다. 그러나 기장이 운항 조종사일 때, 그(대부분이 '그'였음)는 지적을 받는 경우가 거의 없었다. 실수를 저질러도 지적받지 않았다. 실제로 보고서는 대형 사고 당시 발생한 가장 공통적인 문제는 기장의 잘못된 결정에 부기장이 의문을 제기하지 못한 데 있었음을 밝혀냈다. 반대로 부기장이 비행기를 운항할 때는 시스템이 잘 작동했다. 기장은 염려사항을 전달하고, 실수를 지적하고, 복잡한 상황을 부기장이 잘 이해할 수 있도록 도왔다. 그러나 이 시스템은 오직 한 방향으로만 작용했다.

CRM(Crew Resource Management, 승무원 자원 관리)이라는 훈련 프로그램[28]은 이 모든 문제를 바꾸어놓았다. 이 프로그램은 조종실뿐 아니라 산업 전반에 걸쳐 문화 혁명을 일으켰다. 안전을 팀 전체의 과제로 놓고 기장에서 부기장, 객실 승무원까지 모든 승무원에게 동등한 자격을 부여했다. 상급자가 내린 결정에 의문을 제기하는 것은 이제 무례한 일이 아니었다. CRM은 승무원들에게 반대의견을 제시하라고 가르쳤다.

CRM의 내용 중에는 명백히, 심지어 노골적일 만큼 어리숙해 보이는 부분이 있다. 예를 들어, 훈련에서 가장 중시하는 부분은 부기장이 우려를 제기할 때 사용할 수 있는 5단계 절차다.

1. 먼저 기장의 주의를 끈다. ("이봐요, 마이크.")

2. 우려를 제기한다. ("뇌우가 공항 위로 이동해서 걱정입니다.")

3. 발견한 문제를 진술한다. ("위험한 급변풍을 맞닥트릴 수 있습니다.")

4. 해법을 제안한다. ("공항 위 폭풍이 걷힐 때까지 기다려봅시다.")

5. 명확한 동의를 받는다. ("맞는 것 같아요, 마이크?")

이 절차는 우리가 아이들에게 도움을 요청하는 방법을 가르칠 때처럼 그다지 정교하지 않아 보인다. 그렇지만 CRM 도입 전에는 위와 같은 과정을 따르는 경우가 거의 없었다. 부기장은 사실을 서술하지만("뇌우가 공항 위로 이동했습니다.") 해법을 제시하기는커녕 기장의 주의를 끌고 우려를 표하기를 주저했다. 그래서 아주 심각한 우려를 제기할 때조차도 가벼운 의견인 양 말하곤 했다.

CRM은 대단히 성공적이었다. 미국 항공업계에 도입된 후 승무원의 실수에서 비롯한 사고율은 전반적으로 급격히 낮아졌다. 이제 운항 조종사가 기장인지 부기장인지는 더 이상 중요하지 않게 됐다. 1990년대 들어 기장이 조종할 때 발생한 사고는 4분의 3에서 딱 절반으로 바뀌었다.[29]

이 프로그램이 작동하는 이유는 수하물 담당자부터 조종사까지 모든 사람에게 목적의식을 부여하기 때문이다. 여기에는 개개인이 안전을 위해 크게 이바지할 수 있고, 모든 사람의 견해가 중요하다는 메시지가 담겨 있다. 그리고 대니얼 핑크Daniel Pink가 자신의 책 『드라이브』에서 설명했듯 사람들에게 목적의식과 자율성을 부여하는 이러한 방식은 동기를 부여하는 가장 효과적인 방법이기도 하다.

CRM에 담긴 발상은 소방이나 의학처럼 점점 복잡해지는 운영 구조와 씨름하는 다른 영역으로도 퍼져나갔다. 2014년 《캐나다 치과 의사 협회지Journal of the Canadian Dental Association》에 게재한 논문[30]에서 스피어스 박사와 공저자인 치의학 교수 크리스 매컬러Chris McCulloch는 CRM 프로그램을 치과 진료실에 어떤 식으로 적용할지를 서술했다.

"치과 의사는 뭔가 의심스러운 문제가 생겼을 때 모든 직원이 편하게 말을 꺼낼 수 있는 분위기를 조성함으로써 진료실 내의 위계를 최소화할 필요가 있다"고 그들은 썼다. "미처 발견 못 한 괴사[충치]나 부적절한 치료를 받은 것으로 보이는 치아 등 치과 의사가 인지하지 못한 무언가를 구성원 중 누군가가 발견할 수 있다. 치과 팀 구성원은 서로의 행동을 비교 검토하고, 필요할 때 도움을 주고, 재단하지 않는 태도로 오류를 지적해야 한다."

그리고 목소리를 내는 행위는 다른 사람이 문제를 인지하지 못할 때만이 아니라 모두가 같은 문제를 인식한 상황에서도 도움이 되는 것으로 드러났다. 산불 사례 수십 건을 공들여 연구한 조직 연구가 미셸 바텐Michell Barten과 캐슬린 서클리프Kathleen Sutcliffe 는 참혹하게 끝난 산불 사고와 그렇지 않은 사고를 가르는 핵심 요소를 발견했다. 주요한 차이는 소방수들이 조기 경보를 인식했는지의 여부가 아니었다. 오히려 차이는 소방수가 다른 대원 모두가 인식한 문제에 대한 우려를 **말로 표현했는지** 여부에 있었다. 말로 표현한 경우, 개인적 우려가 공유된 지식이 되면서 토론이 일어난다. 연구자들이 썼듯이 목소리를 내는 행위는 동료들이 "아직 미해결 상태지만, 승인이나 거부 중 어느 쪽으로든 반응을 해야 할 발언이라는 산물을 집단 구성원들이 만들어"[31]내도록 한다.

이 접근법의 혜택을 얻은 이들은 조종사, 의사, 소방수만이 아니다. 예를 들어, 구글은 사내 기술자 사이에서 어떤 팀이 잘 돌아가고 있는지 염려하는 목소리를 낼 의향을 얼마나 잘 수행하는지를 보여주는 아리스토텔레스 프로젝트Project Aristotle[32]라는 대규모 실험을 했다. 은행에서는 직원들이 목소리를 가장 잘 내는 지점이 실적도 가장 좋았다는 연구 결과가 나왔다.[33]

그러나 반대의견을 북돋우는 방법을 터득하기란 어렵다. CRM을 도입했을 때 쓸모없는 엉터리 심리학이라고 생각하는 조종사가 더 많았다. 그들은 CRM을 '교양수업'이라고 부르며,

부드럽고 따뜻한 인간이 되라고 가르치는 건 우스꽝스러운 짓이라고 여겼다.[34] 그러나 목소리 내기와 수용하기에 실패해 사고가 발생한 과정을 밝혀내는 사고조사보고서가 점점 더 많아지자 그들의 태도는 달라지기 시작했다.[35] 조종사를 위한 교양수업은 그간 설계된 어떤 방법보다 더 강력한 안전개입정책 중 하나가 되었다.

교훈 2: 권력신호 완화하기

텍사스에 있는 한 대형 병원에서 아주 실력 있는 응급실 의사가 환자들의 마음을 풀어보려 고군분투하고 있었다. 그는 안전기록이 훌륭한 데다 동료들에게 존경도 받았지만 그를 편하게 대하지 못했던 환자들로부터는 낮은 점수를 받았다. 환자들이 중요한 정보를 알리지 않은 경우도 있다는 말을 간호사에게 전해 듣고서 그는 뭔가 다른 방법을 찾아야겠다고 생각했다.

병원 COO(최고운영책임자)와 상의한 후, 그는 한 가지 변화를 주기로 했다. 회진 시간에 환자와 대화할 때 환자보다 더 높게 서 있지 않기로 한 것이다. 그 대신 환자와 얼굴을 마주 보며 이야기할 수 있게 의자를 가져다 놓고 앉기로 했다. 다른 건 아무것도 바꾸지 않았고, 환자와 만나는 시간도 여전히 짧았다. 그러나 환자가 평가하는 만족도 점수가 크게 올랐고, 환자들이 그에게 마음을 열기 시작했다.[36]

비행기 기장이자 전직 사고조사관인 벤 버먼 역시 이와 비슷한 작은 비책을 쓴다. 그는 비행 전에 새로운 부기장을 만날 때마다 "저는 완벽한 비행이란 걸 해본 적이 없어요"[37]라고 말한다. 이 솔직한 선언은 경험 많은 기장이자 최고의 사고조사관이며, 실패한 조종사에 관한 책을 쓰기도 한 그에게 신임 조종사가 좀 더 편하게 말을 꺼낼 수 있게 해준다.

2011년 여름, 보스턴대학교 경영대학원장인 켄 프리먼Ken Freeman[38]은 권력 구조 암시를 완화하는 큰 변화를 보여줬다. 프리먼은 기업계에서 유능한 경영자로 10여 년을 보낸 후 2010년에 대학원장으로 취임했다. 대학원장 사무실은 목재를 두른 웅장한 방으로, 높은 층에 있어서 시끌벅적한 강의실과 학생들의 생활공간으로부터 멀찍이 떨어져 있었다. "제가 써본 어떤 방보다 더 큰" 곳이었다고 그는 말했다. 밖에서 대기하는 조교는 마치 문지기처럼 행동했고, 감히 거기까지 찾아오는 사람은 거의 없었다.

그 화려한 방에서 1년을 보낸 후, 프리먼은 사무실을 옮기기로 했다. 그는 건물의 번잡한 2층 한가운데에 투명한 유리 외벽을 세운 간소하고 작은 방을 골랐다. "2층에 있는 제 사무실은 우리 교수진 다수가 쓰는 공간보다 더 작아요"라고 그는 말했다. 문밖에서 조교가 대기하고 있지도 않고, 사람들은 언제든지 유리 벽 너머 프리드먼을 볼 수 있었다. 게다가 그 방은 교수진과 직원들로 늘 북적거리는 커피숍과 교실이 있는 복도 끝에 있었다. "이렇게 해서 저는 격식 차린 사무 공간에서 머물 때는 할 수 없었던 방식으로 학생, 교수진, 직원 들과 일상적으로 마주칠 수 있게 되었어요. 빠르면 오전 7시부터 사람들이 찾아와요. 평소 하루 10명 정도가 찾아온다고 할 수 있겠네요."

자그마한 어항 같은 프리먼의 사무실과 가장 대조되는 공간은 미국 역사상 가장 큰 파산 사고로 무너진 투자 은행 리먼브러더스Lehman Brothers의 불명예스러운 CEO 리처드 풀드Richard Fuld의 개인 엘리베이터다. 리먼의 전임 대표인 로런스 맥도널드Lawrence McDonald는 풀드의 아침 의례를 이렇게 설명했다.[39] "운전사가 리먼브러더스 안내데스크에 전화를 하면, 안내데스크 담당자가 버튼을 눌러 건물 동남쪽 구석에 있는 엘리베이터 한 대를 정지시킵니다. 보안요원이 나와서 뒷문으로 풀드 씨가 도착할 때까지 그걸 붙잡고 있죠. 그는 뒷문으로 들어오기 때문에 리처드 왕이 우리 같은 서민 앞에 노출되는 거리는 겨우 15피트밖에 안 됩니다."

엘리베이터 의례는 풀드 리더십의 상징이 되었다. 맥도널드가 말했듯 "리먼브러더스에서는 머리를 숙이고 맡은 일을 해야지, 안 그러면 모가지도 직업도 둘 다 잃을 수 있어요."

교훈 3: 리더는 마지막에 말한다

이스턴고등학교Eastern High School에 문제가 생겼다. 빨리 처리해야 할 일이 있는데 당신은 해법을 찾을 임무를 맡은 팀에 속해 있다. 구체적인 상황은 이렇다. 지역 교육 시스템은 재정 문제, 세수 감소, 교사 조합 간 충돌로 곤란을 겪고 있다. 이전에는 수준 높은 공립학교였던 이스턴고등학교에 규제 때문인지 이제는 그다지 성적이 좋지 못한 학생들이 들어오고 있다. 그리고 일부 교사는 이러한 상황에 적응하지 못하고 있다. 예를 들어, 수학교사 심프슨Simpson 씨는 이제 교실 질서를 잡지못한다. 학교위원회 대표는 심프슨 씨가 담임을 맡은 반 학부모다. 그는 교육감에게 전화를 걸어 추가 지출 없이 당장 상황을 개선하라고 요구한다.

교육감은 위기를 극복할 팀을 불러 모은다. 팀원은 교육감 본인, 이스턴고 교장, 학생 상담사, 그리고 당신까지 네 명이다. 학교위원회 위원인 당신은 학부모 대변인 자격으로 출석한다.

팀원은 각자 다른 정보를 가지고 회의 석상에 모여든다. 예를 들어, 교육감은 다른 학교 교장들이 심프슨 씨를 받아달라는 부탁을 거절한 것을 알고 있다. 교장은 심프슨 씨가 2년 전에 가벼운 뇌졸중을 겪었고, 그래서 주위 교직원이 그녀를 아주 호의적으로 대한다는 사실을 안다. 상담사는 학생들이 그녀를 우습게 여기고 수학교사로서도 좋게 평가하지 않는다는 걸 안다. 그리고 당신은 학부모들이 세금인상에 반대한다는 사실을 안다. 한 팀으로서 당신은 어떤 해법을 찾아낼 것인가?

간단한 설정이지만 이는 1970년대 심리학자 메이티 플라워스Matie Flowers[40]가 수행한 대단히 중요한 실험이다. 플라워스는 팀을 40개 만들어 각 팀의 팀원들이 교육감, 교장, 학교 상담사, 학교위원회 위원 등 네 개의 역할 중 하나를 맡도록 했다. 팀원은 각자 상황 설정과 관련 있지만 다른 사람이 알지 못하는 예닐곱 가지 정보가 담긴 자료를 받는다. 각기 다른 사람이 다른 정보를 접하는 복잡한 상황을 가정하려는 의도였다.

플라워가 이 실험에서 차이를 둔 부분은 교육감 역할을 맡은 참가자를 임의로 지배적인 리더와 개방적인 리더 두 유형으로 나눈 것이다. 지배적인 리더는 토론을 시작할 때 자신이 제안하는 해법을 먼저 말하고, 팀 전체가 결정사항에 동의하는 것이 가장 중요하다고 강조하도록 훈련받았다. 반대로, 개방적인 리더는 모든 참가자가 자기 의견을 피력할 기회를 가질 때까지 자신이 선호하는 해법을 말하지 않도록 했다. 그리고 나올 만한 관점을 전부 꺼내놓고 토론하는 것이 가장 중요하다고 강조했다.

플라워스는 토론 과정을 녹화했고, 평가자 두 명이 각자 영상을 분석했다. 참가자들이 제시한 각기 다른 해법의 수를 세고, 토론 중 개인 자료에 담긴 정보를 제시한 횟수도 세어보았다. 아래는 그 결과다.

	지배적인 리더	개방적인 리더
제안한 해법의 수	5.2	6.5
정보 언급 횟수(합계)	11.8	16.4
합의도출 전	8.2	15.5
합의도출 후	3.6	0.9

개방적인 리더와 함께한 팀에서 더 많은 해법이 나왔다. 그들은 토론 중에도 더 많은 정보를 공유했다. 가장 충격적인 것은 두 평가자가 각 팀 참가자들이 해법에 합의하기 전과 후에 정보를 제시한 횟수를 세자 드러났다. 결정을 내리기 전에 개방적인 리더와 함께한 팀은 지배적인 리더와 함께 한 팀에 비해 두 배 더 많은 정보를 공유했다. 그러니까 개방적인 리더 유형은 더 많은 해법을 끌어내기만 한 게 아니라 결정에 이르기까지 더 풍부한 정보를 놓고 토론을 진행한 것이다. 지배적인 리더 아래서는 반대로, 거의 3분의 1가량의 정보가 합의를 이룬 **이후에야** 공유되었다. 물론 이 시점에서 새로운 정보는 이미 내린 결론을 정당화할 수 있을 뿐 결과를 바꾸는 데는 아무 소용이 없었다.

플라워스가 진행한 연구는 얼마나 적은 노력으로 더 많은 정보와 해법을 얻어낼 수 있는지 보여준다. 거기에는 특별한 카리스마와 기량을 지닌 타고난 리더가 필요한 게 아니다. 실제로 실험에서 개방적인 리더는 임의로 선발됐고, 간단한 설명만 들었을 뿐이었다. 그래도 그 팀은 꾸준히 다른 팀보다 더 나은 결과를 보였다.

몇 마디 말이 큰 차이를 불러온다. 회의를 시작할 때 이렇게 말할 수 있을 것이다. **제 생각에 가장 중요한 건 결정사항에 모두가 동의하는 것입니다. 그래서 제 생각에는 이렇게 해볼 수 있을 듯해요.** 아니면 이렇게 말할 수도 있다. **가장 중요한 건 좋은 결정을 내리기 위해 가능한 모든 견해를 검토해보는 겁니다. 자, 그러면 어떻게 하면 좋**

을지 각자 이야기해볼까요?

우리 중에 교육감이나 CEO는 거의 없겠지만 개방적인 리더십은 어떤 상황에서든 작동한다. 양육 전문가 제인 넬슨Jane Nelsen[41] 은 자신의 자녀 둘과 함께한 문제 해결 과정을 설명해주었다. 넬슨은 매주 두 아이에게 각각 중요한 임무 두 개를 맡겼다. 한 달 후, 두 아이 모두 **상대방**이 더 쉬운 일을 맡았다고 불평하기 시작했다. 그래서 가족은 주말 회의에서 이 문제를 의논하기로 했다.

넬슨은 무작위로 임무를 맡긴 것이 공평하다고 확신했지만, 자기 의견을 밝히지 않은 채 토론을 진행했다. "나는 그저 문제를 토론 주제로 올려놓았을 뿐이었다. 아이들이 찾은 해법은 무척이나 간단하고 심오해서, 왜 더 일찍 그 생각을 못 했나 싶었다." 아이들이 내놓은 답은 아침에 칠판에 할 일 목록을 적고 먼저 일어나는 사람이 자기가 할 일을 두 개 고르는 것이었다. 그녀는 이렇게 썼다. "아이들에게 기회를 주면 얼마나 멋진 해법을 찾아낼 수 있는지 다시 한번 확인했다."

더 많은 인생 경험을 했다고 해서 부모가 아이들에게 실제로 뭐가 좋은지 더 잘 아는 것은 아니다. 그러나 넬슨이 처음에 해법을 제시했다면 아이들은 절대 자기 의견을 내놓지 않았을지도 모른다. (크리스는 최근 장난감 칼을 갖고 노는 적절한 방법에 관해 네 살짜리 아들과 토론하면서 이 방법의 효과를 검증했다. 개방적인 리더십은 정말 효능이 있다.)

"이 모든 것은 결국 인간이 위계에 얼마나 익숙한지 더 세밀하게 이해해야 한다는 점을 되짚어줍니다"[42]라고 짐 디터트는 우리에게 말했다. 그는 아래와 같이 말을 이어갔다.

> 사람들은 대부분 의식하는 안 하든 권위에 도전하기와 사회관계 깨트리기를 정말로 두려워한다는 사실을 인식할 필요가 있어요. 그러니 상사는 즐거운 환경을 조성하고 개방적인 정책을 쓰는 것만으로는 부족해요. 그보다 훨씬 더 적극적으로 움직여야 해요. 사람들이 사무실로 찾아와 말하기를 기다리지 말고 먼저 다가가세요. 만약 회의에서 아무도 말하지 않는다면, 모두 동의한다고 가정하지 말고 다른 견해를 적극적으로 요청하세요. 그리고 자주 대화를 시도해 사람들이 자기 의견을 내놓을 기회를 만드세요. 그렇게 하면 목소리를 내는 게 특별한 일이 아니라 쉽고 평범한 일이 됩니다.

무엇보다도 디터트는 단지 회의적인 목소리를 억압하지 않는 것만으로는 충분치 않다고 경고한다. "사람들이 목소리를 내도록 격려하지 않으면, 그들은 단념한다는 사실을 기억해야 합니다. 부정적 행동을 삼가는 것만으로는 충분치 않아요."

그러나 이 모든 노력이 근거 없는 염려와 완전히 틀려먹은 의견을 불러 모은다면 어떻게 해야 할까? **지나치게 많은** 의견이라는 게 존재할까? 틀림없이 당신이 듣는 의견 중에는 쓸모없는 것도 있을 것이다. 불만에 찬 직원이 불평을 위한 불평을 하고 싶어서 내놓은 의견도 있을 것이다. "목소리를 내도록 장려한다고 좋은 의견만 제시할 거라 기대해서는 안 됩니다"라고 디터트는 말한다. "하지만 일부 쓸모없는 의견 때문에 소모하는 시간에 드는 비용과 아주 중요한 무언가를 놓쳐서 발생하는 비용을 비교해볼 필요가 있어요. 어느 쪽이 더 중요한지 판단해야 합니다."

단순한 시스템에서는 사람들이 목소리를 내게 하는 것이 그리 중요하지 않을 수 있다. 실패가 보다 명확한 데다 누구나 알아보기 쉽고, 사소한 실수가 커다란 멜트다운을 유발하는 경우가 드물기 때문이다. 그러나 복잡한 시스템에서는 한 개인이 벌어지는 일 모두를 파악하는 데 한계가 있다. 게다가 시스템이 긴밀히 결합하기까지 한다면 일이 잘못되었을 때 드는 비용이 너무나 크다. 그렇기 때문에 회의적인 목소리는 절대적으로 중요하다. 위험구역에서 반대의견은 없어서는 안 될 중요한 요소다.

과속방지턱 효과

"이 사람은 흑인이야.
잘 해내길 바랐는데 못하더라고."

1. '무죄추정 효과'가 불러온 재앙

인터뷰를 하러 PBS 특파원 폴 솔먼Paul Solman과 마주 앉은 씨티
그룹 전 CFO 샐리 크로첵Sallie Krawcheck은 몇 년 전 세계 경제를
크게 뒤흔든 2007~2008 금융위기에 관해 이야기했다.[1]

크로첵: 예전에 일했던 업계, 그러니까 제가 회사들이 침체에 빠져
드는 모습을 지켜봤던 금융서비스업계는 '침체를 완벽히 예견하는
고약한 천재들이 가득한 곳'이 아니었어요. 정반대였죠. 침체가 뭔
지도 잘 모른 채 열심히 일하는 개인들이 모인 곳이었어요. 그리고
돌이켜보면 그 업계에는 다양성이 정말로 부족했어요. 그들은 전부

함께 자라고, 같은 학교를 나오고, 몇 년에 걸쳐 같은 자료를 들여 다보고, 똑같이 잘못된 결론에 도달한 사람들이었죠.

솔먼: 붕어빵처럼 말이죠.

크로책: 맞아요, 붕어빵. 그들이 들으면 좋아할지 모르겠지만, 붕어빵 같았어요. 지금도 또렷이 기억나는 장면이 있어요. 하루는 고위직에 있는 투자 담당 은행가가 어떤 복잡한 증권에 대해 설명하는데, 소비자금융을 담당하는 한 여성이 말을 막고는 "그게 도대체 뭐죠? 그리고 왜 우리가 그걸 해야 하는 거죠?"라고 물었어요. 그런데 금융위기가 닥쳐오던 때에는 "그게 도대체 뭐죠?"라는 질문이 나오지 않았어요.

솔먼: 하지만 실제로 여성들이 "무슨 말인지 모르겠는데요?"라고 묻는 경우가 더 많지 않나요?

크로책: 다양한 배경을 가진 사람들이 한자리에 모인 다양한 집단이라면 좀 더 용인하는 분위기가 될 거예요. "내가 이게 무슨 말인지 못 알아듣다니 믿을 수가 없군. 하지만 일자리를 잃을지도 모르니 물어보지 않는 편이 좋겠어"라고 생각하지는 않겠죠. "저는 다른 데서 와서 잘 모르니 한 번 더 설명해주실 수 있어요?"라고 말해도 괜찮은 분위기가 될 거예요. 그리고 저는 분명히 그런 장면을 목격했어요. 하지만 시간이 흐르면서 경영진에서부터 다양성이 줄어들었어요. 실제로 금융서비스산업은 백인, 남성, 중산층이 장악해버렸죠. 그래서 더 백인답고, 남성적이고, 중산층다운 산업이 되었어요.

인터뷰에서 크로첵은 다양성을 열정적으로 옹호했다. 그러나 그녀가 한 말은 정말일까? 다양성이 복잡한 세계에서 실패를 피하도록 도와줄까?

싱가포르에 있는 한 행동 연구소[2] 대기실에 대여섯 명이 앉아 있었다. 모두 싱가포르에 거주하는 화교로 모의 주식투자에 참여하기 위해 모였다. 모여 있는 사람들은 참여하는 실험이 다양성에 관한 사회적 통념을 크게 뒤집어놓을 실험이 될 줄은 모르는 상태였다. 실제로 그들은 그 연구가 다양성에 관한 것임을 전혀 몰랐다.

연구보조원이 대기실에 들어와 컴퓨터와 주식거래 모니터가 있는 작은 방으로 한 명씩 데려갔다. 그런 다음 참가자들은 주식 가치를 산정하는 방법을 안내받았다.

모의 투자는 실제 주식시장을 단순화한 것이었다. 참가자 여섯 명은 컴퓨터로 서로 주식을 사고팔 수 있었고, 컴퓨터상에서 진행되는 모든 거래, 입찰, 제시 가격을 화면으로 볼 수 있었다. 한 번 연습해본 뒤 그들은 실제 돈으로 투자를 시작했다.

연구자들은 이 모의 투자에 수십 팀을 참여시켰다. 어떤 팀은 동족집단homogeneous으로서, 참가자를 모두 싱가포르의 다수 종족인 화교로 통일했다. 어떤 팀은 좀 더 다양하게 구성해 말레이시아인이나 인도인 같은 소수 종족을 최소한 한 명씩 포함시켰다. 연구자들은 이렇게 구성을 달리한 여러 시장에서 거래 정확성을 관측했다. 거래자들이 얻을 수 있는 정보에 근거하면 주식 가치는 어느 정도로 정확하게 평가될까?

"다양한 종족이 모인 시장이 동족집단 시장보다 훨씬 더 정확했습니다"[3]라고 MIT 교수이자 이 연구 결과를 만든 여럿 중 한 명인 에번 아펠바움Evan Apfelbaum이 말했다. "동족집단 시장에서는 누군가 실수를 하면 다른 사람이 따라 하는 경향이 높았어요. 다양한 종족이 모인 집단에서는 실수가 확산하는 경향이 훨씬 덜했고요."

이런 연구 결과는 연구자들이 지구 반대편인 텍사스에서 백인, 라틴계, 아프리카계 미국인이 뒤섞인 다양한 인종을 구성해 실험했을 때도 마찬가지였다. 싱가포르에서처럼 텍사스의 참가자들도 다인종 집단에 속했을 때 주식 가치를 더 정확하게 매겼다. 그리고 동족집단 시장에서는 가격 거품이 더 많이 나타나 거품이 꺼지면 더욱 심각한 위기가 닥쳤다. **다양성이 거품을 빼주었다.**

다양성을 가진 집단은 왜 달랐을까?

투자를 시작하기 전에 참가자들은 각자 몇 가지 가격 예상 안을 묻는 말에 답했다. 연구자들은 이 답변을 두고 다양성을 가진 집단이 혹시 더 나은 가격산정 기술을 가졌는지 살펴보았다. 그러나 그런 경우는 없었다.

그 답변은 거래정보에 숨겨져 있었다. 동족집단 시장에서 거래자들은 동료가 내린 결정에 높은 신뢰를 보이는 듯했다. 누군가 실수할 때조차도 사람들은 그것이 합리적인 선택이었으리라 추측하곤 했다. 서로의 판단을, 심지어 나쁜 판단일지라도 신뢰했다. 다양성을 갖춘 시장에서는 사람들이 실수를 더 집요하게 파고들었고, 그대로 반복하는 경우도 적었다. 그들은 오류를 있는 그대로 바라보았으며, 서로의 견해를 신뢰하지 않았다.

다양성을 가진 집단 쪽의 결과가 더 나았던 이유는 그들이 독특한 관점을 갖고 기여해서가 아니다. 연구자들의 말에 따르면, 다양한 집단으로 이루어진 거래자는 "그들의 소수성 자체가 거래자들이 결정을 내릴 때 취하는 태도를 바꾸어놓았다."[4] 다양성을 가진 시장에서는 **모든 사람**이 더 회의적이다.

우리는 자신과 비슷한 사람들의 판단을 신뢰하는 경향이 있기 때문에 동족집단은 긴장을 덜어주고 쉽고 편하게 상호작용하도록 유도한다. 물론 그것이 늘 나쁜 것만은 아니다. 동료가 한 판단이 믿을 만하다고 확신하면 일을 처리하기가 더 쉬울 수 있다. 그러나 동족성은 일을 **지나치게** 쉽게 처리하는 경향이 있다. 너무 쉽게 동조하고, 회의주의가 부족한 상태가 되는 것이다. 모두가 나쁜 의견에 빠져들기 쉬워진다.

반대로 다양성은 덜 친숙하고 덜 편안하다. 불화의 근원이 될 수 있는 두려움을 느끼게 한다. 그 때문에 더 회의적이고 더 비판적이고 더 경계하는 태도를 보여 오류를 잡아낼 가능성이 커진다. "다르게 생긴 사람은 생각도 다르리라 짐작하는 경향이 있습니다. 그들은 다른 견해, 다른 전제에 따르리라고 말이죠"[5]라고 아펠바움이 우리에게 말했다. "그 상황이 건강한 의사결정을 내리게 해줍니다. 조금 불편할 수는 있지만, 더 객관적인 태도를 취하게 만들죠."

아펠바움과 동료들은 또 다른 실험을 통해 더 깊이 이 문제에 파고들었다.[6] 이 실험에서는 참가자 네 명을 한 집단으로 구성해 일류 대학에 응시하려는 고등학교 학생들의 학력을 평가해 달라고 부탁했다. 아래가 그 예시다.

	학생 A	학생 B
평균 성적(4.0점 만점)	3.94	3.41
수학능력시험(SAT) 점수 (각 과목 800점 만점)		
비판적 독해	750	630
수학	730	620
심화학습 수업	2	3
과외활동	환경문제 연구 모임 명예 학생 단체 글쓰기 강사	드라마 볼룸댄스 음주운전 반대 학생 모임

일류 학교에 입학할 만한 자격을 가진 더 나은 응시자는 누구일까?

대다수 사람은 A 학생이라고 답할 것이다. 그게 쉬운 답처럼 보인다. A 학생은 거의 완벽한 성적에다 비판적 독해와 수학 두 과목 모두 시험 점수가 높다. 심화학습 과정은 B 학생이 한 등급 더 높지만, 학업에서는 A 학생이 확실히 높은 성적을 보이고 있다. 그리고 A 학생은 과외활동 성적도 B 학생에 전혀 뒤지지 않는다. 집단이 아니라 개별적으로 사람들에게 물을 경우 응답자는 대부분 A 학생을 선택했다.

그런데 실험에 약간 변화를 줘봤다. 네 명으로 구성한 집단 중 실제 참가자는 단 한 사람뿐이었다. 나머지 세 명은 각자 선택한 것을 말할 때 오답을 말하도록 안내받은 연기자였다. 또한 실제 참가자는 실험에 참여한 나머지 세 명과 전혀 모르는 사이였다.

연기자 세 명이 먼저 말했다. 첫 번째 사람이 "B 학생"이라고 답했다. 두 번째 사람도 "B 학생" 세 번째 사람도 똑같이 "B 학생"이라고 답했다. 그런 다음 실제 참가자 차례가 왔다. 동조하기를 거부하고 약간 망설인 다음, A 학생을 고른 사람들도 있었다. 그러나 다수는 집단 내의 다른 사람들을 따라 거의 모든 기준에서 열등한 응시자인 B 학생을 선택했다.

이 설정은 두 개의 선 중에서 분명 다른 하나가 더 긴데도 길이가 같다고 확언하는 집단에 속한 사람의 응답을 관찰한 애쉬Asch의 유명한 동조 실험에서 가져온 것임을 짐작할 수 있을 것이다. 그러나 아펠바움과 동료들은 실험에 한 가지 요소를 더 추가했다. 일부 집단은 실제 참가자나 연기자 모두 백인이었다. 나머지는 실제 참가자가 백인이고, 연기자 중 두세 명은 소수 종족 출신으로 구성했다. 이 조건은 큰 차이를 불러왔다. 동족집단에서는 참가자가 집단에 동조해 B 학생을 선택하는 경우가 높았다. 반면 다양성 집단에서는 오답을 받아들이는 경향이 훨씬 낮았다.

왜 이런 일이 발생할까? 주식거래 실험에서처럼 동족집단에서는 동료들이 의문스러운 선택을 할 때 속으로만 짐작하는 경향이 더 높았다. "'무죄추정 benefit of the doubt 효과'로 보입니다"[7]라고 아펠바움은 설명했다. "동족집단에서 사람들은 동료의 잘못된 견해를 합리화하는 듯해요. 그들은 실제로 상대가 옳은 이유가 무엇일지, 열등한 응시자가 더 낫다면 그 이유가 무엇일지 스스로 알아내려 합니다. 다양성 집단에서는 이런 현상이 덜해요."

다양성 집단에서는 서로의 판단을 그다지 신뢰하지 않으며, 잘못을 있는 그대로 드러낸다. 바로 이 점이 복잡한 시스템을 다루는 데 아주 유용하다. 만약 사소한 오류가 치명적일 수 있다면, 상대가 틀렸다고 생각하는데도 무죄추정 원칙을 적용하는 것은 재앙을 불러오는 지름길이다. 그 대신에 우리는 더 깊이 파고들어 비판적으로 바라볼 필요가 있고, 다양성은 그 작업에 도움이 된다.

같은 결론에 도달한 다른 연구들도 있다. 2006년에 나온 흥미로운 실험[8]에서 연구자들은 일부는 전부 백인, 일부는 다인종인 3인조로 팀을 여럿 구성해 수수께끼 같은 살인사건을 풀어보라고 했다. 사건은 복잡했다. 어느 사업가가 살해당했고, 용의자가 여럿이었으며, 증언, 심문 기록, 수사관의 보고서, 범죄 현장 지도, 신문 스크랩, 희생자가 남긴 개인적 기록 등 생각해봐야 할 정보가 아주 많았다. 이들 자료 속에는 수수께끼의 증거가 수십 가지 담겨 있었고, 연구자들은 모든 구성원이 같은 증거 자료를 받아본다고 알려주었다. 그러나 한편으로는 개개인에게 특별한 증거 몇 가지를 따로 주었는데, 살인자를 찾아내려면 그 증거를 모두가 다 알아야 했다. 이러한 설정은 복잡한 시스템의 두 가지 중요한 요소를 반영한다. 진실은 직접 알아볼 수 없으며, 아무도 필요한 모든 사실을 다 알지 못한다.

다양성은 수수께끼를 푸는 데 도움이 되었다. 다인종 팀은 구성원들이 각자 다른 정보를 갖고 있다는 사실을 더 잘 알아챘다. 증거를 놓고 토론할 때도 더 많은 시간을 할애했다. 연구 책임자인 컬럼비아대학교 캐서린 필립스Katherine Phillips 교수는 이렇게 기록했다. "다인종 집단은 그렇지 않은 집단에 비해 눈에 띄게 성과가 좋았다. 비슷한 사람들과 함께 있으면 모두 같은 정보를 갖고 같은 관념을 공유한다고 생각한다. 이런 생각 때문에…… 백인으로만 이루어진 집단은 정보를 효과적으로 처리하지 못했다."[9]

그리고 연구자들은 실제 배심원단과 진행한 모의재판에서도 비슷한 결과를 얻어냈다. 다양한 인종으로 이루어진 배심원단[10]은 더 많은 정보를 공유하고, 더 폭넓게 토론하고, 심지어 사건과 관련된 사실을 떠올릴 때도 실수가 덜했다. 배심원이 다양하니 **모두가** 더 잘 해냈다.

성별 다양성도 비슷한 효과를 낸다. 예를 들어, 회계학 교수 래리 애벗Larry Abbott, 수전 파커Susan Parker, 테리사 프레슬리Theresa Presley는 이사회의 성별 다양성이 부족한 회사가 오류나 부정 때문에 기존 재무제표를 수정하는 경향이 더 높다는 사실을 발견했다. 재무제표 수정신고는 회사에 대한 투자자들의 신뢰를 흔들 수 있는 난처한 일인데, 성별 다양성을 약간만 높여도 수정하는 경우가 줄어드는 경향을 보였다. 연구자들은 이렇게 썼다. "다양성이 높고 응집력이 덜한 이사회는 추정치에 의문을 제기하고 업계 실질 수치와 회계상 비교가능성*을 따져보도록 만든다. 그렇게 되면 의사결정 과정은 더 천천히 진행되고, 그 과정에서 더 깊이 있는 토론을 하게 된다. 이런 현상은 집단적 사고는 줄이고 상호교정 효과는 강화하는 성별 다양성의 효과와 연관된 결과들이다."[11]

이러한 실험실 연구를 통해 아이러니하게도 동족집단은 복잡한 임무 수행능력은 떨어지지만 스스로 내린 결정에 대한 확신은 더 강하게 **느낀다**는 것이 밝혀졌다. 그들은 집단적으로 임무를 수행하는 데 만족감을 느끼며, 자신이 잘하고 있다고 생각한다. 비슷한 사람들에 둘러싸여 있으면 기분이 좋아지고 편하다. 압박감이 없고, 모든 것이 익숙하고 물 흐르듯 편안하게 흘러간다. 이와 반대로, 다양성은 낯설게 느껴지고,[12] 불편하다. 그러나 더 진지하게 일하고 더 날카로운 질문을 던지게 한다.

---

* 기간이나 사업 등 기준을 달리했을 때도 수치를 비교할 수 있는 가능성.

2. 다양성 전담반 가동하기

아래는 일류 컨설팅회사인 아메리칸American에서 몇 년 전에 실제 있었던 대화[13]로 입사 지원자 헨리Henry를 평가하는 면접을 따로 진행한 두 컨설턴트가 나눈 대화를 기록한 것이다.

> **면접자 1:** 이 사람은 흑인이야. 잘 해내길 바랐는데 못하더라고.
>
> **면접자 2:** 아주 예의 바르고 발표도 잘했지만, 내용을 조리 있게 구성하지 못했어. "제가 말하려는 요점은 세 가지입니다" 정도 문장도 구사하지 못하더라고.
>
> **면접자 1:** 많이 도와줘야 했어. (한숨)
>
> **면접자 2:** 다양성 지원자였지.
>
> **면접자 1:** 형편없는 정도는 아니었지만, 확실히 다시 만나볼 정도는 아니야.

헨리는 매우 예의 바르고, 발표도 잘했다. 그래서 그들은 그가 회사에 다양성을 더해줄 수 있게 면접을 잘 치르기를 바랐다. 그러나 그는 조리 있게 답변을 구성하지 못했다.

이 두 면접자는 백인 지원자 월Will에 관해서도 검토했다.[14] "엄청나게 예의 바르고, 자신감이 넘쳐서 고객 앞에 세우기 좋아"라고 한 면접자가 말했다. "하지만 사업에 대한 감이 없어." 다른 면접자도 동의했다. "월은 조리 있게 말하지 못했어. 하지만 그

점은 상관없어. 월은 컨설팅 분야 면접이 처음이라 연습이 좀 필요했을 뿐이야." 그래서 그들은 월에게 2차 면접에 오라고 통보했다. 심지어 그에게 다음 면접 전에 '답변을 조리 있게 구성해' 오라고 평가의견을 전하기까지 했다. 물론 헨리는 두 번째 기회를 얻지 못했다.

이 컨설턴트들은 자신이 편견을 갖고 있다고 생각지 못했다. 편견이 슬금슬금 끼어드는 와중에도 그들은 지원자를 능력에 따라 평가했다고 생각했다. 오랜 시간 동안 오케스트라에도 이런 문제가 있었다. 그들은 스스로 최고의 연주자만 뽑는 능력 지상주의자라고 생각했다. 그러나 의도적으로 성별 다양성과 공정성을 기준으로 꼽은 지원자를 대상으로 오디션을 했음에도 불구하고 선발 결과는 여성보다 남성이 훨씬 많았다.

하지만 오디션 중 커튼을 치기 시작하자 선발 과정에서 작용했던 편견은 정말로 사라졌고, 선발 결과에서는 실제로 다양성이 급증했다. 이제는 최고 수준 오케스트라 대부분이 균등한 성비를 보인다.

그러나 고용과 승진을 결정하는 과정에서 간단하게 커튼을 칠수 있는 경우는 별로 없다. 그래서 회사들은 지난 30여 년 동안 엄청나게 많은 다양성 프로그램을 도입했다. 하지만 이런 프로그램은 대부분 아무런 도움이 되지 않았다. 미국에서 1985년부터 2014년까지 직원이 100명 이상인 회사 경영을 맡은 흑인 남성 비율[16]은 꾸준히 3퍼센트 수준을 유지했다. 경영진 중 백인 여

8장 | 과속방지턱 효과

성 비율은 2000년 이후 30퍼센트 정도에 머물렀다. 금융서비스와 같은 일부 영역에서 그 수치는 훨씬 낮았다. 경영진의 인종 및 성별 다양성을 늘리려는 시도는 대부분 실패한 것으로 드러났다.

모순적이다. 다양성 프로그램이 넘쳐나고, 회사들은 갈수록 더 많은 돈을 쓰는데도 아무런 성과가 나지 않는다. 왜일까?

이 질문에 답하기 위해 하버드대학교 사회학자 프랭크 도빈Frank Dobbin과 동료들은 800개가 넘는 회사로부터 30여 년치 정보를 모아 분석했다. 그들은 놀라운 사실을 발견했다. 다양성 프로그램을 자주 사용한 회사들에서 다양성이 전혀 높아지지 않았던 것이다. 오히려 그 프로그램이 회사의 **다양성을 떨어뜨렸다.**

의무적으로 진행하는 다양성 학습 프로그램을 살펴보자. 《포천》500대 회사 대부분과 중소기업 중 거의 절반이 이 프로그램을 사용하지만 전혀 효과가 없었다. 프로그램을 도입한 회사에서는 5년 사이에 동양계 미국인 경영자 비율이 5퍼센트 떨어졌고, 흑인 여성 경영자 비율은 10퍼센트 내려갔다. 그리고 백인 여성, 흑인 남성, 히스패닉 구성은 전혀 개선되지 않았다.

(공정한 고용 절차를 보장하기 위한) 의무 채용시험과 (직원이 임금, 승진, 고용 종료 결정 등에 이의를 제기할 때 사용할 수 있는) 공식적인 고충 처리 절차 등 많은 회사가 도입하는 다른 프로그램도 결과는 비슷했다. 소수자와 여성에 대한 편견을 줄여야 할 이런 프로그램이 실제로는 문제를 더 악화시킨 것이다.

그 이유를 찾기 위해 도빈과 동료들은 경영진 수백 명을 면담

했다. 이런 프로그램은 경영자를 압박해 채용 및 승진 결정의 재량권을 제한하려 드는 식으로, 경영자의 행동을 **규제하는** 데 집중했기 때문에 효과를 발휘하지 못한 것으로 드러났다. 경영자들은 이러한 방식에 저항할 수밖에 없다. "규칙과 재교육으로 경영자를 비난하고 수치스럽게 하면서 그들을 이해시킬 수는 없을 것이다"[17]라고 연구자들은 썼다. "사회과학계에서 발견했듯, 사람들은 자율성을 지키기 위해 규칙에 저항하는 경우가 많다. X, Y, Z를 하라고 강요해봐, 내 일은 내가 알아서 한다는 것을 보여주기 위해서라도 난 정반대로 행동할 거야."

예를 들어, 최근 진행한 실험에서는 인종적 편견을 비난하는 홍보물에 동의해야 한다는 압박을 느낀 사람들이 내용을 읽은 뒤 인종적 편견을 **더 많이** 드러냈다. 홍보물은 사람들이 동의하든 반대하든 스스로 선택할 수 있을 때만 편견을 줄여주었다. 도빈과 동료들은 채용시험에서도 같은 결과가 나온 것을 확인했다. 예를 들어, 서부 해안의 한 식품회사 경영진은 소수인종이 대부분인 타지 출신만 채용시험에 응시하도록 규제하자 백인인 자기 친구들을 시험 없이 고용했다.

리더들은 무엇을 해야 할까? 30여 년간 쌓인 정보가 알려주는 몇 가지 효과적인 해결책은 다음과 같다.

첫 번째 도구는 **자발적인** 다양성 학습이다. 사람들은 의무적인 프로그램에는 불평해도 스스로 참여하는 프로그램은 반기는 경향이 있다. 그리고 학습이 강제적인 절차가 아니라 부가적인 기회라고 생각할 때 새로운 발상에 훨씬 더 적극적인 태도를 보였다.

선별 채용도 좋은 방법이다. 이 방법은 이미 다양성을 고려해 구성된 조직에서, 혹은 이미 다양성을 고려하고 있는 대학 선발 절차나 소수자들로 꾸려진 전문가 집단 안에서도 특별히 더 소수인 구성원을 선발하려는 발상이다. 다양성 훈련과 마찬가지로, 이 방법도 도입할지 여부를 경영자가 결정할 수 있어야 한다. 그러면 관리자들은 이 프로그램이 권한을 제한하는 엄격한 명령이 아니라 더 넓은 인재풀을 접하는 통로라고 여길 것이다. "우리가 만나보니 경영자들은 요청을 받으면 적극적으로 참여할 의사가 있었다"[18]고 연구자는 썼다. "'더 넓은 범위에서 유능한 직원을 찾아낼 수 있게 도와주세요!'라는 긍정적인 메시지가 어느 정도 영향을 미치는 것이다."

(인종이나 성별에 상관없는) 공식 신입 직원 멘토링 프로그램과 (역할에 따라 돌아가며 관리 교육을 맡는) 교차훈련 프로그램도 도움이 된다. 다양성을 규정으로 **도입하지** 않기 때문이다. 심지어 다양성을 떠올리도록 설계되어 있지도 않다. 대신에 이런 프로그램은 경영자가 다른 집단과 접하면서 그 과정에서 편견을 줄일 수 있게 한다. 소수 집단 출신 젊은 여성을 멘티로 배정받은 고위급 남성 경영자는 그 여성 멘티가 하는 업무에 관해 꽤 잘 알게 될 것이다. 경영직에 자리가 나면, 그가 그녀에게 승진 심사에 도전해보라고 제안할 가능성도 높아질 것이다.

물론 비공식적으로 멘토링을 진행하는 조직은 많다. 그러나 공식 프로그램으로 멘토와 멘티를 배정하면 효과가 훨씬 높아진다. 이에 관해 도빈과 동료들은 아래와 같이 말한다.

> 백인, 남성은 스스로 멘토를 찾는 편이라면, 여성과 소수자는 공식 프로그램의 도움을 받아야 할 때가 더 많다. 한 가지 이유는……백인 남성이 비공식적으로 젊은 여성 및 소수자 남성을 만나는 게 편하지 않기 때문이다. 그래도 그들은 [공식 프로그램에서는] 배정받은 후배와 만나는 것을 매우 반기며, 그들이 처음 만나는 후배는 여성과 소수자인 경우가 많다.[19]

또한, 다양성을 점검할 담당자를 두기만 해도 도움이 된다는 사실이 밝혀졌다. 사업 부서로 치면 정보를 수집하고 보고하는 그 이상의 별다른 권한이 없을지라도 다양성 옹호 그 자체가 임무인 사람을 정해두는 것이다. 예를 들어, 다양성 전담반이 주기적으로 부서별 다양성 수치를 측정하고 다양성 확대방안을 찾아내는 것이다. 특정 부서가 다양성을 충족시키지 못하는 이유는 지원자 풀이 부족해서인지, 사내 여성 및 소수자 중에서 몇 년째 승진을 못 한 사람이 없는지, 그들이 애초에 특정 부문에는 승진심사에 지원조차 하지 않은 건 아닌지 확인한다. 일단 답을 찾으면 전담반은 우선 부서 내부에 이런 안건을 적용해볼 수 있다.

사람들은 공정한 태도를 보이고 싶어 하므로 이런 식으로 다양성을 점검하면 효과가 있다. 누군가 집계하고 있다는 것을 알면 경영자는 스스로 돌아보게 된다. 다시 생각해보는 게 좋을지, 적격자 명단을 좀 더 넓혀야 할지, 혹시 제일 먼저 떠오른 사람들만 고려하고 있는 건 아닐지 말이다.

다양성을 열성적으로 옹호하려는 좋은 의도는 있지만, 노력해도 별 성과가 나타나지 않아 당황하는 리더가 많다. 가장 흔하게 사용하는 규정과 통제를 활용한 전략은 실패했다. 그러나 여기서 제시한 자발적 다양성 학습, 선별 채용, 공식 멘토링과 교차훈련 프로그램, 다양성 전담반 같은 방법은 효과가 있었다. 도빈이 사례로 든 회사들은 이런 프로그램을 통해 불과 5년 사이에 여성과 소수자 출신의 경영진 규모를 늘릴 수 있었는데, 그 비율이 두 자릿수에 달하는 곳도 있었다.

이런 방법은 자연스럽기 때문에 통한다. 사람들을 강제로 통제하려 들지 않는다. 경영자에게 해야 할 일과 하지 말아야 할 일의 목록을 강요하는 게 아니라 참여하도록 이끈다. 그들이 접하는 다양성 폭을 넓혀준다. 그리고 경영자들이 가진, 대외적으로 좋은 평가를 받기 바라는 욕구를 자극한다.

복잡한 시스템이 만연한 시대에 다양성은 훌륭한 위험 관리 도구다. 그렇다고 조직에 강제로 적용할 수는 없다. 흔히 쓰는 관료적 절차를 통해 접근하면 상황이 좋아지기는커녕 더 나빠지기만 한다. 조직을 더 다양하게 만드는 일은 유연한 도구를 사용해야 하는 어려운 과제다.[20]

3. 비전문성이 조직을 구한다

혈액검사 업체 테라노스Theranos는 한때 미국에서 가장 주목받는 의료 벤처기업이었다. 2015년 10월,《뉴욕타임스》는 19세에 스탠퍼드대학교를 중퇴하고 회사를 차린 창립자 엘리자베스 홈스Elizabeth Holmes를 '세상을 바꾸는 선구적인 기술기업가 다섯 명'[21] 중 한 명으로 선정했다. 거의 동시에 그녀는 잡지《아이엔시Inc.》의 표지에도 등장했다. 제목은 '제2의 스티브 잡스'[22]였다. 테라노스의 기업 가치[23]는 90억 달러에 달했고, 홈스는 겨우 32세에 45억 달러의 순자산을 모았다. 몇 달 뒤,《뉴욕타임스》는 그녀를 세계에서 가장 영향력 있는 100명 중 한 명[24]으로 꼽았다. 투자자들은 수억 달러를 그 회사에 쏟아부었다.

테라노스는 혈액 한 방울만으로 수십 가지 의학적 검사를 진행하는 방법을 발명했다고 했다. 손가락을 한 번 찌르기만 하면 수백 가지 검사를 받아볼 수 있는 것이다. 정맥주사로 피를 뽑을 필요가 없다. 커다란 바늘도 필요 없다. 이 모든 것이 기존 검사비용의 극히 일부만으로 가능하다.

기존 의료업계 전체의 기반을 뒤흔들 대단한 기술로 보였다. 《뉴욕타임스》는 이렇게 평했다. "혈액검사를 비싸고, 두렵고, 시간 잡아먹는 절차가 아니라 저렴하고, 편하고, 심지어 (거의) 즐거운 경험으로 바꾸어놓아 사람들이 더 적극적으로 검사를 받게 한다. 그 결과, 질환을 더 빨리 발견해 당뇨, 심장질환, 암과 같은 질병을 예방하거나 효과적으로 치료할 수 있게 한다."[25]

테라노스는 실리콘밸리를 이끈 차기 주자가 될 참이었다. 그러나 퓰리처상 수상자인 《월스트리트저널》 탐사 기자 존 커레이루John Carreyrou[26]는 과장 광고에 넘어가지 않았다. 그는 홈스가 회사의 기술에 관해 너무 모호하게 말하는 데 놀랐다. "확실히 의문을 품을 만한 대목이 일부 있었지만, 그다지 더 깊이 생각하지 않았어요"라고 커레이루는 말한다. 그러던 중 "회사가 겉으로 보이는 것과는 똑같지 않을 수 있다"는 제보를 받았다.

커레이루는 테라노스를 조사하기 시작했고, 2015년 10월 15일 《월스트리트저널》에 그가 쓴 기사가 보도됐다. 테라노스 혈액검사기 정확도에 의문을 제기하고, 검사 과정에 자사 기술을 거의 사용하지 않았다는 사실을 밝힌 대단히 충격적인 기사였다.[27] 직원들은 다른 회사에서 사들인 기존 혈액검사 장비로 상당 부분 검사를 진행했음을 인정했다. 커레이루는 이렇게 썼다. "31세 홈스 씨의 당당한 말투와 검은 터틀넥은 흔히 애플의 공동창업자 스티브 잡스에 비유된다. 그러나 무대 뒤에서는 자사기술에 대한 열광을 현실로 바꾸기 위해 버둥거리고 있었다."

이 첫 타격에 모래성은 흔들리기 시작했다. 기자들과 규제 당국이 계속 회사를 조사했다. 테라노스는 곧 법정 공방에 빠졌다. 협력업체였던 약품 유통업체 월그린Walgreens[28]이 계약 위반으로 소송을 제기했다.[29] 테라노스의 재정을 크게 뒷받침하던 이들도 회사와 창립자가 기술에 관해 거짓말했다며 고소했다. 혈액검사 결과 수만 건이 무효처리되었고, 거짓 검사 결과를 받은 환자들의 고소가 속출했다.[30] 2016년,《포천》은 홈스를 '세계에서 가장 실망스러운 리더' 중 한 명으로 지목했다.[31] 《포브스Forbes》는 그녀의 순자산을 '0'으로 변경했다.[32]

멜트다운 발생 몇 달 전, 미국임상화학협회American Association for Clinical Chemistry 회장인 데이비드 코치 박사Dr. David Koch는 테라노스의 전망에 관한 논평을 의뢰받았다. 코치 박사는 그 분야에서 손꼽히는 전문가였지만, 할 말이 별로 없었다. "이 일이 어떻게 될지 논평하기는 불가능하다. 실제로 살펴보고, 읽고, 반응할 것이 아무것도 없어, 이보다 더 뚜렷한 견해를 밝힐 수가 없다."[33]고 그는 말했다.

테라노스의 비밀주의는 유명했다. 홈스는 기술을 지키기 위해서는 '잠행방식stealth mode'*으로 회사를 운영해야 한다고 주장했다. 동료평가peer review를 거친 검사기 시험 연구도 전혀 없었다.[34] 기자 켄 아울레타Ken Auletta[35]가 기술이 어떻게 작동하는지 설명해달라고 요청했을 때, 홈스는 이렇게 답했다. "화학작용이 형성되어서 화학적 반응이 일어나 시료와 화학적 상호작용신호를 발신하고, 그걸 결과치로 변환하면 자격을 가진 실험실 담당자가 그 결과를 검토합니다." 아울레타는 이를 '우스꽝스럽게 애매한' 답

---

* 원래는 전투기 등이 탐지 센서에 잡히지 않게 숨기는 것을 뜻하는데, 벤처업계에서는 혁신적인 사업 모델이 어느 정도 자리 잡기까지 비밀리에 육성하는 방식을 가리키는 말로 쓰인다.

변이라고 칭했다.

이 애매함 때문에 여러 투자회사가 테라노스를 떠났다. "우리가 더 깊이 들여다보려 할수록 그녀는 더욱 불편해했습니다"[36]라고 투자를 고려했던 한 투자자가 《월스트리트저널》에 말했다. 구글벤처스Google Ventures도 투자를 고려한 적이 있는데, "사내 생명과학투자 팀에서 한 명을 [테라노스] 평가차 월그린에 보냈습니다. 일이 눈에 보이는 것처럼 돌아가지 않을 수도 있다는 점은 누구라도 알아챌 만했어요."[37] 월그린에서 테라노스가 개발한 '혁명적인' 손가락 찌르기 대신 기존 혈액 채취방식을 쓰고자 했기 때문이었다.

외부인 몇 명이 뭔가가 잘못되었다는 것을 밝혀냈다. 그러나 내부인들은 어땠을까? 회사가 제대로 돌아가는지 확인하는 게 임무인 이사회는 어땠을까?

글쎄, 아래 표에서 2015년 가을 테라노스 이사회 명단을 살펴보자.

"그야말로 둘도 없는 이사회"[38]라고 《포천》은 단언했다. "테라노스는 공공 부문에서 미국 기업 역사상 가장 저명하다고 할 만한 사람들로 이사회를 꾸렸다."

실로 대단한 집단이었다. 전임 장관, 의원, 군 고위급 장교를 그렇게나 잔뜩 모아둔 이사회는 찾아보기 어렵다. 그러나 그 집단은 다양성도 유난히 부족하다. 테라노스 경영진 두 사람을 제외한 이사진 10명 전원이 백인 남성이다. 게다가 모두 1953년

이름	경력	생년	성별
헨리 키신저 Henry Kissinger	전 미 국무부 장관	1923	남
빌 페리 Bill Perry	전 미 국무부 장관	1927	남
조지 슐츠 George Shultz	전 미 국무부 장관	1920	남
샘 넌 Sam Nunn	전 미 상원의원	1938	남
빌 프리스트 Bill Fris	전 미 상원의원	1952	남
게리 루헤드 Gary Roughead	전 해군 제독	1951	남
제임스 매티스 James Mattis	전 해병대 사령관	1950	남
딕 코바체비치 Dick Kovacevich	전 웰스파고 CEO	1943	남
라일리 벡텔 Riley Bechtel	전 벡텔 CEO	1952	남
윌리엄 포에지 William Foege	전 역학자	1936	남
서니 발와니 Sunny Balwani	테라노스 경영자(대표 및 COO)	1965	남
엘리자베스 홈스 Elizabeth Holmes	테라노스 경영자(창립자 및 CEO)	1984	여

이전에 태어났고, 평균 연령이 76세였다.

테라노스 이사회는 아펠바움의 연구에서 중요하다고 지적한 표면적 다양성이 부족할 뿐 아니라, 의료 및 생명공학 분야의 전문성도 떨어졌다. 의료 분야 전문가로서 자격을 유지한 사람은 외과의로 경력을 시작했던 빌 프리스트 전 의원뿐이었다. 79세인 윌리엄 포에지는 뛰어난 역학자였지만 이미 수년 전에 은퇴해 의학계를 떠난 상태였다. 테라노스 이사들은 최첨단 의료기술 기업보다는 공공정책 자문에 더 알맞았을지 모른다.

《월스트리트저널》이 테라노스를 비판적으로 검토한 기사를 내보내자마자, 《포천》 편집자 제니퍼 레인골드Jennifer Reingold[39]는 이사회의 전문성 부족을 지적했다. 그녀는 테라노스 핵심 분야에 대한 경험이 그렇게 적은 사람들이 회사를 효과적으로 감독할 수 있을지 의문을 표했다. "리더십을 키워주고 조언을 해줄 퇴직 정부 관료 한두 명 정도는 도움이 될 테지만, 의료계 또는 기술 분야 경험이 전혀 없는 사람이 여섯이나 될 때는…… 과연 그들이 테라노스에서 매일 벌어지는 일들에 얼마나 관여하고 있을지 의문을 제기할 만하다." 레인골드는 배경이 다양한 사람들로 이사회를 구성했다면 상황이 달랐을 수 있음을 넌지시 언급했다.

그녀가 옳았다. 그 이유를 알려면 다른 산업 분야로 눈을 돌릴 필요가 있다. 전임 관료, 군 지도자, 은퇴한 의사 등 문제의 테라노스와 같은 배경을 지닌 이사진을 갖춘 수백 개의 작은 은행들이 금융위기에서 벗어날 수 있었던 이유를 알아볼 필요가 있다.

다음은 1990년 말 미국에서 설립된 일부 지역 은행 목록이다. 목록은 훨씬 더 길지만, 이 정도만 봐도 기본 유형이 잘 드러난다. 그게 뭔지 알아볼 수 있겠는가? 은행 파산이 전부 2009년에서 2010년 사이라는 사실을 눈치챘을 것이다. 그럴 만하다. 대침

은행명	소재지	이사 중 은행가 비율	파산여부	폐업연도
플로리다산업은행	멜버른, 플로리다	36%	아니오	
켄터키지역은행	엘리자베스타운, 켄터키	20%	아니오	
미시간헤리티지 은행	파밍턴 힐스, 미시간	56%	예	2009
뉴센추리은행	시카고, 일리노이	60%	예	2010
파라곤상업은행	랠리, 노스캐롤라이나	33%	아니오	
피어스상업은행	터코마, 워싱턴	63%	예	2010

체 Great Reccession*는 소형 은행을 봐주지 않았다.

그러나 목록에는 또 다른 무언가가, 더욱더 기이한 무언가가 있다. 아마 살아남은 은행에 비해 파산한 은행 이사회에 은행가가 더 많다는 점이 눈에 띌 것이다. 그걸 발견했다면 그 무언가를 찾은 것이다. 지난 20여 년 동안 미국 전역에서 1300개가 넘는 지역 은행을 조사한 최근 연구[40]에서 이와 비슷한 흐름을 찾아냈다. 이사회에 은행가가 많은 은행은 은행가만이 아니라 비영리 인사, 변호사, 의사, 관료, 군 장교 등 더 폭넓은 배경을 가진 사람들로 이사회를 꾸린 은행보다 파산 가능성이 더 높았다. 은행업과 상관없는 배경을 가졌더라도 다양한 전문성을 갖춘 은행은 살아남았다.

---

* 대공황Great Depression을 변형한 말로 2008년 미국 서브프라임 모기지 사태와 금융위기로 촉발된 2009년 전 세계적 불황을 가리킨다.

이 효과는 복잡하고 불확실한 시장에서 영업해야 하는 은행에서 특히 강력하게 작용한다. 그렇다고 이사회에 은행가를 더 많이 앉힌 은행들이 (침체 전) 상태가 더 위험했던 것은 아니었다. 그런 은행이 더 큰 이윤을 얻으려고 위험부담이 더 높은 사업을 추진한 것도 아니었다. 연구는 이런 요인을 배제했다. 연구의 주 저자인 스페인 IESE 경영대학원 후안 알만도스John Almandoz 교수[41]는 무슨 일이 벌어졌는지 알아내기 위해서 이사, 은행 CEO, 은행 설립자 수십 명을 면담했다. 그는 세 가지를 발견했다.[42]

첫째, 은행업 출신 이사들은 경험에 지나치게 의존했다. 면담자들은 반복적으로, 은행가들이 이사회에 올리는 안건을 '짐'이라는 단어로 표현했다. 한 이사는 이렇게 말했다. "전직 은행가들이 이사회에 없다면, '이러이러한 다른 은행에서, 우리는 이런 방법을 썼어' 같은 짐스러운 의견도 없어진다는 게 장점이겠죠."[43]

거기다 자신감도 지나쳤다. "이사회에 은행가가 많으면 배경 지식과 경험이 좀 더 많다고 믿고 부채에 손을 더 많이 대는 경향을 보일 거예요"라고 한 이사가 설명했다. "은행가가 아닌 다른 사람들은 좀 더 주의할 거고요."[44]

세 번째는 생산적 갈등이 부족했다. 이사회에서 비전문가인 이사가 소수인 경우 전문가에게 도전하기 어려워했다. 이사회에 은행가가 많은 어느 은행 CEO는 연구진에게 이렇게 말했다. "회의 석상에서 각자가 서로의 자부심을 존중하다 보면 결국에는 누구도 서로 대립하지 않을 겁니다."[45] 그러나 은행업 출신이 아닌 사람이 많은 이사회에서는 "마음에 들지 않는 점이 있을 때 말을 꺼내기를 두려워하지 않아요."

전문가가 주를 이루지 않는 이사회는 인종적으로 다양한 팀과 비슷하게 움직였다. 이사들은 서로 판단에 대해 논쟁하고 의문을 제기했다. 어느 무엇도 당연하게 여기지 않았다. 은행가들은 의사나 변호사와 같은 언어를 쓰지 않았고, 그래서 심지어 '명백한' 일이라도 상세히 설명하고 논쟁했다. 마찰이 빚어지고 기분 상하는 일도 벌어졌다. 쉽지 않은 일이었다. 그래도 이런 이사회는 각자 자기 분야에서 최고 실력자들이 모인 집단이다. 테라노스와 달리 거기에는 보기 드문 진정한 전문가와 업계 경험이 풍부한 은행가가 모여 있었다. 그래도 그 전문성의 무게가 논쟁과 반대의견을 억누르지 않은 것은 비전문성 덕분이었다. 알만도스가 우리에게 말했다. "비전문가는 전문가가 당연시하는 문제에 질문을 던지는 솔직함을 갖고 있습니다."[46]

결론이 낯익다. 샐리 크로첵이 다양성에 관해 한 말을 기억하는가? 다양성은 합의사항에 질문을 던질 수 있게 해주는 효과가 있다. **"그게 대체 뭐예요? 그걸 왜 하는 건데요? 제게 다시 한 번 설명해주실 수 있어요?"**

인종, 성별같이 겉으로 쉽게 드러나는 다양성과 전문성처럼 그렇지 않은 다양성이 조직 내에서 작동하는 방식은 비슷하다. 두 경우 모두 소수자나 비전문가가 독특한 관점을 제시해주기 때문이 아니라 집단 전체를 더욱더 회의적으로 만들기 때문에 도움이 된다. 팀 전체가 지나치게 결속력 있게 움직이고 너무 쉽게 서로 동의하지 않도록 지켜준다. 커다란 위협을 간과하고 실수를 저질렀을 때 걷잡을 수 없는 상황으로 이어지기 쉬운 복잡하고 긴밀히 결합한 시스템에서는 바로 그 점이 가장 중요하다.

다양성은 과속 방지턱과 같다. 비유적인 표현이지만, 우리를 익숙한 공간에서 끄집어내 무작정 달려나가지 않게 막아준다. 우리 자신으로부터 우리를 지켜주는 것이다.

9장 | 낯선 세계의 낯선 사람들

"그 사람들은 뭐 마술사라도 돼요?"

1. 컴퓨터가 철창을 열어주다

전화를 걸며 댄 파콜크Dan Pacholke 는 숨을 깊이 들이마셨다. 전직 DOC(Department of corrections, 교정국) 공무원에서 이제는 8억 5000만 달러 예산에 직원 8000명, 그리고 재소자 약 1만 7000여 명을 관장하는 워싱턴주 교정국장이 된 그는 베로니카 메디나 곤살레스Veronica Medina-Gonzalez에게 아들 시저 메디나Ceaser Medina 에 관해 알려야 했다. 평소 그가 희생자 가족에게 전화할 일은 별로 없었다. 그만큼 DOC가 사람을 죽게 만드는 일 역시 흔치 않았다.

7개월 전인 2015년 5월 어느 구름 낀 저녁, 시저 메디나와 친구들 몇 명이 문신 시술소에서 맥주와 피자를 먹으며 몇 시간째 놀고 있는데 가게 뒷문으로 무장 강도 두 명이 밀고 들어왔다. 에어 조던 농구화에 연회색 후드 티셔츠를 걸친 문신한 남자가 총을 장전한 채 로비로 뛰어들었다. 그는 메디나를 입구 계산대 옆 바닥으로 떠밀고는 뒤통수에 총을 들이밀었다. 그리고 그 강도가 갑자기 몸을 일으켜 세운 후 권총을 들어 올리더니 한 발을 쏘았다. 메디나는 바닥에서 벌떡 일어나 달렸다. 강도가 다시 한 발을 쐈는데 이번에는 메디나를 맞혔다.

강도 행각은 실패했고, 총을 쏜 남자는 달아났다. 친구들은 쓰러진 메디나를 반쯤은 끌듯이 들어 옮겨 차 뒷좌석에 싣고 병원으로 데려갔지만, 그는 이미 현장에서 사망한 후였다.

형사들은 즉시 수사에 착수했다. 감시 카메라에 범행 장면이 찍혀, 경찰은 총격범의 사진이 담긴 전단을 돌릴 수 있었다. 그 전단을 본 워싱턴주 DOC 공무원 한 명이 총격범을 알아보았다. 제러미야 스미스Jeremiah Smith라는 남자였다.

공무원이 스미스를 알아볼 수 있었던 건 워싱턴주가 불과 2주 전인 5월 14일에 강도 및 폭행으로 복역을 마친 그를 풀어주었기 때문이었다. DOC 재소자 관리 시스템에 따르면 그날은 스미스의 형기가 끝나는 날이었다. 그러나 시스템에 오류가 있었다. 스미스는 형기가 3개월 이상 남은 상태에서 풀려났던 것이다. 시저 메디나를 쏜 순간에도 그는 여전히 철창 속에 갇혀 있어야 했다.

스미스가 일찍 석방된 것은 DOC 재소자 관리 시스템의 프로그램 오류, 즉 버그 때문이었다.[2] 댄 파콜크는 그 문제를 2015년 말에야 처음 알게 되었다. 그러나 DOC에서 일하던 다른 사람들은 이미 몇 년 전부터 알고 있었다. 2012년, 피해자의 아버지인 매슈 미란테Matthew Mirante가 DOC 피해자 지원과에 연락했다. 보잉사 소속 트럭 운전사인 미란테는 DOC가 아들을 해친 범인의 출소일을 잘못 계산한 게 아닌가 의심했다. 종이와 연필을 가지고 5분에 걸쳐 형기를 계산해본 그는 의혹을 확신했다. 가해자의 출소일이 45일이나 빨랐던 거다. 처음에 DOC 직원들은 미란테가 한 계산이 틀렸다고 여겼고 그가 낸 민원을 주 지방 검찰청으로 가져가 보여주었다. 계산은 정확했다.

미란테가 발견한 것은 빙산의 일각일 뿐이었다. 주문 제작해 쓰고 있던 문제투성이 재소자 관리 프로그램이 10여 년 동안 수천 명의 흉악범을 출소일보다 빨리 석방했던 것이다. 시스템은 어떤 관리자가 이름 붙인 것처럼 '복잡한 상호의존성'으로 뒤죽박죽 엉켜 있었다.[3] 이 복잡성이 형기 오류를 발생시켰을 뿐 아니라, DOC 공무원들의 눈도 가렸다. 미란테가 직접 계산해보기 전까지 DOC에서는 오류가 있다는 사실 자체도 몰랐다. 시스템에 대한 신뢰는 긴밀한 결합을 발생시켰다. 아무도 계산을 확인하지 않은 채 컴퓨터가 말하는 대로 따르기만 했다. 컴퓨터가 자동으로 철창을 열어준 셈이었다.

어떻게 이런 일이 가능했을까? 어떻게 개발자, 변호사, DOC 공무원이 수년째 모르고 지나온 재소자 형기 계산 시스템의 문제를 트럭 운전사가 발견해낼 수 있었을까? 그 답은 미란테 개인이나 그가 가진 직업에 있지 않았다. DOC에 있던 많은 사람도 그 정도 계산은 간단하게 해낼 수 있다. 미란테는 DOC 안에 **있지 않았기** 때문에 오류를 정확히 알아볼 수 있었다. 외부인인 그는 조직 내 규정이나 추정, 정책에 얽매여 있지 않았기 때문이다.

미란테가 옳았다는 것을 깨달은 관리자들은 개발 팀에 프로그램 수정을 요청했다. 그러나 초기에 3개월이 걸릴 것이라던 수정작업은 열 번도 넘게 계속 늦춰졌다. 그러는 사이 미란테의 발견이 지닌 놀라운 함의를 이해한 사람은 아무도 없었다.

미란테가 처음 문의했던 때로부터 3년이 지나고서야 개발자들은 마침내 개발을 끝내고 수정사항이 현재 재소자 형기에 어떤 영향을 주는지 확인하는 테스트를 시작했다. 이전에 형기 관련 부분을 수정했을 때는 특이한 경우 출소일이 며칠 밀리는 정도의 오류가 몇 건 정도 발생했다. 그러나 미란테가 문제를 제기한 후 수정작업한 코드를 반영해보니 출소일이 평균 2개월에서 3000일까지 차이가 났다. DOC 최고정보담당관이 말했듯 '젠장할 순간'[4]이었다.

우리가 주 상원 법과 정의위원회 State Senate's Law and Justice Committee 의장을 맡은 주 상원의원 마이크 패든 Mike Padden을 만났을 때, 그는 공무원들이 그렇게나 오래 문제를 방치했다는 데 경악했다. 만약 반대로 재소자가 탈출하면 무슨 일이 벌어지겠느냐고 했다. "필사적으로 그 사람을 다시 잡아 오려고 애를 쓰겠죠!"[5] 그런데 여기서는 재소자 수천 명을 일찌감치 내보내 버린 것이다.

메디나의 어머니와 통화하면서 파콜크는 애도를 표하고 자신들이 저지른 실수에 대해 사과했다. 몇 주 후 그는 사임했다. 메디나의 어머니는 DOC를 상대로 500만 달러의 배상을 청구했다.[6] 방아쇠를 당겨 시저 메디나를 쏜 건 제러미야 스미스지만, 책임은 DOC가 져야 한다고 주장했다. 그들이 외부인이 전해준 소중한 의견을 3년 동안 묵혀둔 결과, 그녀의 아들은 죽고 말았다.

2. 모든 권력을 이방인에게!

만약 게오르크 지멜Georg Simmel이 지금 이 시대를 살고 있다면 엄청난 트위터 팔로어와 인기 있는 TED 강연, 《뉴욕타임스》 선정 베스트셀러 저자로 유명세를 누리는 지식인이 되었을 것이다. 아니면 최소한 19세기 말 베를린에서 그 정도 지위를 누렸을 테다. 탁월한 사회 이론가면서 대중의 시선을 끄는 기질이 다분했던 지멜은 청중을 사로잡았고, 그의 강의는 대학 안팎에서 폭넓은 인기를 끌었다.[7] 그는 학술지뿐 아니라 신문과 잡지에도 글을 게재하는 다작 작가였다. 게다가 도시 생활에서부터 돈의 철학, 유혹하기와 최신 유행에 이르기까지 흥미로운 주제를 아우르는 글을 썼다.

이 모든 것에도 불구하고 독일학계에서 지멜은 이방인이었다.

그는 상당 기간을 무보수 강사로 지냈고, 계속 교수직 임용에서 밀려났다. 1901년에 마침내 **객원교수** Ausserordentlicher Professor 직을 받았지만, 그의 전기작가 중 한 명이 썼듯 그것은 "학계에서 어떤 역할도 할 수 없는 순전히 명예직이었고, 이방인이라는 낙인을 전혀 지워주지 못했다."[8]

지멜에게 불리하게 작용한 한 가지는 유대인 출신이라는 점이었다. 게다가 그의 대중적 매력이 많은 학자의 화를 돋웠다. 하이델베르크대학교가 지멜을 교수로 임용할지 검토할 때 평가를 맡은 어느 유명한 역사학자는 편지에 이렇게 썼다. "어쨌거나 외모로 보나, 태도로 보나, 사고방식으로 보나, 그는 골수 이스라엘인이다. 그는 기발한 언변으로 말에 묘미를 더한다. 그리고 그가 끌어모으는 청중은 그 말에 휩쓸린다. 청중도 상당수는 여성이다. 학기마다 동에서 서까지 각국에서 몰려와 강의실을 가득 채우는 사람들도 (마찬가지다)." 결론적으로 "지멜이 드러내는 세계관과 삶에 대한 철학은…… 우리 독일 정통 기독교 교육관과는 명백히 다르다고밖에 할 수 없다."[9]

지멜은 그 자리를 얻지 못했다. 그러나 같은 해, 그는 나중에 가장 영향력 있는 저서가 될 짧은 글 한 편을 출간했다. 현재 전 세계 대학 강의계획서에 들어가며 사회과학자들에게 꾸준히 영감을 주는 논문 「이방인 The Stranger」[10]이다.

이방인이란 어떤 집단 **안에** 있지만 집단에 **속하지** 않는 사람을 가리킨다. 지멜에게 이방인의 원형은 같은 지역에 살고 있으면서도 내부인과는 구분당하던 중세 유럽의 유대인 상인들이었다. 집단을 이해할 만큼 가까우면서도 외부자의 관점을 가질 만큼 떨어진 사람들이다.

지멜은 이방인의 힘이 그들의 객관성에 있다고 주장했다.

> [이방인]은 특정한 주민 자격이나 집단 내 당파성 같은 기반에 얽매이지 않는다…… [그리고] 정보 인식, 이해, 평가에 편견을 드리울 만한 유대관계에 좌우되지 않는다…… 그는 편견 없이 상황을 관찰하고, 보다 일반적이고 객관적인 기준을 벗어나 평가하며, 관습이나 신앙, 선례에 얽매여 행동하지 않는다.[11]

그리고 이런 이유로 이방인은 진실을 드러내는 데 도움을 준다. 지멜은 중세 "이탈리아 도시들이 토박이가 아닌 사람은 가문의 이해관계에 얽매이지 않는다는 이유로 판사를 외부에서 데려오던"[12] 관행을 대표적인 사례로 들었다. 공정한 중재자로서 봉사하도록 최고 행정관을 다른 도시에서 데려오던 **포데스타**podestà라는 제도다. 이 직책은 지역 사정에 너무 얽매이지 않도록 임기가 짧은 편이었다. 그럼에도 포데스타가 재임 중 갖는 권력은 막강했다. 볼로냐의 연대기 작가인 레안드로 알베르티Leandro Alberti는 "다툼과 논쟁이 자주 발생하는 것을 본 시민들은 국외 출신 최고 행정관직을 창설해 형사든 민사든 도시 전반을 아우르는 권력과 지휘권, 사법권 모두를 그에게 부여하기 시작했다"[13]고 설명한

다. 모든 권력을 이방인에게!

이방인이 가진 능력은 이 책에서 이미 살펴보았다. 형기를 손수 계산한 매슈 미란테는 워싱턴주 DOC의 문제를 드러냈다. 해커 크리스 발라섹과 찰리 밀러는 크라이슬러의 기술자도 아닌데 지프의 심각한 결함을 찾아냈다. 미시간주 플린트시에 사는 리앤 월터스는 공공보건 공무원들이 그렇게 애써 회피하려던 납 사태에 이목을 집중시켰다. 그리고 2001년에는 베타니 맥린 기자와 공매자 짐 차노스라는 두 이방인이 엔론의 사기를 폭로할 수 있는 질문을 던질 정도로 상황을 충분히 파악했다.

이방인이 세상을 완벽하고 편견 없는 시각으로 바라본다는 말이 아니다. 그보다는 지멜이 관찰했듯 그들이 처한 상황이 문제를 내부인과는 **다르게** 바라보게 한다. 실제로 한 사람이 내부인일 때와 외부인일 때 사안에 대한 시각은 달라질 수 있다. 내부에서는 자연스럽게 보이던 일도 나가서 보면 이상하거나 끔찍할 수 있다. 1970년대 초 포드사에서 자동차 리콜을 담당했던 데니 조이아Denny Gioia의 사례[14]를 보자. 당시 잘나가던 모델 포드 핀토Ford Pinto에 결함이 있다는 증거가 점점 늘어났다. 차체 뒷부분이 부딪히면, 비교적 속도가 느릴 때조차도 가스통에 균열이 생겨 불꽃이 붙었다. 그러나 조이아와 그의 팀은 리콜하지 않기로 했다. 현재 경영학 교수인 조이아는 이렇게 말한다. "진행 중이거나 이후 진행할 수많은 리콜 건을 계속 추적해야 하는 작업의 엄청난 복잡도와 속도를 관리하기가 쉽지 않았어요. 나는 동료 중

누군가가 꼭 들어맞게 비유한 것처럼 자신을 소방수라고 생각했
죠. '이 사무실에서는 모든 게 위기야. 큰불은 잡고, 작은 불씨에
는 침을 뱉는 정도밖에 시간이 없어.' 이런 기준에 맞춰보면 핀토
의 문제는 확실히 작은 불씨였습니다."[15]

그러나 내부인으로서 조이아와 외부인으로서의 조이아는 이
리콜 결정을 아주 다르게 바라보았다. 그가 말했듯 "포드에 들어
가기 전이라면 나는 포드가 리콜을 하는 게 윤리적 의무라고 강
하게 주장했을 것입니다. 포드를 떠난 지금의 나 역시 포드가 리
콜해야 할 윤리적 의무를 갖고 있었다고 주장하고, 그렇게 가르
치고 있죠. 하지만 **그 안에 있을 때 나는** 리콜할 의무를 강하게 느
끼지 않았어요."[16]

그러나 외부자가 유용한 시각을 제공하더라도 내부자가 그 통
찰을 무시하거나 때로는 맞서 싸우기까지 한다는 데 문제가 있
다. DOC 관리자들은 미란테의 발견을 하찮게 여겼다. 크라이슬
러 고위급들은 《와이어드》가 기사를 터뜨려 강제로 리콜을 시행
해야 하는 상황이 올 때까지 발라섹과 밀러가 발견한 문제를 바
로잡는 데 그다지 관심을 보이지 않았다. 플린트시 공무원들은
리앤 월터스가 어느 집요한 대학교수를 자기편으로 만들어 문제
의 심각성을 드러내기 전까지 그녀를 거짓말쟁이로 몰았다. 그
리고 엔론 경영진은 결국 회사가 파산하기 직전까지 온갖 방법
을 동원해 차노스와 맥린의 평판을 떨어뜨리려 했다.

시스템이 더 복잡해지고 더 긴밀히 결합할수록 내부인은 중요

9장 | 낯선 세계의 낯선 사람들

한 것을 놓치기가 더 쉽다. 그러나 지멜이 설명한 객관성을 잃지 않은 외부인들은 우리 시스템에 어떤 문제가 벌어질 수 있을지를 알려준다.

3. 배타성을 키우는 우물 안 개구리

밥 러츠Bob Lutz는 모든 게 다 마땅찮았다.[17] 러츠는 GM 부사장으로서 자사의 신제품 개발을 감독했다. 오랜 기간 동안 자동차 업계 경영진으로 신차 설계에 몰두해온 그는 GM이 내놓은 혁신적인 전기차 셰보레 볼트Chevy Volt 생산에 일조했다. 그러나 그가 지켜보는 가운데 GM 기술자들은 클린 디젤엔진clean-running diesel engines이라는 또 다른 환경친화적인 기술을 개발하느라 쩔쩔매고 있었다.

러츠는 디젤엔진에 회사의 미래가 달렸다고 믿었다. 유럽에서 폭넓게 사용하는 디젤엔진은 기존 가솔린자동차보다 에너지 밀도가 더 높은 연료를 사용해 연비를 거의 30퍼센트나 높일 수 있었다. "동료들과 일부 디젤자동차를 두고 끊임없이 논쟁을 벌였어요"라고 러츠는 말했다. "제 말은, 우리는 유럽 배출 기준을 만족시키고 있고, 세계 최대 디젤엔진 제조사 중 하나라는 거예요. 미국에 디젤자동차를 공급하지 못할 이유가 대체 뭐냐고요?"[18]

그러나 디젤엔진을 만드는 것은 까다로운 기술이다. 가솔린엔진은 연료를 가능한 한 완전히 연소시켜 해로운 부산물을 최소화하는 비율인 연료 대 공기 혼합 비율이 '이상적인' 수준에 다다르도록 작동한다. 그러나 디젤엔진은 그렇지 않다. 이상적인 비율에 미치지 못하기 때문에 해로운 부산물을 억제할 다른 수단을 써야 한다. 제조사는 부산물을 파괴할 다른 화학물질을 사용하거나, 해로운 입자를 걸러내거나, 단순히 더 많은 연료를 소모하는 등 다양한 방법으로 이 문제를 처리한다. 그러나 이로 인해 디젤자동차에는 값비싼 부품이 추가되고 동력과 효율성 또한 떨어진다.

유럽은 연료비가 비싸다 보니 디젤엔진이 인기가 좋았고, 소비자에게 디젤자동차의 효율성은 곧 절약을 뜻했다. 그리고 유럽의 배출 기준은 해로운 부산물을 줄이는 것보다 연비에 더 초점을 맞추고 있어 제조사가 부산물 발생을 벌충하기 위해 성능이나 가격에 더 신경 쓸 필요가 없었다. 오염물질을 더 많이 배출하면 그만이었다.

그러나 제조사들은 미국, 특히 캘리포니아의 강력한 배출 기준을 준수하면서도 효율적이고 저렴한 디젤자동차를 생산하는 데는 애를 먹었다. 단 하나 예외가 있었는데, 그건 폭스바겐이었다. 클린 디젤기술은 폭스바겐을 세계 최대 자동차 제조사로 만든 일등공신이었다. 러츠는 기술자들을 계속 몰아붙였다. "대체 뭐가 문제죠? 폭스바겐은 한 것 같던데. **그 사람들은 뭐 마술사라도 돼요?**"[19]

GM 기술자들은 문제를 파고들었다. 자동차용 러닝머신 격인 검력기dynamometer로 검사해보면 폭스바겐의 디젤자동차는 미국의 모든 배출 기준을 통과했다. 그러나 그들은 러츠에게 이렇게 말했다. "어떻게 그게 가능한지 전혀 모르겠어요. 같은 제조사에서 만든 똑같은 부품을 써봐도…… 엔진도 우리랑 거의 비슷한데요. 어째서 그 자동차들은 기준을 통과하고 우리 차는 안 되는지 알 수가 없네요."[20]

GM은 2008년 생산을 시작한 경차 셰보레 크루즈Chevy Cruze에 디젤엔진을 썼다. 그러나 캘리포니아 기준을 맞추려다 보니 크루즈에 값비싼 배기가스 저감기술이 들어가야 했다. 러츠는 이렇게 말한다. "출시할 때 엄청난 손해를 보고 팔아야 했어요…… 비용, 성능, 심지어 연료 경제성까지 많은 측면에서 희생을 치르다 보면 결국에는 이렇게 자문하게 돼요. 이게 이럴 만한 가치가 있나?"[21]

러츠의 팀은 알지 못하던 무엇을 폭스바겐 기술자들은 알고 있었을까?

그 해답의 첫머리를 알아낸 사람은 댄 카더Dan Carder다.[22] 웨스트버지니아대학교 연료엔진배출대안센터Center for Alternative Fuels, Engines, and Emissions 대표인 카더는 뼛속 깊이 엔진에 매달렸던 사람이다. 그는 대학 졸업 전부터 센터에서 엔진 시험 연구소 설립을 도왔다. 석사 논문으로 디젤엔진의 입자 배출에 관해 쓴 그는 곧바로 새로운 배출 검사법 개발에 착수했다.

1990년대 말, 미국 정부는 중장비 디젤엔진 제조사들이 배출량을 속이고 있다는 사실을 밝혀냈다. 그들은 엔진 프로그램을 조작해 실험실에서는 실제 장거리를 주행할 때와 다르게 작동하도록 했다. 제조사들은 벌금으로 거액을 물었고 실험실에서뿐만 아니라 도로에서도 엔진 검사를 시행하는 데 동의해야 했다.

카더는 그쪽으로 연구 방향을 잡았다. 그는 동료들과 함께 트럭에 연결해 실제 주행 시 배출량을 측정할 수 있는 휴대 장치를 설계했다. 트럭 소유주에게 동의를 얻은 카더는, 배출되는 가스와 입자를 측정하는 복잡한 센서로 가득한 시험 장비를 연결하러 몇 시간 후 선적장에 갈 참이었다. 다음 날 아침 동이 트기 전에 그는 운전사와 만나 함께 하루를 보내며 측정을 하고 장비의 오류를 개선할 예정이었다. 만약 필요한 자료를 얻지 못하면 다음 날 다시 가서 전 과정을 반복하려 했다.

환경조사기관인 국제청정교통위원회 International Council on Clean Transportation가 도로 위 통행 차량을 조사하는 방안을 제시하자, 카더 팀은 그 기회를 덥석 잡았다. 연구자들은 센터가 오래전부터 써온 이동식 실험실이 있는 남부 캘리포니아로 향했다. 덤으로 연구에 참여한 대학원생들은 웨스트버지니아주의 겨울을 벗어날 수 있었다. 로스앤젤레스에서 그들은 폭스바겐 제타Volkswagen Jetta, 폭스바겐 파사트Volkswagen Passat, 베엠베BMW 등 세 가지 디젤 자동차를 조사했다. 제일 먼저 환경보호국 표준절차에 따라 이전 소유자가 개조한 적 없는 일반적인 차량인지를 확인했다. 실

9장 | 낯선 세계의 낯선 사람들

험실에서 시험을 해보니 모든 게 정상으로 나타났다. 이제 도로 위를 주행하는 동안 자동차가 배출하는 가스와 입자를 측정할 차례였다.

만약 근사한 컴퓨터 모니터가 장착된 서류 가방 같은 검사 장비를 상상했다면 다시 생각해봐야 할 것이다. 운전 중 배기관을 분석하기 위해 연구자들은 트럭에서 쏟아져 나온 검사 장비를 자동차에 밀어 넣고 배기관과 연결했다. 자동차 자체 전력 시스템에 부하를 일으키지 않도록 발전기도 별도로 설치해야 했다. 한번은 자동차 뒤쪽으로 튀어나온 온갖 장비를 의심스럽게 여긴 경찰이 그들을 불러 세우기도 했다.

"실험적인 장비였어요"라고 카더는 우리에게 말했다. 자동차 진동을 감당할 수 있도록 설계하지 않은 탓에 전선과 관은 망가지고, 발전기는 고장 났다. "고치고, 조정하고, 부속을 만들고, 해결책을 찾아내야 했죠."[23]

그렇게 수집한 자료는 자동차가 얼마나 효율적인지, 그리고 NOx(Nitrogen oxides, 질소산화물) 같은 오염물질이 얼마나 많이 배출되는지를 보여주었다. NOx는 스모그와 산성비를 초래하고, 폐 조직을 망가뜨리고, 호흡기 질환을 유발한다.

베엠베의 배출량은 연구자들의 예상과 맞아떨어졌다. 그러나 폭스바겐 자동차들은 달랐다. 연구실에서 검사했을 때 폭스바겐 차량에서 나온 배기가스는 청정했다. 그러나 도로 위에서는 NOx 수치가 허용치의 **다섯 배에서 35배까지**[24] 더 많이 배출되었다.

NOx 수치가 지나치게 높았지만 현대 엔진은 불투명한 시스템이고, 규제 당국은 때로 제조사가 엔진 손상을 막기 위해 배출 한도를 초과하는 것을 허용하기도 한다. 카더가 아는 한에서는 검사한 차량에 기술적 문제가 있거나, 폭스바겐이 특정한 조건에서 배출 한도 초과를 허용받는 면책권을 갖고 있거나 해야 했다. 문제를 풀어보려 애썼지만 진전은 없었다. 그 이상한 결과의 원인을 알고 싶긴 했지만 연구를 계속 진행해나가야 했다. "우리 연구 프로그램에 쓸 돈밖에 없었거든요"라고 그는 우리에게 말했다. "관심이 있든 없든, 검사를 더 해보고 싶든 아니든, 결국 돈이 드는 문제니까 일단 하던 연구를 계속 진행했죠."[25]

카더 팀에게 폭스바겐의 NOx 초과 배출은 흥미롭긴 해도 경천동지할 일은 아니었다. 겨우 자동차 세 대 조사한 걸 가지고 지나치게 일반화하고 싶지도 않았다. 그들은 보고서 결론에 아래와 같은 건조한 주석을 덧붙였다.

> 이번 측정작업의 일환으로 검사한 차량은 후처리 기술이나 제조사가 각기 다른 세 대에 불과하며, 이 보고서에 담긴 결론은 그 세 대의 차량만 측정한 정보를 바탕으로 함을 알려둔다. 한정된 정보 집합data set으로부터 반드시 특정 자동차 종류나 후처리 기술을 일반화해 결론을 제시할 수 있는 건 아니다.[26]

이토록 조심스럽게 결론을 내렸는데도 이 연구 결과는 기업 역사상 가장 커다란 추문을 일으켰다.

알베르토 아얄라Alberto Ayala는 이 발견이 뜻하는 바를 제일 먼저 이해한 사람이다.[27] 아얄라는 강력한 환경규제기관인 CARB(California Air Resource Board, 캘리포니아 대기 자원위원회)의 일원이었다. 배출량 검사 분야가 워낙 협소하고 활동 범위가 겹치다 보니 아얄라는 웨스트버지니아 연구자들이 검사에 착수하자 CARB 연구실에 있는 장비로 자동차 성능을 측정할 수 있도록 출입을 허가해주었다. 연구 과정을 지켜보던 그는 해당 차량이 실험실보다 도로 위에서 오염물질을 훨씬 더 많이 배출한다는 게 확실해지자 위원회가 그 문제를 검토해야 한다고 판단했다.

규제 담당자로서 아얄라는 대단히 유리한 입장이었다. 그는 동료들과 실험실에서 여러 가지 검사를 한 뒤, 폭스바겐 기술자들에게 그 결과를 해명하라고 요구할 수 있었다. 이 이상치를 설명해줄 배출량 면책권을 폭스바겐이 가졌는지 여부도 그들은 알고 있었다.

실험실에서 자동차는 바퀴가 움직인다 해도 기본적으로 러닝머신 위를 달리는 상태로 검사를 받고, 검사자들은 대개 운전자가 핸들을 돌릴 때 무슨 일이 벌어지는지 살펴보지 않는다. 그러나 CARB의 기술자들은 그걸 살펴봤고, 아주 이상한 점을 발견했다. 핸들을 돌리자 배출량이 치솟았다. 차 옆에 서서 앞뒤로 흔들었을 때도 마찬가지 현상이 나타났다. 엔진이 작동하고 바퀴가 돌아가도 핸들과 차체가 움직이지는 않는 일반적인 검사 조건에서는 배출량이 기준치에 맞았다. 그러나 **실제 주행**과 흡사한 조건에서 자동차 프로그램 모드가 바뀌면서 엔진 성능이 나아지는 대신 배출량이 치솟았다.

천천히, 체계적으로 아얄라와 동료들은 다른 가설을 제거해나갔다. "1년 반이 더 걸렸어요…… 도로주행 검사뿐만이 아니었어요. 무수한 조사를 거쳐 실제로 무슨 일이 벌어졌고, 왜 벌어졌고, 어떻게 벌어졌는지 진상을 밝혀낼 수 있었죠."28

아얄라 팀은 폭스바겐 책임자들에게 배출량 제한을 우회하기 위해 규제 분야 용어로 '임의조작 장치 defeat device'를 설치한 사실을 인정하라고 요구했다. 이것이 바로 GM 기술자들이 알아내지 못한 마지막 퍼즐 조각이었다. 도로 위를 달리는 폭스바겐 자동차는 러닝머신 위에서와는 달랐다. 러츠가 본 '마술'은 공학의 진보가 아니었다. 폭스바겐은 속임수를 썼을 뿐이었다. 그들이 만든 디젤엔진은 효율은 높지만 해로운 부산물도 더 많이 배출했다. 그리고 그 부산물을 덜어주는 설비를 장착하지 않음으로써 차 한 대당 300유로 정도의 비용을 절감했다.29

'장치'라는 단어는 엔진에 장착한 기계적 부품을 떠올리게 한다. 그러나 폭스바겐 차량의 후드를 열어봐도 눈에 띄거나 손으로 만질 수 있는 장치 같은 건 없다. 폭스바겐이 설치한 장치는 전부 컴퓨터 프로그램이었다. 그리고 그 프로그램 자체와 복잡한 내부 소스 코드 역시 보이지 않게 숨겨져 있었다. 폭스바겐은 규제 당국이 직접적인 도로주행시험보다는 실험실에서 진행하는 간접적인 관찰에 의존한다는 사실을 알고 있었다. 그 시스템은 복잡도의 모든 요소를 갖추고 있었다. 복잡한 내부기능을 장착하고, 그 안에서 무슨 일이 벌어지는지는 간접적인 측정으로만 알 수 있는 블랙박스였다.

몇 년 전 엔론과 흡사하게 폭스바겐은 복잡도를 속임수에 활용했다. 그리고 외부인이 참견하지 않았다면 그냥 그대로 빠져나갔을 거라는 점도 마찬가지였다.

폭스바겐이 추문에 휩싸인 건 낯선 일이 아니었다.[30] 1993년, 저돌적인 폭스바겐 CEO 페르디난트 피에히 Ferdinand Piëch는 GM의 유능한 경영진이던 호세 로페스 Jose Lopez를 빼내 갔다. 로페스는 GM에 있으면서 수십억대의 비용을 절감하는 성과를 보였다. 피에히는 로페스가 폭스바겐에서도 같은 일을 해주리라 믿었다. 그러나 GM은 로페스가 다른 경영진 세 명과 함께 회사를 떠나자, 그가 기밀 서류 70상자를 훔쳐 갔다고 고발했다. 그 때문에 벌어진 법률 분쟁이 수년간 이어졌고, 폭스바겐 임원들은 언론 보도를 차단했다. 결국 폭스바겐은 민사소송에서 합의금 1억 달러에 GM 부품 10억 달러 상당을 구매하는 조건으로 합의했다. 피에히 회장은 그렇게 이 사건에 관한 논란은 무마할 수 있었다.

2000년대 중반에 또 한 번 추문이 터졌다.[31] 《가디언 Guardian》 1면에 '뇌물, 성매매, 공짜 비아그라: 폭스바겐 재판이 독일을 들끓게 하다'라는 제목의 기사가 실린 것이다. 그 기사는 마치 기업 부정행위를 풍자한 글 같았다. 폭스바겐 경영진은 '고급 매춘부를 사고, 노동조합 간부의 정부에게 돈을 대려고 기업 비자금을 조성했고, 정기적으로 성매매 업소에 가고, 부인들에게 현금을 건넸을 뿐 아니라, 비아그라를 무료로 제공'했다. 게다가 사내의 영향력 있는 노동자 협의체 대표에게 200만 유로에 달하는 보너스를 불법 지급하기도 했다.[32]

당시 폭스바겐 사태를 취재했던 《파이낸셜타임스》의 리처드 밀른Richard Milne은 배출량 사기 사건을 취재하러 다시 독일 볼프스부르크를 찾았다. "폭스바겐 내부 사람들은 사내 문화와 권력 구조 때문에 추문이 또 터질 거라 예상하고 있었어요"라고 밀른이 우리에게 말했다. "하지만 그게 기술 쪽 문제일 거라 생각한 사람은 아무도 없을 겁니다. 폭스바겐이 공학적 업적으로 쌓아올린 실질적 지위가 있기 때문에 다들 그런 생각은 못 했던 거예요. 또 다른 뇌물 사건을 예상하고 있었을 거라고 봐요."[33]

예상과 달리 회사는 배출량 사기를 저질렀다. GM의 밥 러츠는 어떻게 그런 일이 벌어질 수 있었는지 알고 있다. 언젠가 폭스바겐이 개최한 폭스바겐 골프Volkswagen Golf 신모델 출시 행사에서 그는 피에히 옆자리에 앉았다. 러츠는 골프 차체의 부품 간격, 이를테면 문과 몸체 사이의 좁은 틈 같은 곳을 섬세하게 붙여둔 점에 감탄했다. 그는 피에히에게 존경의 뜻을 표했다.[34]

러츠: 저희가 [간격 설계를] 크라이슬러만큼 할 수 있으면 좋겠는

9장 | 낯선 세계의 낯선 사람들

데요.

피에히: 방법을 알려주지요. 내가 한번은 몸체 기술자, 도장 담당자, 조립 담당자, 경영진 전부 다 회의실에 불러 모았어요. 그리고 이렇게 말했지요. "이 후진 차체를 더는 못 봐주겠네. 6주 시간을 줄 테니까 세계 최고의 차체를 만들어와. 당신들 이름 전부 확인해 놓았으니 만약 6주 안에 차체를 제대로 못 만들면 전부 다 갈아치울 거야. 그럼 이만 해산합시다."

러츠: 그게 다예요?

피에히: 그래요. 그게 먹혔어요.

그러나 폭스바겐의 문제는 권위적인 문화뿐만이 아니었다. 어느 기업 지배 구조 전문가가 논평했듯이 "폭스바겐은 배타적이고, 내부 사정에만 관심이 있고, 내분으로 홍역을 치르거나 하는 유난히 형편없는 이사회 구성으로도 유명하다."[35] 인원이 20명인 감사회에서 10명은 폭스바겐 노동자에게 할당하고, 나머지는 고위 경영진과 회사의 주요 이해관계자들이 나눠 갖는다. 피에히와 전직 유치원 교사인 그의 아내 둘 다 이사회에 참가했다. **이방인은 아무도 없었다.**[36]

이런 배타성은 이사회에만 국한된 것이 아니다. 밀른이 썼듯 "폭스바겐은 외부인에게 적대적인 문화로도 악명이 높다. 리더들은 거의 우물 안 개구리다." 그리고 그런 리더는 독특한 배경에서 자라난다. 폭스바겐 본부가 있는 볼프스부르크는 완전히 기업 마을이다. "믿을 수 없을 만큼 이상한 동네다. 이 동네는 80년 전에는 존재하지도 않았다. 하노버와 베를린 사이 황량한 평야에 자리 잡고 있는데도 폭스바겐 덕에 독일에서 가장 부유한 동네가 되었다. 사방에 폭스바겐이 스며들어 있다. 전용 정육점이 있고 놀이공원이 있어서 어디서든 폭스바겐을 벗어날 수 없다. 그리고 모두 이 시스템 안에서 성장한다."[37]

댄 카더를 만나고 난 뒤 몇 달이 지나도록 그와 나눈 대화가 머릿속을 맴돌았다. 폭스바겐 배출량 문제를 계속 파고들기를 원하냐고 물었을 때 그는 이렇게 답했다. "제가 뭘 원하는지는 중요하지 않아요." 카더의 연구실은 만성 적자 상태다. 폭스바겐 도로주행 검사는 극도로 복잡하고 비용이 많이 들어서 카더는 외부에서 수만 달러 기금을 확보해야 하는 처지가 되었다. 그의 팀은 폭스바겐이 영향을 미치는 곳에서 주겠다는 수십억 달러 기금에는 단 한 푼도 손대지 않을 작정이다. 2016년, 카더는 《타임》이 선정한 가장 영향력 있는 100인으로 선정되었지만, 여전히 연구비와 장비 구매비, 연구원 급여를 모으느라 안간힘을 쓰고 있다.[38]

한심한 일이다. 카더 같은 사람이 원하고 생각하는 것은 **중요하게 다뤄야 할 문제**기 때문이다. 내부인들은 볼 수 없고 보려고 하지도 않는 것을 알아보는 이런 사람들은 복잡한 시스템을 이해하는 데 도움을 준다. 그리고 불편한 질문을 던져 시스템을 안전하고 정직하게 지켜낸다. 찰스 페로가 썼듯, "사회는 조직을 봉쇄해서는 안 된다."[39] 반대로 시스템을 열어 외부인을 들이고, 그들이 하는 말에 귀를 기울여야 한다.

4. 일탈의 정상화가 일으킨 챌린저호의 재앙

1989년 1월 어느 차가운 아침, 우주탐사선 '챌린저호'가 발사 직후 폭발했다.[40] 많은 사람이 알고 있는 이야기다. 우주선을 궤도로 진입시킬 고체 로켓 부스터의 연결 부위를 봉합하는 오링 O-ring*이 추위 때문에 제 구실을 못 해 사고가 났다. 기술자들은 낮은 기온이 오링에 영향을 줄 거라는 걸 알고 있었지만, 전날 밤 치열하게 전화 회의를 벌인 끝에 어쨌든 발사하기로 했다.

나사 관리자들이 일정 및 제조상 압박 때문에 발사를 종용한 탓이라고들 했다. 그러나 챌린저호 사고를 조사한 사회학자 다이앤 본 Diane Vaughan은 **일탈의 정상화** normalization of deviance라고 이름 붙인 더 섬세한 해석을 내놓았다.[41] 나사가 수년 동안 우주선 사업의 복잡도와 씨름하는 동안 허용할 만한 위험에 관한 정의가 조용히, 조금씩 바뀌었다. 발사할 때마다 한때는 예상 밖이었던 문제들을 점차 예상 가능한 문제로 취급하다가 결국은 수용했다.

---

*   알파벳 O자와 같이 동그란 고리를 가리킨다.

관리자와 기술자 들은 시스템 중 특정 부분에서 위험이 드러나도 그 문제를 해결하지 않은 채 비행할 수 있다는 확인 각서를 자주 제출했는데, 고체 로켓 부스터 연결 부위에 관해서도 마찬가지였다.

본이 살펴본 결과 "매번 초기에는 기대성능에서 벗어났다고 설명하던 현상을 허용 가능한 범위 내의 위험으로 재해석했다."[42] 이런 전환은 기술자와 관리자 들이 "무언가 문제가 **있다**는 증거를 계속 발견하더라도 아무 일 없는 듯 진행해나갈 수 있게"[43] 해주었다. 이전에는 일탈이던 것이 정상으로 바뀌었다.

챌린저호 발사로부터 9년 전, 고체 로켓 부스터를 설계하고 제작한 항공우주산업회사 모턴티오콜Morton Thiokol 소속 기술자들은 연결 부위를 재설계하라고 권고했다. 그 연결 부위는 14층 높이의 부스터를 발사대까지 통째로 옮기기에는 너무 길어서 설계한 것이었다. 그러나 재설계 과정이 너무 오래 걸리고 예산에도 한계도 있다 보니, 기술자들은 그 사이에 다양한 고정장치를 추가해봤고, 결과적으로 1, 2차 오링이 각 연결 부위를 이중으로 보호해준다는 사실에 안주했다.

재앙이 닥치기 9개월 전, 다른 챌린저호 발사 시에 오링 부식 현상이 발생했다. 그 발사에서도 이후 사고가 난 곳과 비슷한 부스터 연결 부위의 1, 2차 오링이 모두 심각하게 손상되었다. 모턴티오콜 기술자 로저 보졸리Roger Boisjoly는 이 문제를 알리기 위해 상사에게 메모를 써서 남겼다. "[그 메모 내용을] 잘못 받아들

9장 | 낯선 세계의 낯선 사람들

인 상태에서 연결 부위 문제에 대해서 내놓은 입장은 우선, 실패를 감안하고 비행한 뒤 단계적으로 설계를 수정한다는 것이었다"[44]고 그는 썼다. "이제는 입장이 급격히 바뀌었다. 만약 예상한 것과 같은 일이 실제로 발생한다면…… 그 결과는 최악의 재앙이 될 것이다."

모턴티오콜 기술자만이 아니라 나사 내부에서도 우려를 표한 사람이 있었다. 재앙이 발생하기 전해에 리처드 쿡Richard Cook이라는 직원이 오링 문제에 중점을 두고 쓴 보고서를 제출했다. "그동안 봉합 부위가 망가질 가능성 때문에 비행 안전이 위협받았고, 지금도 여전하다는 점에 우려하는 목소리가 별로 없는데, 발사 도중 실제로 그 부위가 망가지면 끔찍한 재앙이 일어날 게 틀림없다."[45]

그는 나사에서 일하고 있으면서도 외부인의 시선을 가진 사람이었다. 조직에 들어온 지 몇 달밖에 되지 않았고, 심지어 기술자도 아니었다. 그는 예산 분석가였다. 그래서 나사 기술자들은 그와 대화할 때 그가 내놓는 의견에 방어적이거나 공격적인 태도를 보이지 않고 자신이 염려하는 문제나 판단에 관해 자유롭게 이야기했다. 그는 경쟁자라기보다는 친구 같은 존재였다. 지멜이 유명한 논문에 썼듯 이방인은 "매우 놀랄 만큼 솔직한 태도를 마주할 때가 많다. 마치 고해성사인 양, 더 밀접한 관계에서는 조심하며 삼갈 만한 이야기도 털어놓을 수 있는 친구가 되는 것이다."[46]

쿡은 이런 우려스러운 고해를 보고서에 담았다. 그러나 보졸리와 모턴티오콜 기술자들이 내놓았던 것처럼 그 경고는 무시됐다.

1986년 1월 28일, 챌린저호가 발사되었다. 거의 즉시, 오른쪽 부스터의 맨 아래쪽 연결 부위를 봉합한 오링이 망가졌다. 불꽃이 튀어 우주선의 외부 연료탱크를 뚫었다. 산소와 수소가 새기 시작했다. 이륙 73초밖에 지나지 않아 외부 연료탱크가 폭발했고, 지구로부터 10마일 정도 벗어난 지점에서 챌린저호는 화염에 휩싸였다.

'챌린저호' 사고가 난 지 17년 후, 역사는 되풀이됐다. '컬럼비아호'가 발사된 후 몇 분 만에 연료탱크 단열재가 부서져 왼쪽 날개에 부딪혔고, 방열 타일에 구멍을 냈다. 이후 발사 과정은 순조로웠지만, 컬럼비아호가 지구 대기권에 재진입하자 뜨거운 가스가 날개를 뚫고 침투해 우주선은 수천 조각으로 부서졌다.[47]

문제가 된 세부기술은 다르지만 두 사건의 배경이 된 요인은 무서울 정도로 비슷했다. 컬럼비아호 사고가 나기 아주 오래전부터 나사는 그 단열재가 부서질 수 있다는 걸 알고 있었다. 실제로 앞서 몇 년 동안 단열재 조각이 계속 우주선에 부딪혔고, 그래서 발사 때마다 방열 타일을 교체해야 했다. 그러나 나사 관리자들은 이것을 일상적인 관리 문제라고 보아 크게 위험을 느끼지 못했다. 일탈의 정상화가 또다시 발생했다.[48]

컬럼비아호 사고 후, 나사는 뭔가 바뀌어야 한다는 것을 깨달았다. 단열재가 부스러지는 증상 하나만 들여다봐서는 충분치 않다는 것 또한 명백했다. 상당수가 조직적 문제였고, 사고조사 위원회 위원장이 말했듯 "이런 조직적 문제가 단열재만큼이나 중요하다는 점을 확신하게 되었다."[49]

나사는 내부 연구센터에 일탈의 정상화를 막을 방안을 마련하라고 지시했다. 그러자 나사 최고의 무인 우주탐사 팀인 JPL(Jet Propulsion Laboratory, 제트추진연구소) 관리자들이 이방인의 힘을 활용할 방법을 찾아냈다.[50] 중세 이탈리아 도시들이 판사를 외부에서 데리고 왔던 것처럼 JPL도 편견과 복잡한 관계를 걷어내고자 했다. 그러나 JPL 관리자들은 외부 자문단이나 감사단을 두는 식으로 일을 처리하지 않았다. 대신 그들은 조직 **내부의** 이방인으로부터 배우고자 했다.

JPL은 세계에서 가장 복잡한 공학 작업을 수행하는 곳이다. 조직의 사명은 '놀라운 일에 도전하라Dare Mighty Things'인데, 좀 더 비공식적인 표현으로는 '불가능하지 않은 일이라면, 우리는 관심을 두지 않는다'라고도 한다.

수년에 걸쳐 JPL 기술자들은 실패의 경험을 공유해왔다.[51] 예를 들어, 1999년에는 화성으로 향하는 우주선 두 대를 잃었다. 둘 중 한 대인 마스 폴라 랜더Mars Polar Lander는 탑재한 프로그램에 문제가 생겨서였고, 다른 한 대는 계산식에 영문을 쓸지 숫자를 쓸지 혼란이 생겨서였다.

이런 실패를 겪은 후 JPL 관리자들은 사업 위험 관리에 이방인의 도움을 받기 시작했다. 그들은 JPL이나 나사, 혹은 이 두 기관의 계약업체에서 일하고 있지만 평가할 사업과 무관하고 내부인과 같은 시각에 얽매이지 않는 과학자 및 기술자를 모아 위험평가위원회를 꾸렸다.

그러나 JPL의 리더들은 여기서 그치지 않았다. JPL이 추진하는 모든 사업에는 빠듯한 예산과 빡빡한 일정 속에서도 획기적인 과학기술 개발에 책임을 지는 프로젝트 관리자가 있다. 프로젝트 관리자는 위태로운 선을 타야 한다. 압박을 받다 보면 핵심부품을 설계하고 시험할 때 지름길로 들어서려는 유혹에 빠지기 쉽다. 그래서 선임 리더들은 JPL 안팎의 외부인 간부 집단인 ETA(Engineering Technical Authority, 공학기술지휘단)을 창설했다. ETA 기술자는 사업별로 한 명씩 배치되어 프로젝트 관리자가 사업을 위험에 빠트릴 결정을 내리지 않는지 지켜본다.

ETA 기술자와 프로젝트 관리자가 서로 동의하지 않는 문제가 있으면 그들은 ETA 프로그램 운영 책임자인 바라트 추다사마Bharat Chudasama에게 그 문제를 가져간다. 안건을 접수한 추다사마는 기술적 해법을 찾아 중재를 시도한다. 또한 프로젝트 관리자에게 더 많은 예산이나 시간, 인원을 확보해주려 노력한다. 그래도 해법을 찾지 못하면 그는 상사인 JPL 수석기술자에게 안건을 넘긴다. 이 방법은 ETA 기술자들이 우려사항을 기존 위계 구조 바깥에서 단계적으로 제기할 확실한 통로를 보장해준다.

ETA 기술자들은 지멜이 말했던 이방인 개념을 실제로 구현한 사례였다. 그들은 기술을 이해할 만큼 전문성이 있고, 팀을 이해할 만큼 가깝지만, 새로운 관점을 제시해주기 충분할 정도로 떨어져 있다. 조직 내에 몸담고 있어도 독자적인 보고체계를 갖추고 있기 때문에 프로젝트 관리자는 그들의 우려를 내치거나 무시하지 못한다.

이 방법은 로켓 공학에서 나온 게 아니다. 실제로 조직 내에 이방인을 두는 제도는 오래전부터 있었다. 수 세기에 걸쳐 천주교에서는 누구를 성인으로 선포할지 여부를 악마의 대변인Devil's Advocate이란 용어로 잘 알려진 신앙 촉진자promotor of the faith에게 맡겼다.[52] 신앙 촉진자는 반대 이유를 제시해야 할 경우가 아니라면 의사결정과정에 참여하지 않았고, 그렇기에 처음 후보자를 추천한 사람이 가질 만한 편견으로부터 자유로운 이방인일 수 있었다.

현대에 이 방법을 적용한 사례로는 이스라엘군 정보기관인 아만Aman이 설치한 악마의 대변인실Devil's Advocate Office이 있다. 신망받는 장교들로 구성된 이 특수부서는 다른 부서의 분석내용을 비판하고 완전히 다른 관점에서 검토하는 역할을 맡는다. 그들은 최악의 상황이 발생할 가능성을 염두에 두고 방어 전략에 담긴 관점에 의문을 제기한다. 그들이 작성한 보고서는 기관 내부의 명령체계를 우회해 모든 주요 의사 결정자에게 직접 전달된다. '창조성'은 보통 군 정보 분석업무를 묘사할 때 제일 먼저 따라오는 단어가 아니지만, 이 기관의 전임 부서장이 말했듯 "악마의 대변인실은 아만이 정보 분석을 창의적으로 수행하고 집단사고에 매몰되지 않도록 보장해준다."[53]

스포츠 기자인 빌 시먼스Bill Simmons도 스포츠 팀에 이와 비슷한 제안을 했다. "모든 프로 스포츠팀에 일반 부대표Vice President of Common Sense를 고용해야 한다고 점점 더 확신한다"[54]라고 시먼스는 썼다. "이런 식이다. 일반 부대표는 회의에 참석하거나 선수 선발에 참여하지 않고, 영상자료를 보거나 내부 정보 또는 의견을 듣지 않은 채 평범한 팬 입장에서 생활한다. 그러다 중요한 결정을 내릴 상황이 되면 그를 데려와 모든 자료를 보여주고 편견 없는 반응을 기다리는 것이다."

이런 방법에 담긴 기본 원칙은 같다.[55] 이방인의 시각을 가져와 내부인이 놓칠 만한 문제를 찾아낼 수 있도록 구성원 중 일부를 의사결정과정 바깥에 남겨두는 것이다. 그리고 이 작업을 하는 데는 그리 큰 조직이 필요하지도 않다.

몇 년 전 토론토에서 생애 처음으로 작은 아파트를 사려던 젊은 회계사 사샤 로빈슨Sasha Robson의 사례[56]를 생각해보자. 찜통 같은 여름에 5주 동안이나 열심히 집을 보러 다닌 사샤는 온타리오 호수가 내려다보이는 아파트 건물에서 드디어 마음에 드는 부동산을 찾아냈다. 기대에 부푼 그녀는 아이스커피를 들고 시원한 바람을 즐기며 호숫가를 걸어 건물로 다가갔다. 아파트는 조개껍데기와 해변 풍경 사진, 멋들어진 서프보드로 꾸며져 있었다. "바닷물과 코코넛 아이스크림이 있는 해변 주택 같은 정말 편안한 느낌이 들었어요"라고 사샤는 말했다. 무성하게 자란 레몬 나무와 허브로 가득한 상자 텃밭이 놓인 근사한 난간도 있었다. 집을 둘러본 후에 사샤와 부동산 중개인은 공용공간과 야외의 대형 수영장을 살펴보러 건물의 나머지 부분도 돌아보았다. 그러다 수영장 옆 안락의자에서 오후 햇볕을 쬐며 책을 읽는 한 여성을 발견했다. "그 순간, 이 아파트가 바로 내가 원하던 곳이고 앞으로도 평생 함께할 곳이라는 확신이 들었어요." 사샤는 집을 구하느라 지쳐 있었고 주말마다 함께 돌아다녀야 하는 부동산 중개인에게도 미안한 마음이 들기 시작했기 때문에 시기도 적절해 보였다.

그러나 최종 결정을 내리기 전에 그녀는 토론토에서 10년 동안 살다가 막 유럽으로 이주한 친구 크리스티나에게 이메일로 아파트 홍보물을 보냈다. 크리스티나의 반응이 왜곡되지 않도록 사샤는 호숫가 아파트만이 아니라 근방에 있던 다른 집 네 채도 목록에 함께 넣었고, 어느 것을 선호하는지는 덧붙이지 않았다.

몇 시간 후 크리스티나가 보내온 답장은 충격적이었다. 다섯 채의 부동산 중에서 사샤의 마음에 꼭 들었던 아파트를 4위로 꼽은 것이었다. "야외 풀은 보기에는 좋지만, 여기가 토론토라는 걸 잊으면 안 돼"라고 크리스티나는 썼다. "7월 한 달 동안 할 수 있는 일에 1년을 몽땅 걸 수는 없어." 가격에 비해 실내도 너무 좁아 보이고, 주변에 곧 다른 아파트 건물이 들어서서 호수 풍경을 막을지도 모른다고 염려했다.

호숫가가 내려다보이는 건물 대신에 크리스티나가 최고로 꼽은 곳은 실내가 더 넓고 동선이 잘 설계된 시내에 있는 아파트였다. 사샤는 일주일 전에 그 집을 봤지만, 그때는 학생 두 명이 살고 있었고, 실내가 너무 어질러져 있어 자신이 거기서 사는 모습을 상상조차 하지 못했다. 그러나 크리스티나가 보낸 이메일을 받고 보니 그 집을 선택하는 게 장기적으로 옳다는 걸 알 수 있었다. 결국 그녀는 그 집을 샀고 지금도 거기서 살고 있다.

"크리스티나의 이메일을 받았을 때는 괴로웠지만 훌륭한 조언이었어요. 그 덕에 해변의 환상에서 현실로 돌아올 수 있었으니까요"라고 사샤는 말했다. "크리스티나는 집을 보러 함께 다니지 않았고, 제가 그 모든 일에 얼마나 지쳐 있었는지도 몰랐으며, 그 호숫가 아파트가 얼마나 아름다운 모습이었는지도 보지 못했어요. 실제로 수천 마일 먼 곳에 떨어져 있었기 때문에 저로서는 불가능했던, 이방인의 입장에 서서 이토록 냉정하고 합리적인 방식으로 상황을 볼 수 있었던 거죠."

10장 | 놀랐지!

"복도가 있을 줄 알았는데,
벽이 나타났어요."

1. 무조건 도착 증세에 저항하기

스티브 잡스Steve Jobs는 화가 머리끝까지 나서 주위를 서성대며 씩씩거렸다. 전 애플 CEO 마이크 마쿨라Mike Markkula와 함께 컴퓨터 기기 몇 상자를 가지고 이동하려고 전세 낸 작은 비행기 파이퍼 애로Piper Arrow에 탄 그는 먼지 자욱한 카멜밸리공항Carmel Valley Airport을 빨리 떠났으면 했다. 그리고 그는 멋대로 구는 게 몸에 밴 사람이었다.[1]

문제는 20세인 조종사 브라이언 시프Brian Schiff가 두 사람과 그들이 가져가려는 기기의 무게를 측정하려 한 데서 시작됐다. 장비는 많은데 비행기에 실을 수 있는 무게는 한정되어 있었다.

그뿐 아니라 그날은 뜨거운 여름날 오후였다. 고등학교 물리 시간에 공기가 뜨거우면 가벼워진다고 배운 기억이 날 것이다. 열기구가 공중에 떠오르고, 끓는 물에서 증기가 솟아오르는 게 바로 그 때문이다. 이 현상이 비행기에 반대로 작동해 이륙을 방해한다. 날개 위에 있어야 할 공기가 줄어드는 것이다. 그리고 공기가 가벼워지면 산소도 적어져 비행기엔진 효율이 떨어지기 때문에 연료를 충분히 태우지 못한다. 설상가상으로 카멜밸리공항은 활주로가 짧고 삼면이 상승 지형으로 둘러싸여 있어 비행기가 이륙 후 재빨리 날아올라야 했다. 브라이언은 모든 게 불리한 상황이라는 것을 직감했다.

짐을 전부 싣고 요행만 바라는 대신에 브라이언은 운반해야 하는 짐의 무게를 전부 더한 뒤 비행기 성능과 비교해 따져보기로 했다. 모든 조종사가 그렇게 하도록 훈련받지만, 비행할 때마다 그 작업을 수행하지는 않는다.

"이 수치를 빨리 계산해봐야 할 것 같아요"라고 브라이언이 잡스와 마쿨라에게 말했다. "안전하게 비행할 수 있을지 장담할 수가 없네요."

그 순간 잡스가 버럭 화를 냈다. 브라이언은 그날을 이렇게 기억한다.

비행안내서를 들고 날개 위에서 무게와 균형을 계산하던 순간이 지금도 또렷이 생각나요. 뜨겁고 쨍쨍한 날이었고, 땀이 흘러내리

　　　　　　　　　　　　　　　　10장 | 놀랐지!

는 것도 부담스러웠어요. 스티브 잡스는 제가 뭘 보고 있는지 다 알고, 잘되어가는지 아닌지도 다 안다는 듯이 제 어깨너머로 지켜 봤어요. 마치 저를 쿡쿡 찌르면서 "아니, 뭘 생각하고 있어? 무슨 꿍꿍이야? 우리 갈 수 있어? 갈 수 있냐고?"라고 재촉하는 듯했죠. 저는 작고 바싹 말라서 아이처럼 보였고 잡스는…… 아시죠? 위협 적인 존재잖아요. 긴장해서 손이 떨리지 않았다고 하면 거짓말일 거예요.

계산을 끝낸 브라이언은 직관을 확신하게 됐다. 출발할 수는 있지만 너무 위험했다. 안전을 충분히 확보한 채 비행해야 한다 고 배웠는데, 그날은 그게 불가능해 보였다.

그는 잡스와 마쿨라에게 출발할 수 없다고 말했다. 잡스는 폭 발했다. 안전하게 비행할 수 있다며 고집을 부렸다. "지난주에도 이랬다고!"

그러나 브라이언은 꿈쩍하지 않았다. "지난주에는 제가 없었잖 아요"라고 잡스에게 말했다. "그때 장비를 얼마나 실었는지도 모 르고, 온도와 바람이 어땠는지, 지난주 상황은 어땠는지 몰라도 제가 말할 수 있는 건 지금은 안 된다는 겁니다."

대단한 배짱이었다. 마쿨라는 그 전세기 회사를 소유한, 브라 이언의 고용주였다. 그리고 잡스는 실리콘밸리의 거물이었다. 그 냥 알았다고 하고 짐을 실어 이륙하는 편이 훨씬 쉬웠을 것이다. 그러나 그는 일자리보다 더 중요한 게 있다는 걸 알았다. "제 일자리를 지키겠다고 누군가를 다치거나 죽게 만드느니 직장을 잃고 살아 있는 편이 낫죠."

브라이언은 대안을 제시했다. 활주로가 길고, 기온이 더 낮고, 맞바람도 약하고, 주위에 장애물도 없는 인근 몬터레이공항Monterey Airport으로 가자는 것이었다. 거기서라면 모든 게 괜찮을 것이다. 브라이언이 비행기를 그리 옮겨놓으면 승객들이 차로 25분 정도만 이동해서 합류하면 된다.

잡스는 화를 냈지만, 마쿨라는 대안에 따르자고 했다. 셋은 몬터레이공항에서 다시 만나 다소 긴장된 분위기 속에서 무사히 새너제이까지 날아갔다. 입을 여는 사람이 아무도 없었다.

착륙하자마자 잡스는 비행기에서 뛰어내렸다. 브라이언이 장비를 내리는 동안 정비사 중 한 명이 그에게 다가와서 말했다. "브라이언, 마쿨라 씨가 사무실로 오래."

브라이언은 "올 게 왔네. 끝났네"라고 생각했다. "하지만 상관없어. 난 잘했다고 생각해." 마쿨라의 사무실로 가면서 그는 최악의 결과에 대비해 마음의 준비를 했다.

대화는 이런 식으로 진행되었다.

> **마쿨라:** 브라이언, 앉아요. 파이퍼 애로 조종에 얼마 받고 있죠?
> **브라이언:** 하루 50달러요.
> **마쿨라:** 그래요. 안전 문제에서 스티브 잡스에게 맞설 의지가 있는
> 사람이야말로 이곳에 꼭 필요한 사람입니다. 급여를 두 배 올려주

지요. 그를 제자리에 그대로 앉아 있게 할 만한 용기와 신념을 가

진 사람이 별로 많지 않거든요. 잘했어요.

우리와 이야기를 나눌 때 브라이언은 애정 어린 눈빛으로 그날 일을 회상했다. "대체 무슨 일이 벌어진 건지 어안이 벙벙했어요. 만약 마쿨라가 소리 지르며 저를 해고했다면 아마 저는 지금 비행기 조종사가 아닐지도 몰라요. 그 순간이 갈림길이었어요. 옳은 일을 했다고 인정받은 경험이 저를 단단히 붙들어주었어요. 잡스처럼 '됐어, 뭐가 어찌 됐든 그냥 출발해'라고 쉽게 말할 수 있을 거예요. 실제로 그런 일이 벌어지고 있고요. 너무 많이 벌어지니까 사고가 나는 거죠."

그러나 브라이언은 멈춰 서서 시간을 들여 계획을 재고했다. 복잡한 시스템 안에서는 그렇게 하는 편이 좋을 때가 많다. 잠시 멈추면 무슨 일이 벌어지고 있는지 이해하고 경로를 어떻게 수정할지 결정할 기회를 얻게 된다. 그러나 우리는 가능한 상황에서도 잠시 멈추지 못할 때가 많다. 원래 계획이 더는 먹히지 않는 때조차도 계속 달려나가기만 한다.

조종사는 이를 **무조건 도착**get-there-itis 증세라 부른다. 공식적으로는 **계획 고수 편향**plan continuation bias이라는 용어로 부르는데, 항공기 사고의 주요 원인이다.[2] 그리고 이 편향은 목적지에 다다를수록 더 강해진다. 기상 상태가 나빠지고 연료가 떨어져 가는 등 원래 계획을 포기하고 다른 공항으로 우회해야 한다는 신호를 조

종사가 알아채더라도 15분만 더 가면 목적지에 도착할 수 있는 상황에서 멈추기란 쉽지 않다.

무조건 도착 증세는 조종사뿐만이 아니라 우리 모두에게서 나타난다. '도착할 곳'이 공항이든 큰 사업의 마감일이든 간에 우리는 일단 도착하는 것에 지나치게 집착한 나머지 상황이 달라져도 멈추지를 못한다. 캐나다의 젊은 IT 컨설턴트 대니얼 트렘블리Daniel Tremblay는 새로운 상용 프로그램 개발 사업을 진행하는 동안 무조건 도착 증세를 겪었다. "개발을 절반 정도 진행했을 때 반응이 미적지근한 것도 아니고 매우 낮았으니까 계속 밀어붙인다는 건 좋은 생각이 아니라는 걸 알았어야 했어요"라고 그는 말했다. "만사를 좋게 보려는 편인 고객조차도 저희에게 그리 좋은 생각이 아니라고 말했거든요."[3]

이런 경고신호에도 불구하고 팀은 계속 밀고 나갔다. "거의 다했다고 생각했어요"라고 트렘블리는 회상했다. "이런 식이죠. 자, 2~3주만 더, 밤 좀 더 새고, 그러면 끝. 지금 끝낼 수는 없어!" 그러나 개발을 마치기까지는 훨씬 더 오래 걸렸고, 결국 최종 결과물을 구매하려는 사람은 아무도 없었다. 트렘블리는 일자리를 잃었다. "정말 대실패작이었는데, 그때는 무슨 생각으로 그랬는지 지금도 모르겠어요"라고 그는 말했다. "터널 끝 불빛이 보이니까 멈출 수가 없는 거예요. 그런데 애초에 터널 안으로 그렇게 깊이 들어간 이유는 뭐였을까요?"

계획 고수 편향을 피하는 게 가능할까? 브라이언은 아버지가 훈장을 받은 조종사이자 비행 안전 분야에서 활발히 활동하는 작가여서, 무조건 도착 증세에 저항하는 게 얼마나 중요한지를 일찍부터 배웠다. 그러나 이 교훈을 조직에는 어떻게 적용할 수 있을까?

개별적인 평가는 확실히 도움이 된다. 예상치 못한 마쿨라의 긍정적 반응은 브라이언의 경력에 결정적인 영향을 주었다. 그러나 긍정적인 칭찬이라면 조직 구성원 모두에게 전달하는 편이 훨씬 더 좋다. 조직 연구가 캐서린 틴슬리Catherine Tinsley, 로빈 딜런Robin Dillon, 피터 마센Peter Madsen이 공개한 아래 사연을 살펴보자.

> 항공모함에서 전투 훈련 중이던 어느 해군 사병이 갑판 위에서 장비 하나를 잃어버린 것을 깨달았다. 그는 잃어버린 장비가 제트엔진에 빨려 들어가면 재앙이 발생할 수 있다는것, 그리고 그 실수를 인정하면 훈련이 중단되고 처벌받을 수도 있다는 사실을 알고 있었……. 그는 실수를 보고했고, 훈련은 중단되었으며, 공중에 뜬 항공기가 전부 기지로 돌아와 착륙함으로써 엄청난 비용이 발생했다. 그 사병은 실수한 일로 처벌받지 않고, 공식행사 현장에서 사령관으로부터 그 사실을 보고한 용기를 칭찬받았다.[4]

공식행사 현장이라니! 엄청난 대응이다. 바보 같은 실수를 저질러 훈련을 취소시키고, 광활한 갑판 위를 샅샅이 뒤져 잃어버린 장비를 찾아내게 만든 이 사람을 칭찬합시다! 이런 일이 우리 조직에서도 가능할까? 부주의한 실수로 일정을 취소시키고 모든 일을 멈추게 한 누군가를 칭찬할 수 있을까?

갑판 위에서 여는 공식행사 같은 상징적 조치는 강력한 메시지를 전파한다. 계속 밀고 나가기 어려운 문제를 발견하면 스스로 멈추거나, 상사와 동료들에게 멈추라고 말할 것. 복잡하고 긴밀하게 결합한 시스템에서는 멈추면 재앙을 막을 수 있다. 예기치 못한 위협을 알아채고, 완전히 손쓸 수 없는 상태가 되기 전에 대책을 세울 기회를 준다.

그러나 때로는 멈추는 게 불가능한 상황도 있다. 우리가 다루는 시스템 중에는 너무 긴밀하게 결합되어 있어서 앞으로 계속 나가지 않으면 당장 모든 것이 무너져 내리는 경우도 있다. 극도로 위험한 수술을 하는 도중이나, 폭주 상태인 원자로나, 실속에 빠진 비행기의 제어권을 되찾으려 할 때는 멈출 수가 없다. 그럴 때는 어떻게 해야 할까?

2. 긍정적 순환을 위한 '잠깐 멈춤'

천식을 앓은 적이 있는 소년이 미드웨스트에 위치한 한 아동병원 응급실에 실려 왔다.[5] 아이는 호흡 곤란 상태로 증세가 점점 더 나빠지고 있었다. 도착하고 몇 분 후에는 호흡이 완전히 멈췄다. 외상 담당 의사가 수동 인공호흡기를 아이 얼굴에 씌우고 공기주머니를 눌러 폐에 공기를 주입하기 시작했다. 그런데 갑자기 아이의 맥박이 멈췄다. 의사 세 명과 간호사 다섯 명으로 구성된 응급구조 팀이 심폐소생술을 하기 시작했다. 그러나 1분 30초가 지나도 맥박은 돌아오지 않았다. 수동 인공호흡기도 제구실을 하지 못했다. 아이의 가슴이 부풀어 오르지 않았다. 팀은 혼란에 빠졌다. **이 아이에게 무슨 일이 벌어지고 있는 것일까?**

그들은 삽관술로 아이의 목에 호흡관을 집어넣었다. 의사는 삽입한 관이 성대를 완벽히 통과한 것을 확인했다. 관은 자리를 잘 잡았고, 기도를 막은 장애물은 아무것도 없었다. 그러나 몇 분이 지나도 가슴은 부풀어 오르지 않았다. "아무 반응이 없어요." 간호사가 말했다.

팀은 관을 끄집어내고 다시 수동 인공호흡기를 사용했다. 그러나 공기주머니를 누르고 있는데도 아이의 가슴은 여전히 움직이지 않았다. 부풀지도, 꺼지지도 않았다. 그렇게 시간은 계속 흘렀다. 팀은 점점 다급해졌다. 결국 그들은 제세동기로 아이의 심장을 다시 뛰게 하려 했다. 그러나 심장박동도, 호흡도 여전히 돌아오지 않았다. "쳇바퀴만 돌고 있네요"라고 한 의사가 말했다. 그리고 그 쳇바퀴는 3분을 더 돌았다.

마침내 한 간호사가 'DOPE'라는 단어를 기억해냈다. 공기 주입에 실패하는 이유의 머리글자를 딴 조어로 D는 관 이탈displacement 또는 배출dislodgement을 뜻하는데, 관은 제자리에 있었다. O는 폐쇄obstruction, 즉 관이 막혀 있는 것인데 이 경우에도 해당하지 않았다. P는 폐가 망가진 상태인 기흉pneumothorax인데, 이역시 아니라는 걸 의료진이 이미 확인한 상태였다. 그렇다면 가능성은 오직 하나였다. "E, 기기Equipment!" 간호사가 외쳤다. "기기가 고장 난 거예요!"

그녀가 옳았다. 수동 인공호흡기bag-valve mask, 줄여서 백bag이라고 부르는 장비가 망가졌던 것이다. 보기에는 멀쩡해 보였지만 산소를 전혀 공급하지 못했다. 그러나 의료진이 문제를 알아내고 기기를 교체할 때까지 소년은 10분 넘게 산소를 공급받지 못했다. 실제상황이었다면 그 소년은 죽었을 것이다. 다행히 이것은 병원이 응급실 의료진 훈련 프로그램으로 진행하는 가상상황일 뿐이었다. 환자는 실제 소년이 아니었다. 실제 환자의 생리적 반응을 재현하는 대형 컴퓨터에 연결된 의료용 마네킹이었다.

모든 팀이 같은 시나리오를 가지고 출발했다. 천식을 앓던 소년이 병원에 실려 오고 결국 호흡이 멈춘다. 그리고 모든 팀이 똑같이 수동 인공호흡기가 고장 나는 이상상황에 부딪힌다. 그러나 단 몇 팀만이 충분히 빠른 시간 내에 문제를 해결했다.

이 가상훈련은 긴밀한 결합 및 복잡도와 아주 큰 관련이 있다. 시간은 빠르게 흘러가고 환자는 의식이 없기 때문에 팀은 스스로 보고 듣고 느끼는 데만 의지해 무엇이 잘못되었는지 알아내야 한다. 모든 팀이 똑같이 예상치 못한 사건에 맞닥뜨리기 때문에 가상훈련 프로그램에는 압박이 거세고 복잡한 위기 상황에서 각 팀이 어떻게 대응하는지 보여주는 소중한 자료가 무더기로 쌓인다.

그 몇 팀은 어떻게 기기 문제를 알아내 소년의 목숨을 구했을까? 해결한 팀과 실패한 팀은 뭐가 달랐던 걸까? 이 답을 알아내기 위해 의사에서 전업한 토론토대학교 소속 경영학자 말리스 크리스티언슨Marlys Christianson은 각 팀의 행동을 녹화한 영상을 오랜 시간에 걸쳐 공들여 분석했다.

어떤 팀은 해법을 아주 빨리 찾아냈는데, 예를 들어, 한 팀원이 공기주머니가 소리가 들리지 않거나 이상하다며 곧바로 문제를 발견하는 식이었다. "이런 팀은 필요한 장소, 필요한 시기에 적절한 팀원을 갖는 행운을 누렸지요"라고 크리스티언슨은 말했다. "가장 빨랐던 건 간호사 한 명이 공기주머니를 몇 차례 눌러보고는 '이게 작동하지 않아요. 고장 났어요!'라고 말한 팀이었어요. 그리고 그는 마치 축구공이 획 돌아서 땅에 떨어지듯이 고개를 뒤로 획 돌려서 새 호흡기를 움켜쥐었어요."

그러나 나머지 팀은 대부분 해법을 찾지 못했다. 그들은 우리가 위기를 맞았을 때 자주 보이던 모습처럼 몇몇 증거를 놓치고 엉뚱한 길로 가 헤맸다. 그리고 잘못된 출발을 바로잡을 수 있었던 팀은 결국 절반 정도밖에 안 되었다. 나머지는 인공호흡기가 고장 났다는 사실을 끝내 알아채지 못했다.

어디서부터 차이가 난 걸까? 크리스티언슨은 이렇게 말한다.

중요한 것은 환자를 돌보는 일과 상황을 파악하는 일 사이에서 균

형을 잡을 수 있는가 아닌가에 있다고 봐요. 분명 소생술과 약물 투여 같은 임무를 계속 수행해야 했기 때문에 모든 것을 멈춘 채 상황을 점검해보는 것은 좋은 생각이 아니에요. 그러나 임무에만 몰두해 무슨 일이 벌어지고 있는지 멈춰서 생각해보지 않는 것 또한 나쁜 일이죠. 그리고 이 둘 중 어느 쪽을 선택할지 지나치게 고민하는 팀도 있어요.

이와 달리 최고의 팀은 균형을 찾아낸다.[6] 크리스티언슨은 이렇게 말했다. "임무를 조정하는 데만 몰두하지 않고, '있잖아요, 잠시만 멈춰볼래요? 뭔가 다른 일이 벌어지고 있는 건 아닐까요? 상황을 좀 더 살펴보죠!'라고 말하기도 해요. 이런 팀에서 가장 눈에 띄는 건 임무에서 진단 관찰, 그리고 다시 임무로 돌아가는 순환고리였습니다."

크리스티언슨이 말한 순환고리는 삽관술 같은 임무에서부터 출발한다. 그다음은 수행한 임무가 기대한 효과를 내는지 살펴보는 관찰단계다. 만약 효과가 없으면 다음 단계로 적용할 만한 새로운 진단을 제시한다. 그리고 나서 다시 임무로 돌아가는데, 새 이론을 검증하려면 약물 투여나 호흡기 교체 같은 새 임무를 수행해야 하기 때문이다.

"효과적으로 임무를 수행하는 팀을 살펴보면 그들은 모두 이런 순환고리에 따라 움직이고, 진단을 검증하는 속도가 빨라 이 과정을 여러 차례 거치기도 하죠"라고 크리스티언슨은 말했다.

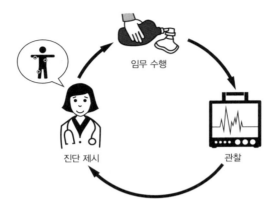

임무 수행

진단 제시

관찰

"순환이 굉장히 빨라서 짧은 시간 안에 여러 가지 진단을 검증할 수 있어요."

팀원들이 각 단계를 생각하고 실행할 때 **소리 내어 말하는** 경우에 특히 효과가 좋았다. 크리스티언슨은 이렇게 평했다. "우수한 팀 중에는 큰 소리로 이렇게 말하는 사람들이 있었어요. '이봐요, 이 사람이 이런 문제가 있다면 우리는 이런 변화를 확인할 수 있을 거예요. 그러니까 혈압이나 산소포화도 말이에요.'" 이런 식으로 상황을 소리 내 말하면 모두 서로 무슨 생각을 하고 있는지 알고 빨리 다음 단계로 넘어가도록 도울 수 있다.

문제를 해결한 팀에서는 다음과 같은 전형적인 대화 과정이 나타났다. 점은 임무, 관찰, 진단에 관한 대화 횟수를 표시한 것이다.

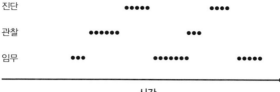

이런 팀은 임무에 관해 이야기하고 그 결과를 관찰하면서 발견한 사항을 토론한 후 새로운 진단을 제시했다. 그리고 다시 임무로 돌아갔다.

그러나 이 순환고리를 완주하지 못한 팀이 더 많았다. 크리스티언슨은 이렇게 말한다. "잘 해내지 못한 팀에서는 임무에 관한 이야기가 너무 많이 늘어지곤 했어요. 아니면 임무, 관찰, 다시 임무 이런 식으로 움직여서 진단까지 쭉 이어나가지 못하기도 했고요. 그래서 결국 문제를 풀 수 없었죠."

병원 가상훈련에서는 시간을 분, 초 단위로 측정했다. 그러나 기간이 주나 월 단위인 상황에서도 크리스티언슨의 연구 결과로부터 교훈을 얻을 수 있다. 만약 규모가 크고 강도 높은 사업에 참여해본 적이 있다면 임무에 매몰되기가 얼마나 쉬운지 알 것이다. 언제나 급하게 처리할 일이 있고, 마감 시한은 너무나 빨리 닥쳐온다. 그리고 한 가지 임무를 끝내면 다음 마감이 이미 코앞에 와 있다. 잠시도 멈출 시간이 없다 보니 큰 그림을 보는 시각

　　　　　　　　　　　　　　　10장 | 놀랐지!

을 잃어버리기가 쉽다. 우리는 그저 고개를 숙인 채 임무에 집중하고 앞으로 나아가기만 한다.

타깃 캐나다를 기억하는가? 경제지 기자 조 카스탈도는 이렇게 썼다. "확장사업은 완전히 망했고, 회사가 운영상 문제를 해결하려면 신규 개점을 중단해야 한다는 걸 모두가 알고 있었지만, 실제로 그렇게 말하는 사람은 아무도 없었다."[7] 인공호흡기가 고장 났다는 걸 끝까지 알아내지 못한 응급실 의료진처럼 그들은 단지 눈앞의 임무에 몰두해 앞으로 나가기만 했다.

그러나 더 나은 방법이 있다. 중국에 진출하는 해외기업들을 살펴보자. 전문가들은 중국 진출 기업 중 절반 가까이가 2년 이내에 철수한다고 집계했다. 암울한 수치지만 거기에는 중요한 사실이 숨겨져 있다. 중국 전문가인 경영학 교수 크리스 마키스Chris Marquis는 이렇게 지적한다. "장기적으로는 실패하지 않은 경우도 있다. 거대 초국적기업을 포함해 많은 회사가 초기에 실수를 저질러 큰 손실을 보고 철수하기까지 했지만, 그중 일부는 이후 사업을 재정비하고 접근법을 개선할 수 있었다."[8]

2009년 상하이에 바비Barbie 거점 매장을 연 미국 장난감회사 마텔Mattel을 살펴보자. 수백만 달러를 들여 건립한, 세계에서 가장 많은 바비 인형을 들여놓은 6층짜리 핫핑크색 건물 바비의 집House of Barbie은 고전을 면치 못했고, 마텔은 2년 만에 매장 문을 닫았다. 이에 관해 마키스와 공동 저자 조 양Zoe Yang은 이렇게 썼다.[9]

회사는 지역시장에 적응하려 최선을 다해 노력했고, 아시아인의 특성을 살린 링Ling이라는 인형도 개발했다. 그러나 사내 시장조사 담당자들은 중국 여자아이들이 자신과 닮은 인형보다는 금발의 바비 인형을 좋아할 거라는 점은 미처 예측하지 못했다.

달갑지 않은 충격이었다. 응급실의 인공호흡기처럼, 링 인형에 초점을 둔 전략은 잘 작동할 **것처럼** 보였는데 말이다.

그러나 마텔은 잘못 들어선 길에 그리 오래 머물러 있지 않았다. 경영진은 크리스티언슨이 병원 가상훈련에서 본 것과 비슷한 순환고리를 사용했다. 상황을 보니 일이 잘못되고 있다는 게 분명해지자 그들은 새로운 진단, 즉 새로운 시장평가를 수행해 그 효과를 시험하러 중국에 재진출했다. 마텔은 이번에는 인형 가격을 낮추고 금발에 바이올린, 활, 악보를 든 '바이올린 독주자' 바비를 출시했다.

낮은 가격에 바이올린을 든 바비는 더 많은 부모의 마음을 움직였다. "마텔은 아이들이 좋은 교육과 보살핌을 받기를 바라는 중국 부모의 마음을 더 잘 이해하게 되었다"[10]라고 중국 시장분석 전문가 헬렌 왕Helen Wang은 말한다. "'바이올린 독주자' 바비는 확실히 그런 사고방식에 잘 맞는다. 아이를 혹독하게 키우는 엄마는 딸이 바비와 같은 모습으로 자라기를 바라는 마음에 인형을 사줄 가능성이 높다."

초기에 휘청거리다가 떠난 다른 거대 기업들과 달리 마텔은

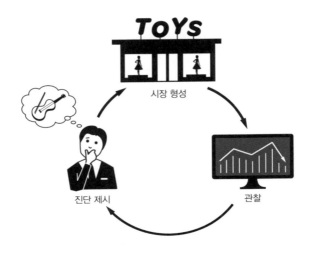

포기하지 않았다. 애초에 내렸던 진단을 고집하지도 않았다. 문제를 잘 해결한 응급실 의료진처럼 순환고리의 단계를 밟아나 갔다.

가정생활에도 이런 과정이 도움을 준다. 「아이와 부모가 번갈아 하는-가족을 위한 애자일* 방법론Agile Practices for Families: Iterating with Children and Parents」이라는 유쾌하고 멋진 논문[11]을 쓴 데이비드David Starr와 엘리너 스타Eleanor Starr는 이렇게 얘기한다. "아이 네 명, 그리고 반려동물 여덟 마리와 함께하는 생활은 혼란 그 자체였다." 스타 부부는 아이들, 외투, 동물들, 점심 도시락의 소용돌이에 빠

져 몇 년을 지냈다. 아이들을 학교에 보낼 준비를 할 때면 지옥문이 열렸다. 그러나 이 상황을 그대로 받아들이는 대신 한 걸음 뒤로 물러서기로 했다. 매주 일요일 밤 가족회의를 열기 시작했다. 그리고 모든 것이 바뀌었다.

회의는 늘 세 가지 질문으로 시작했다.

1. 이번 주에 잘한 일은?
2. 다음 주에 개선해야 할 일은?
3. 다음 주의 변화를 위해 우리가 해야 할 일은?

가족회의를 시작하기 전에는 단지 눈앞에 닥친 일을 해결하는 데만 급급했다. 그러나 이제 그들은 한 발 더 나가 생각할 수 있게 되었다. 순환고리를 완주할 방법을 찾은 것이다. 잘한 일과 잘하지 못한 일, 그리고 개선할 수 있는 일을 찾았다. 매주 상황을 관찰하고, 문제를 진단하고, 시도할 만한 새로운 전략을 제시했다. 그리고 찾아낸 해법이 잘 들어맞으리라 짐작하는 데 그치지 않고, 매주 순환고리를 반복했다. 그 결과 그들은 아침에 할 일 목록이라든지 착한 일을 했을 때 받을 상 같은 수많은 해법을 시도하고 시스템에 맞도록 개선해나갔다. 스타 부부가 내놓은 해법은 많이들 시도해봤을 만한 뻔한 이야기일 수 있다. 그러나 악마는 작은 곳에 숨어 있다. 스타 부부는 순환고리를 활용해 이 작은 부분을 찾아냈다.

스타 부부가 실험을 시작하고 몇 년 후 《뉴욕타임스》 기고가 브루스 페일러Bruce Feiler가 그 가족을 찾아갔다. 그가 지켜본 아침 풍경은 많은 부모가 부러워할 만했다. 엘리너는 평소 아침마다 하던 대로 안락의자에 앉아 커피를 마시며 아이들과 대화했다. 아이들은 직접 아침을 챙겨 먹고, 동물들을 돌보고, 맡은 일을 하고, 준비물을 챙겨 통학버스를 타러 나갔다. 페일러는 혀를 내둘렀다. "제가 본 중에서 가장 놀라운 가족 역동성family dynamics*을 보여주었어요."[12]

응급실 의료진이나 회사와 마찬가지로 가정생활에 필요한 모든 답을 가진 가족은 없다. 그러나 우리는 어떤 일을 **시도하고,** 제대로 돌아가는지 보고, 재평가할 능력을 갖고 있다. 생체신호나 판매량을 산출하는 것이 아니라 우리 생활 속에서 벌어지는 일들을 관리한다는 점이 다를 뿐 순환하는 과정은 같다.[13]

3. 다른 모든 사람의 임무를 알아야 합니다

특수기동대는 많은 시간을 투여해 기습을 준비했다.[14] 우선 대원들은 마약상 본거지로 의심되는 건물에 관해 가능한 모든 것을 알아보았다. 사진, 영상, 평면도 등 구할 수 있는 모든 자료를

---

* 가족 구조나 관계, 역할, 권력 등을 바탕으로 가족 안에서 벌어지는 상호작용.

숙지했다. 방 하나하나와 복도 구조를 모두 외웠다. 그러고는 어떻게 진입할지, 일단 들어가서는 각자 어느 쪽으로 이동할지, 자세하게 계획을 수립했다. 그 계획을 속속들이 다 파악할 때까지 미리 연습하고 보완했다. 그러나 막상 문을 박차고 들어간 그들은 무언가 잘못되었다는 것을 깨달았다. **실내 구조가 설계도와 달랐다.**

용의자들이 내부를 개조한 탓에 원래 있으리라 생각한 방이 그 자리에 없었다. 난처한 돌발상황이었다. 한 대원은 이렇게 회상했다. "복도가 있을 줄 알았는데 벽이 나타났어요."

독립 공포영화 촬영 현장에서 제작진은 극적인 학살 장면을 촬영할 준비를 했다. 저택 꼭대기 층에서 희생자는 감전되어 뜨거운 욕조 속으로 떨어질 예정이었다. 그러나 제작진은 아주 중요한 걸 생각하지 못했다. 욕조에 물을 가득 채워둔 탓에 연기자가 뛰어들자 물이 넘쳐서 사방으로 퍼져 저택 입구 통로에 매달린 유리 샹들리에를 타고 폭포수처럼 흘러내렸던 것이다. 촬영 보조가 무전기에 대고 소리를 질렀다. "지금 1층에 있는데 머리 위로 물방울이 떨어지거든요!" 그러자 사방이 캄캄해졌다. 물이 넘치는 바람에 건물 전기가 통째로 나간 것이다.

특수기동대와 영화제작진은 언제나 돌발상황을 겪는다. 그리고 예상치 못한 일이 벌어졌을 때, 그들은 그냥 멈춰 서지 않는다. 실내 구조가 예상과 다르더라도 특수기동대는 일단 전진한다. 전기가 나가도 제작진은 가능한 한 빨리 촬영을 재개할 방법을 찾아낸다. 이런 분야에서 돌발상황은 업무상 일상적으로 벌어지는 일이고, 다들 아주 잘 대응한다. 어떻게 그럴 수 있을까?

이 질문에 대한 답을 찾기 위해서 경영학자 베스 베키Beth Bechky와 헤라르도 오쿠이센Gerardo Okhuysen은 특수기동대와 영화제작진 몇 팀의 습관을 파헤쳤다. 오쿠이센이 특수기동대원을 면담하고 회의 및 훈련 장면을 그림자처럼 지켜보는 동안 베키는 영화 촬영 보조 자리를 얻어 현장에서 목격한 모든 것을 기록했다.

각자 기록한 내용을 비교해본 두 연구자는 공통점을 발견했다. 양쪽 모두 돌발상황이 닥치면 사람들이 미리 준비한 듯이 **역할을 전환했다.** 위에서 본 것처럼 무언가를 찾으러 들어간 건물 내부가 예상과 다른 돌발상황을 맞이한 특수기동대가 어떻게 대처하는지 살펴보자. 연구자들은 아래와 같이 기록했다.

[특수기동대 장교] 글렌Glenn은 진입 중 진행 방향에 놓인 소파를 발견한 것이 특수기동대를 얼마나 놀라게 했는지를 묘사했다. 원래 진입 팀을 이끄는 대원은 현장을 최대한 장악하기 위해 앞으로 돌진하기로 되어 있었다. 그런데 이 경우에는 정면에 위험한 장애물인 소파가 놓여 있었다. 소파가 위험한 이유는 글렌이 말했듯 "누군가 소파 뒤에 가만히 숨어서 기다리고 있을지 몰라서"다. 곧이어 그는 팀이 역할전환으로 그 돌발상황에 대응한 과정을 설명해주었다. 글렌은 원래 계획대로 오른쪽으로 달려가지 않고 왼쪽으로 달려가 소파를 '엄호cover'하기 유리한 지점에 멈춰 섰다. 두 번째로

진입한 피터는 왼쪽으로 달려가는 역할이었지만, 글렌이 소파를 엄호하는 사이 즉시 오른쪽으로 돌아 달려들며 원래 글렌이 하려던 임무를 수행했다.[15]

그러니까, 팀은 순식간에 계획을 변경했다. 그리고 신속한 역할전환에는 대화가 전혀 필요치 않았다. 피터는 글렌이 원래 맡은 임무를 정확히 알고 있었다. 글렌이 말했듯 "우리는 **모든 사람이** 각자 맡은 역할을 알고 있어요."

역할전환은 영화 촬영장에서도 흔히 벌어진다. 돌발상황이 닥치면 그 때문에 그날 계획한 장면을 촬영하는 게 불가능할 수 있다. 그리고 다른 장면을 촬영하려고 현장을 교체하려면 각자 여러 가지 작업을 유연하게 오가며 일해야 한다. 아프거나 개인적인 문제가 생기거나 해서 중요한 역할을 맡은 팀원이 빠질 때도 있다. 그러나 하루 촬영 비용이 엄청나게 많이 들고 일정도 무척 빡빡해서 감독은 촬영을 접을 수가 없다.

아래는 베키가 주말 내내 저수지에서 광고를 촬영하고 온 제작진 두 명에게서 들은 이야기다.

[둘 중 한 명이] 촬영 현장 보조로 채용되었는데 간식 준비도 맡았고, 다른 한 명은 사무실 운영 보조로 들어갔는데 (보통은 트럭 운전사가 맡는 역할인) 운전수 일도 했다. 예술 팀 총괄을 맡은 또 다른 팀원은 무대 팀 일도 봐주어야 했다. 그들 중 한 사람은 이런 얘기도 들

려줬다. "어느 날 오후에 그들이 대뜸 그를 보고 말했어요. '해캄'*
을 만들어와, 지금 당장."[16]

당신이 무슨 일을 맡았든 지금 당장 해캄을 만들어와!

또 다른 촬영장에서는 항공 카메라 촬영 담당자가 출근하지 않
았다.[17] 잠시 차질이 생기긴 했지만 그리 오래가지는 않았다. 촬
영 기사가 사람들에게 물었다. "이 카메라 잡을 수 있어요?" 누군
가 할 수 있다고 답하자, 곧 그가 항공 카메라 담당자가 되었다.
물론 그렇다고 원래 **그가 맡은** 임무에 공백이 생기는 것은 아니었
다. 또 다른 누군가가 그의 역할을 맡았고, 촬영은 재개되었다.

그러나 역할전환이라는 게 말처럼 쉬운 일이 아니다. 특정한
임무를 수행하는 방법을 아는 사람이 집단 내에 여럿 있어야 가
능하다. 그리고 그 다양한 임무가 전체 판에서 어느 부분을 차지
하는지에 관해서도 모두가 이해하고 있어야 한다.

이 점은 영화업계에서 사람들이 어떤 식으로 자연스럽게 경력
을 쌓아나가는지 보면 알 수 있다. 업계 신참 중에는 촬영 보조
로 일을 시작해 의상에서 조명, 음향까지 다양한 부서를 오가며
임무를 수행하는 경우가 많다. 불과 몇 달 사이에 여러 촬영 현장
에서 다양한 부서의 일을 경험하는 경우도 있다. 한 촬영 보조가
말했듯, "영화제작가가 되려면 그런 경로를 거쳐야 하지요. 물론

---

* 수면에 뜨는 녹색 조류.

AD(조감독)가 되고 싶을 때도 마찬가지죠. 촬영 보조로 일하면 엄청난 일들을 겪기 때문에 뭐든지 할 수 있게 돼요."[18]

특수기동대는 교차훈련을 통해 이와 비슷한 역량을 확보한다. 예를 들어, 신입 팀원은 저격수가 되려는 게 아니더라도 저격용 총과 망원경 사용법을 배워야 한다. 명사수가 될 필요는 없지만, 저격수가 무엇을 보고 어떻게 일하는지는 이해해야 한다. 어느 특수기동대 교관이 말했듯 "다른 모든 사람의 임무를 알아야 합니다."[19]

다른 모든 사람의 임무? 이것은 우리가 주로 일하는 방식과 전혀 다를 뿐 아니라, 사실 정반대다. 아래는 유명 디자인 컨설팅회사 IDEO의 CEO인 팀 브라운Tim Brown이 제시하는 간명한 진단이다.

> 회사에는 각자 다른 역량을 갖춘 사람들이 많다. 문제는 같은 문제를 풀기 위해 사람들을 한자리에 모았는데 모두 각자 자기가 맡은 일만 할 수 있다면…… 협력하기가 아주 어려워진다는 것이다. 그러면 개개인이 자기 업무에만 집중한 견해를 주장하는 상황이 벌어지기 쉽다. 회의는 누가 낸 견해가 이기는지 겨루는 자리가 되고, 그러면 모든 견해를 아우르는 가장 작은 공통분모를 찾아낼 수 있는 상황에서도 애매한 타협을 하게 된다. 그러면 절대 최고의 결실은 얻지 못하고, 잘해봐야 평균에 머무르고 만다.[20]

잘해봐야 평균이라니 그리 끔찍한 이야기는 아닌 듯하다. 그리고 평소 같으면 그런 일이 벌어지지도 않을 것이다. 그러나 교차 훈련을 충분히 하지 않은 팀이 복잡한 시스템 속에서 돌발상황을 맞이하면 멜트다운이 일어날 수 있다. 이는 주식시장 나스닥 NASDAQ이 페이스북 IPO(initial public offering, 기업공개)[21]를 통해 배운 교훈이다.

> 페이스북 기업공개: 대체 무슨 %$#!이 벌어졌나?
> 페이스북 기업공개로 나스닥 '곤혹'
> 나스닥의 혼란이 시시각각 페이스북 IPO를 뒤덮다
> 나스닥: '오만'이 페이스북 IPO 실패 불러와

거래를 시작하기 몇 주 전부터 은행가들은 전국을 돌며 페이스북 주식을 홍보했는데, 회사의 가치가 어림잡아 1000억 달러가 넘었다. 페이스북의 발행시장primary exchange인 나스닥은 역사상 가장 분주한 IPO를 무사히 치르기 위해 내부 시스템을 점검하는 데 몇 주를 보냈다.

2012년 5월 18일 아침, 정확히 11시 5분에 나스닥은 '오프닝 크로스opening cross'라는 과정을 통해 주식시장에서 첫 거래를 시행할 예정이었다. 이 방식은 경매와 비슷한데, 구매자와 판매자가 주문을 입력하면 나스닥이 가능한 많은 주식거래를 성사시킬 수 있는 가격을 산출한다.

거래 시작 시점이 다가오자 마치 경마장에서 총소리가 울리기 전에 돈을 걸려고 몰려드는 도박꾼들처럼 주문 수백만 건이 폭주했다. 그러나 11시 5분이 된 순간 아무 일도 일어나지 않았고, 아무도 그 이유를 몰랐다.

수십억 달러가 거래를 기다리고 있고 세간의 이목이 쏠린 상황에서 나스닥 경영진은 문제를 알아내려고 허둥댔다. 문제 해결을 위해 긴급 전화 회의를 열었지만, 그들은 기술이 어떻게 작동하는지 제대로 알지 못했다. 나스닥에는 기술 관련 사고가 벌어진 게 분명한데 말이다. 몇 분 후, 전화 회의 대상에 포함되지 않은 기술 팀 개발자들이 유효성 검사validation check라는 쪽으로 문제의 폭을 좁혔다.

몇 년 전 거래를 진행하는 컴퓨터 프로그램을 개발할 때, 개발자들은 공매 개시일에 주식거래가 얼마만큼 이루어질지 별도로 계산하는 유효성 검사라는 안전장치를 삽입했다. 5월 18일에는 그 유효성 검사 결과가 거래 프로그램과 맞아떨어지지 않았고, 그래서 거래는 시작되지 않았다.

기술자들은 발견한 내용을 거래소 기술 팀 책임자인 수석 부사장에게 보고했다. 그때까지 수석 부사장은 유효성 검사라는 말을 들어본 적도 없었지만, 동료 경영진에게 보고받은 내용을 전달했다. 전화 회의에 참여한 나스닥 고위 간부는 어찌 됐든 그 개발자들이 오프닝 크로스를 실행할 수 있는지 알아내라고 했다.

아래는 그 후에 벌어진 일을 증권거래위원회가 기록한 내용이다.

> 먼저 나스닥은 IPO 크로스 시스템이 유효성 검사를 무시하도록 명령어를 수정했다. 이 작업은 효과가 없었다. 그다음, 기술자들은 (수석 부사장에게) 만약…… (그들이) **유효성 검사 기능을 설정해둔 코드 몇 줄을 삭제하면** 나스닥이 크로스를 완료할 수 있으리라 생각한다고 보고했다.[22]

과도한 대책이었다. 경영진은 유효성 검사가 **왜** 크로스를 중단시켰는지 이해하지 못했지만 어떻게든 검사를 건너뛸 수 있도록 개발자들이 시스템을 수정하기만을 바랐다.

5분 후, 개발자들이 검사 코드를 삭제하자 거래가 시작되었다. 그러나 나스닥 시스템이 엄청나게 복잡했던 탓에 그 해결책은 예상치 못한 여러 가지 문제를 유발했다. 나중에 알고 보니 유효성 검사가 잘못된 것이 아니었다. 월스트리트에서는 영원과도 같은 **20분**이 넘는 긴 시간 동안 오프닝 크로스가 주문을 무시하도록 만든 버그는 따로 있었다. 그러나 몇 시간이 지나도록 나스닥은 개별 거래자가 주식을 얼마나 매입했는지조차 파악하지 못했다. 거래자들은 수십억 달러의 손실을 입힌 나스닥을 비난했다. 법적으로 주식거래가 금지되어 있는 나스닥도 결국 본의 아니게 페이스북 주식 1억 2500만 달러어치를 판매하고 말았다.

그 실수로 나스닥은 소송과 벌금, 조롱에 시달려야 했다.

특수기동대 대원들은 저격수가 무엇을 볼 수 있는지 이해하도록 사격훈련을 받는다. 그리고 교관들은 그들이 **다른 모든 사람**이 하는 일을 알아둬야 한다고 가르친다. 나스닥 경영진도 그와 같은 훈련을 받았어야 했다. 그들은 개발자가 될 필요가 없고, 유효성 검사를 위한 컴퓨터 코드 작성 방법을 알 필요도 없다. 그러나 그들은 그것이 무엇인지, 왜 그 기능을 우회해서는 안 되는지 정도는 이해하고 있어야 **했다.**

> **특수기동대:** 복도가 있을 줄 알았는데, 벽이 나타났어요.
>
> **나스닥:** 거래가 진행될 줄 알았는데, 유효성 검사에 가로막혔어요.

특수기동대는 그 벽을 돌아가는 방법을 알아냈지만, 나스닥 경영진은 벽을 뚫고 지나가려 했다.

멜트다운의 황금시대

"온 세상이 미쳐 돌아가고 있군."

예이츠 W. B. Yeats는 제1차 세계대전을 겪은 후[1] 「재림 The Second Coming」이라는 유명한 종말론적 시를 썼다. 최근 몇 년 사이, 신문과 소셜미디어에는 이 시를 인용하는 글이 급격히 늘었다. 특히 유명한 것은 첫 번째 연의 시구다.

> 커지는 소용돌이 속을 돌고 도느라
> 매는 조련사의 소리를 듣지 못하네.
> 모든 것이 떨어져 내리고, 중심은 버티지 못하네.
> 순전한 혼란이 세계에 퍼져나가고,
> 핏빛 파도가 밀려가네, 사방에서
> 순수의 의식이 물속에 잠기네.

최고의 의인은 확신을 모두 잃었건만, 최고의 악인은
격정으로 가득 차 있네.

사람들은 테러 공격, 금융위기, 정치적 격변, 기후변화, 전염병 같은 데에 이 시구를 인용했다. 《월스트리트저널》이 썼듯 이 시는 "'온 세상이 미쳐 돌아가고 있군'이라는 말을 고상하게 표현할 방법"[2]을 제공해준다.

확실히 그럴 만하다. 특히나 당신이 이 책을 읽고 있다면 말이다! 그러나 진실은 그리 또렷하지 않다. 스티븐 핑커 Steven Pinker와 앤드루 맥 Andrew Mack이 지적했듯 "뉴스는 일어나지 않은 일이 아니라 일어난 일을 다루는 것이다."[3] 별 탈 없는 비행이나 시추선에서의 조용한 하루는 머리기사로 등장하지 않는다. "인간 정신은 사례를 떠올릴 수 있는 일을 통해 손쉽게 개연성을 판단해왔기 때문에, 신문 구독자들은 언제나 위험한 시대를 살고 있다고 여길 것이다"라고 핑커와 맥은 설명한다.

오늘날 상황은 나빠지고 있는 게 아니라 **달라지고** 있는 것이다. 지난 반세기 동안 인류는 기술적 한계를 넓혀왔다. 우리는 핵에너지를 활용해왔고, 석유 시추를 위해 땅 밑으로 수 마일을 파고 들어갔으며, 전 지구적 금융 시스템을 개발했다. 이런 시스템은 우리에게 엄청난 능력을 부여했다. 그러나 동시에 우리를 위험구역으로 끌고 들어갔고, 실패할 경우 인명을 빼앗고, 환경을 파괴하며,[4] 경제를 휘청거리게 만들었다.[5] 일상적으로 덜 안전해졌다는 게 아니라 예기치 못한 시스템 실패에 더 취약해졌다는 것이다.

병원을 예로 들어보자. 파블로 가르시아를 죽일 뻔한 약물 과다투여 사고를 기억하는가? 이 일은 자동 조제 시스템과 조제 로봇, 침대 옆 바코드 스캐너 때문에 벌어진 일이었다. 그 시스템은 알아보기 힘든 손글씨와 간호사의 떨어진 집중력으로 인해 발생하던 작은 오류들을 제거했다. 그러나 끔찍한 돌발사태의 문을 열었다.

자율주행차는 또 어떤가. 자율주행이 인간 운전사보다 더 안전할 것이 거의 확실하다. 피로, 주의산만, 음주운전으로 인한 사고를 없애줄 것이다. 그리고 잘 설계한다면, 사각지대에 다른 자동차가 있는데도 차선을 바꾸는 등 우리가 저지르는 바보 같은 실수를 하지 않을 것이다. 하지만 그와 동시에 해커의 침입 또는 예상 못 한 시스템 내부의 상호작용 때문에 멜트다운이 일어나기도 쉬울 것이다.

그러나 우리가 이 책에 썼듯 해결책은 있다. 더 안전한 시스템을 만들고, 더 나은 결정을 하고, 경고신호를 인지하고, 다양한 반대의견에 귀 기울이면 된다. 이런 해결책 중 일부는 명확하다. 어려운 결정을 내릴 때는 구조화된 도구를 사용할 것. 큰 실패를 피하려면 작은 실패로부터 배울 것. 다양성 담당 부서를 설치하고 회의론에 귀 기울일 것. 투명하고 여유가 많은 시스템을 만들 것. 별로 놀라울 게 없다. 그렇지 않은가?

그런데도, 심지어 가장 어려운 도전에 직면했을 때마저도 이런 방법 중 실제로 활용되는 것은 많지 않다. 우리는 고약한 환경에서도 직관에 의지하기를 좋아한다. 그로 인해 기후변화, 기아, 임박한 테러 공격을 우려하는 목소리를 무시하고 경고신호에 대응하는 데 실패한다.[6] 우리에게 가장 중요한 경제기구, 정부기관, 군사조직 중 일부를 단일 집단이 운영한다.[7] 식량 공급망은 그 어느 때보다 복잡하고 불투명하다.[8] 핵무기를 관리하고 보관[9]하는 방법의 긴밀한 결합이 지닌 복잡도는 최고로 위험한 시스템조차 문제를 일으키기 너무 쉽게 만든다.

좀 더 가까이에서 보라. 당신이 참여하는 팀이나 조직은 우리가 이 책 **멜트다운**에서 다룬 방법을 충분히 수용하고 있는가? 만약 그렇다면 훌륭한 일이다. 그러나 우리가 추측하건대 그 대답은 '아니요'거나 '완전히는 아님'일 것이다. 바로 이 지점에서 우리는 기회를 잃고 있다. 이런 해결책을 쓰는 데 거액의 예산이나 고급 기술이 거의 필요치 않은데도 말이다. 우리는 조건을 미리 뽑아 사전부검을 하고, SPIES 기법을 사용해 예측할 수 있다. 페로의 사분면을 활용해 우리의 조직 또는 부서의 어느 부분이 끔찍한 돌발상황을 맞이하기 쉬울지 알아낼 수 있고 대책을 세울 수 있다. 그리고 회의론에 귀를 기울이고 무언가 잘못되었다고 느낄 때 목소리를 냄으로써 일을 더 잘 해낼 수 있다. 변화를 일으키기 위해서 CEO가 될 필요는 없다. 이런 접근법은 심지어 개인의 삶, 즉 어디서 살며 어떤 일자리를 구할지, 가족과 어떻게 협력하며 지낼지를 결정하는 과정에도 적용할 수 있기 때문이다.

경고신호를 통해 배우고, 반대의견을 장려하고, 다양성을 북돋워야 하는 것은 분명하다. 하지만 그 일을 **어떻게** 효과적으로 해낼 수 있는지는 확실치 않다. 이런 해결책은 우리의 타고난 본능에 반하는 경우가 많기 때문에 실행하기 어려울 수도 있다. 우리는 직관과 자기 확신을 좋아하고, 좋은 소식을 듣길 원하고, 비슷한 외모와 생각을 지닌 사람들에 둘러싸여 있을 때 편안함을 느낀다. 그러나 복잡하게 결합한 시스템을 관리하려면 정반대로 조심스럽고 겸손하게 의사결정을 내리고, 나쁜 소식을 공개적으로 공유하며, 의문, 반대의견, 다양성을 중시해야 한다.

사람들이 이런 방법에 저항하는 이유는 실패를 피하는 것이 곧 위험부담을 덜 지는 것이라고 예단하기 때문이다. 멜트다운을 피하려면 혁신과 효율성을 희생해야 한다고 추측하는 것이다. 여유를 더하거나 복잡도를 낮추기 위해 시스템을 재설계하면 비용이 늘고 성능이 떨어질 수 있다. 이런 대가에 관해 터놓고 이야기를 나누는 것, 그리고 비용, 이익, 위험에 관해 논의할 때 복잡도와 결합을 기본요소로 두는 것은 매우 가치 있는 일이다.

그리고 복잡한 체계를 관리하는 도구가 반드시 고통스러운 대가를 요구하는 것은 아니다. 실제로 의사결정 도구, 다양성 담당 부서, 건강한 회의론과 반대의견을 장려하는 규범 등 이 책에서 본 많은 해결책이 혁신과 생산성을 억누르기보다 북돋운다는 연구 결과가 최근 무수히 많이 나왔다.[10] 이런 해결책을 도입하면 일거양득인 것이다.

우리가 이 책을 쓰기로 한 이유가 바로 이것이다. 우리는 멜트다운을 막을 방법이 바로 자기 손안에 있다는 사실을 사람들이 인식하기를 바랐다.

중세 시대 인류는 심각한 위협에 직면했었다.[11] 1347년, 무역함대가 시실리아에 도착했는데, 선원 대부분이 사망했고, 살아남은 자들은 기침하며 피를 토했다. 배에 탄 사람이 모두 죽어 항구 앞을 빙빙 도는 배들도 있었다. 이후 수천만 명의 목숨을 앗아갈 흑사병의 시작이었다. 아시아 대륙에서 유래한 이 병은 실크로드의 무역상과 몽골 병사들을 통해 확산되었다. 몽골 군대는 이 병을 무기로 삼았다. 그들은 포위한 무역도시의 성벽 너머로 감염된 시신을 던져 넣었다.[12] 전염병은 금세 아프리카와 중동으로 퍼졌다.

당시 세계는 이 병이 퍼지기 좋은 상태였다.[13] 새로운 무역로가 여러 도시를 연결해 이동을 촉진했다. 사람들은 그 어느 때보다 밀접하게 살았다. 그러나 인류는 수 세기 동안 항생제나 역학, 위생설비, 질병을 일으키는 세균에 관한 이론 등을 개발하지 못했다. 역사학자들이 말하는 '박테리아의 황금시대'[14]였다. 우리는 전염병에 취약했지만, 예방은커녕 병을 이해하는 것조차 한참이나 뒤처져 있었다.

오늘날, 우리는 멜트다운의 황금시대에 살고 있다. 점점 더 많은 시스템이 위험구역으로 들어가고 있는데, 그 시스템을 관리하는 역량을 갖추는 건 한참 뒤처져 있다. 그 결과는 파멸뿐인데도 말이다.

그러나 시대는 변하고 있었다. 우리는 이제 멜트다운의 황금시대를 끝내는 방법을 알게 되었다. 필요한 건 시도하려는 확신뿐이다.

감사의 말

　책은 복잡한 시스템이다. 문장과 단락이 정교한 그물망을 형성하고 이야기 구조라는 실을 엉뚱한 곳에 잘못 꿰면 금세 풀어진다. 다른 시스템에 비하면 책 쓰기에는 여유가 더 많긴 해도 어느 정도는 긴밀한 결합 상태에 놓인다. 실수로 삭제한 인터뷰 기록은 복구하기 어렵고, 한번 넘긴 마감일은 맞출 수 없다. 멜트다운을 피하려 작가들은 혼자 작업하지 않는다. 외부인이 내놓는 평가에 의지하고, 다양한 견해로부터 배우고, 반대의견에 귀를 기울인다.

　펭귄 출판사에서 앤 고도프Ann Godoff와 스콧 모이어스Scott Moyers가 이끄는 멋진 팀을 만난 건 행운이다. 그들은 우리가 글쓰기의 복잡도를 헤쳐나갈 수 있게 도와주었다. 출중한 편집자 에밀리 커닝엄Emily Cunningham은 높은 안목으로 반대의견과 정중한 제안, 변함없는 지지를 보내주었다. 폭넓은 독자를 대상으로 글 쓰는 방법을 알려주고 이 책의 방향에 중대한 영향을 끼쳤다. 제니퍼 에크Jennifer Eck, 메건 게리티Megan Gerrity, 캐런 메이어Karen Mayer, 클레어 바카로Claire Vaccaro는 큰 관심과 식견, 전문성으로 이 책의 출판을 이끌었다. 맷 보이드Matt Boyd, 새라 헛슨Sarah Hutson, 그레이스 피셔Grace Fisher는 이 책의 훌륭한 지지자로서 주변에 책에 관한 이야기를 전파하느라 부단히 애썼다. 북쪽으로 몇 마일 떨어진 펭귄 캐나다의 다이앤 튀르비드Diane Turbide는 영감과 용기, 통찰의 원천이었고, 동료 프랜시스 베드퍼드Frances Bedford와 카라 컨더프Kara Carnduff는 캐나다에서 이 책을 홍보하며 빈틈없는 팀워크를 보여주었다.

와일리 에이전시Wylie Agency의 크리스티나 무어Kristina Moore와 제임스 풀렌James Pullen은 초기 구상에 소중한 의견을 내주고, 이 책의 보금자리를 찾아주려 무던히 애썼다. 작업의 아주 초기 단계에 관심을 보여주고 '멜트다운'이라는 제목을 제안해준 제임스에게 특히 고마움을 전한다.

《파이낸셜타임스》와 맥킨지앤드컴퍼니McKinsey and Company의 브래컨바우어상Bracken Bower Prize이 집필을 시작할 초기 원동력을 제공해주어 정말 기뻤다. 우리 기획안을 알아봐준 심사위원 빈디 방가Vindi Banga, 린다 그래튼Lynda Gratton, 요르마 올릴라Jorma Ollila, 스티븐 루빈Stephen Rubin에게 감사한다. 이 상은 우리를 그동안 그저 멀리서 존경하기만 하던 사상가들의 공동체로 이끌어주었다. 앤드루 힐Andrew Hill, 도미니크 바튼Dominic Barton, 라이오널 바버Lionel Barber, 앤마리 슬로터Anne-Marie Slaughter로부터는 엄청난 지지와 격려를 받았다. 마틴 포드Martin Ford와 숀 실코프Sean Silcoff가 초안을 읽고 시간을 들여 꼼꼼하게 의견을 준 덕에 우리 책이 훨씬 더 나아질 수 있었다.

덕 탈러Dick Thaler는 출판계에 적응하는 데 필요한 현명한 조언을 해주었다. 토론토대학교의 로트만 경영대학원Rotman School of Management에도 큰 빚을 졌다. 로트만 대학원장은 한 명도 아닌 두 명이나 일찌감치 우리 책의 지지자가 되어주었다. 로저 마틴Roger Martin은 대단히 너그러운 멘토로서, 10권이나 책을 써본 사람만이 해줄 수 있는 조언을 해주었다. 티프 매클럼Tiff Macklem은 지속적인 격려와 통찰력 있는 질문을 보태주었고, 우리는 전 세계 경제 위기를 통해 그가 얻은 교훈으로부터 10장을 집필하는 데 영감을 얻었다. 안드라스의 로트만 동료들은 집필과 구상에 대단히 큰 도움을 주는 공동체를 형성했고, 우리는 조직 내 재앙적 실패 모임에 출석해 통찰력을 나눠준 학생들로부터 상당히 많은 것을 배웠다.

켄 맥거핀Ken McGuffin, 스티브 아렌버그Steve Arenburg, 로드 로힌Rod Lohin만큼이나 이 책에 꾸준히 열정을 보여준 사람도 드물다. 2015년 브레컨바우어상에 응모해보라고 권해준 사람이 켄이었다. 1년 후에는 스티브가 공개강좌를 열어준 덕에 우리는 다양한 청중에게서 중요한 초기 평가의견을 얻을 수 있었다. 로드는 처음 이야기를 듣고 우리 구상이 가진 잠재성을 알아봐주었고, 그가 안내해준 마이클 리-친가족기업시민연구소Michael Lee-Chin Family Institute for Corporate Citizenship로부터 넉넉한 연구지원금을 받을 수 있었다.

우리 책 기획안과 원고를 보고 지극히 값진 평가의견을 준 사람들 역시 많다. 애덤 그랜트Adam Grant는 우리가 해법에 집중하고 일상 속 재앙 사례를 추가하도록 권해주었다. 안드레아 오반스Andrea Ovans는 경영 측면에서 갖는 함의에 관해 훌륭한 의견을 더해주었다. 우리 친구 매슈 클라크Matthew Clark와 조너선 워스Jonathan Worth는 언제나 다정한 격려와 유용한 질문의 원천이었으며, 초안을 보고 매슈가 준 의견은 우리 원고를 크게 바꿀 수 있게 해주었다. 그는 예리하고 비판적인 시각으로 우리를 올바른 방향으로 이끌었고, 시스템에 관한 초점을 더 예리하게 다듬도록 도와주었다. 조 바다라코Joe Badaracco, 비에코 베기치Vjeko Begic, 알렉스 벌린Alex Berlin, 일랴 보머시Illya Bomash, 톰 캘러헌Tom Callaghan, 캐런 크리스티언슨Karen Christensen, 카라 피츠시먼스Kara Fitzsimmons, 안드레아 플로어스Andrea Flores, 리처드 플로리다Richard Florida, 패트리샤 푸Patricia Foo, 잭 갤러거Jack Gallagher, 조슈아 갠스Joshua Gans, 앤디 그린버그Andy Greenberg, 알렉스 거스Alex Guth, 클레이 커민스키Clay Kaminsky, 새라 캐플런Sarah Kaplan, 칼 케이Carl Kay, 에드 쿠벡Ed Koubek, 토어 크레버Tor Krever, 이나 리비츠Inna Livitz, 제이미 몰튼Jamie Malton, 시모나 몰튼Simona Malton, 니콜 마틴Nicole Martin, 폴 마리즈Paul Mariz, 크리스 마키스Chris Marquis, 데이비드 메이어David Mayer, 제시카 모펏 로즈Jessica Moffett Rose, 팻 오브라이언Pat O'Brien, 에오헌 오도널Eoghan O'Donnell, 킴 퍼넬Kim Pernell, 톰 로즈Thom Rose, 헤더 로트만Heather Rothman, 모린 사르나Maureen Sarna, 율리아 트와록Julia Twarog, 짐 웨더롤Jim Weatherall, 맷 와인스톡Matt Weinstock, 미셸 부커Michele Wucker가 지지와 유용한 의견을 더해주었다. 또한 나사 JPL 합동 공학위원회 Joint Engineering Board와 시간을 내고 의견을 더해준 브라이언 뮤어헤드 Brian Muirhead, 바라트 추다사마 Bharat Chudasama, 크리스 존스 Chris Jones, 하워드 아이젠 Howard Eisen에게 감사를 전하고 싶다. 책 내지 디자인을 맡은 안톤 아이아크노버츠 Anton Ioukhnovets와 표지를 디자인한 크리스토퍼 킹 Chritopher King에게도 감사의 말을 전한다.

우리는 연구자, 사고조사관, 그 밖에 우리에게 자신의 지혜를 나눠준 수많은 영웅에게 큰 빚을 졌다. 그들로부터 배울 수 있었던 것은 정말로 행운이다. 다들 책 속에 인용되어 언급되었지만, 그중에서도 세 명에게는 여기서 특별히 감사 인사를 전하고 싶다. 찰스 페로 Charles Perrow의 연구는 탁월하며, 그에게 배우는 동안 마음이 겸허해지는 놀라운 경험을 했다. 2015년 7월 뉴헤이븐에서 칙과 보낸 주말은 이 책이 탄생하는 데 결정적인 순간이 되었고, 작업 중 가장 뿌듯한 시간이었다. 탁월함과 친절함, 인류애를 동시에 품은 보기 드문 사상가인 친구 벤 버먼은 이 여정을 통해 자신의 견해를 놀라울 정도로 넉넉히 나누어주었다. 그리고 끈기 있게 자신의 연구 내용을 우리에게 설명해주고, 사례를 찾을 수 있도록 도와주고, 자기 분야의 다른 학자들을 소개해준 말리스 크리스티언슨 Marlys Christianson에게 진심으로 감사하다.

가장 깊은 감사 인사는 가족들에게 보내야겠다. 부모님은 어린 시절부터 책을 좋아하도록 길러주셨다. 토르발드 Torvald는 크리스에게 놀라운 기쁨과 영감의 원천이었고, 소렌 Soren이 돌아올 날이다가온 덕에 책의 마감을 확실히 지킬 수 있었다. 펠루Pelu는 안드라스의 든든한 집필 동반자였다. 무엇보다도 참을성 있게 우리의 의견을 반복적으로 들어주고 핵심을 찌르는 질문을 던져준 리네아Linnéa와 마빈Marvin에게 고맙다. 우리가 스스로 멜트다운에 빠지지 않도록 도와주고, 좋을 때나 나쁠 때나 곁을 지켜주었다. 그들이 없었다면 우리는 이 책을 쓸 수 없었을 것이다.

주석

프롤로그

1   사건에 관한 자세한 내용은 다음 자료를 참고했다. National Transportation Safety Board's Railroad Accident Report NTSB/RAR–10/02, "Collision of Two Washington Metropolitan Area Transit Authority Metrorail Trains Near Fort Totten Station," Washington, DC, June 22, 2009, https://www.ntsb.gov/investigations/AccidentReports/Reports/RAR1002.pdf.

2   월리 부부와 주변 인물에 관해서는 다음 자료를 참고했다. Christian Davenport, "General and Wife, Victims of Metro Crash, Are Laid to Rest," *Washington Post*, July 1, 2009, http://www.wash ingtonpost.com/wp–dyn/content/article/2009/06/30/AR2009063002664.html? sid=ST2009063003813; Eli Saslow, "In a Terrifying Instant in Car 1079, Lives Became Forever Intertwined," *Washington Post*, June 28, 2009, http://www.washingtonpost.com/wp–dyn/content/article/2009/06/27/AR2009062702417.html; Gale Curcio, "Surviving Against All Odds: Metro Crash Victim Tells Her Story," *Alexandria Gazette Packet*, April 29, 2010, http://connectionarchives.com/PDF/2010/042810/Alexandria.pdf.

3   Davenport, "General and Wife." 다음 보고서도 참고하라. National Commission on Terrorist Attacks upon the United States, *The 9/11 Commission Report: Final Report of the National Commission on Terrorist Attacks upon the United States* (Washington, DC: Government Printing Office, 2011), p.44.

4   이 책을 쓰는 동안 무수한 항공사에서 이런 일이 벌어졌다. 예를 들어 다음 기사를 보라. Alice Ross, "BA Computer Crash: Passengers Face Third Day of Disruption at Heathrow," *Guardian*, May 29, 2017, https://www.theguardian.com/business/2017/may/29/ba–computer–crash–passengers–face–third–day–of–disruption–at–heathrow; "United Airlines Systems Outage Causes Delays Globally," *Chicago Tribune*, October 14, 2016, http://www.chicagotribune.com/business/ct–united–airlines–systems–outage–20161014–story.html; Chris Isidore, Jethro Mullen, and Joe Sutton, "Travel Nightmare for Fliers After Power Outage Grounds Delta," CNN Money, August 8, 2016, http://money.cnn.com/2016/08/08/news/companies/delta–system–outage–flights/index.html?iid=EL.

5   Air Transport Action Group, "Aviation Benefits Beyond Borders," April 2014, https://
aviationbenefits.org/media/26786/ATAG__Aviation Benefits2014_FULL_LowRes.pdf.

6   밸류젯 592편 사고와 조사에 관한 서술은 2016년 1월 10일 벤 버먼과의 면담 및 다
음 자료를 바탕으로 한다. The National Transportation Safety Board's Aircraft Accident
Report NTSB/AAR–97/06, "In–Flight Fire and Impact with Terrain, ValuJet Airlines Flight
592 DC–9–32, N904VJ, Everglades, Near Miami, Florida, May 11, 1996," August 19,
1997, https://www.ntsb.gov/investigations/AccidentReports/Reports/AAR9706.pdf;
William Langewiesche, "The Lessons of ValuJet 592," *Atlantic*, March 1998, https://www.
theatlantic.com/magazine/archive/1998/03/the–lessons–of–valujet–592/306534/. 랑게
비쉐의 글에는 사건의 경위와 이면에 숨은 요인에 관한 통찰력 있는 토론이 담겨
있다.

7   실제 선적표 사본은 다음 자료에서 확인하라. NTSB/AAR–97/06, p.176. 여기서는 알
아보기 쉽도록 단순하게 편집해 넣었다.

8   Langewiesche, "The Lessons of ValueJet 592."

9   Michel Martin, "When Things Collide," National Public Radio, June 23, 2009, http://www.
npr.org/sections/tellmemore/2009/06/when_things_collide.html.

1장

1   *The China Syndrome*, directed by James Bridges, written by Mike Gray, T. S. Cook, and
James Bridges, Columbia Pictures, 1979.

2   David Burnham, "Nuclear Experts Debate 'The China Syndrome,'" *New York Times*, March
18, 1979, http://www.nytimes.com/1979/03/18/ archives/nuclear–experts–debate–the–
china–syndrome–but–does–it–satisfy–the.html.

3   Dick Pothier, "Parallels Between 'China Syndrome' and Harrisburg Incident Disturbing,"
Evening Independent, 7A, April 2, 1979.

4   Ira D. Rosen, "Grace Under Pressure in Harrisburg," *Nation*, April 21, 1979.

5   Tom Kauffman, "Memories Come Back as NEI Staffer Returns to Three Mile Island," Nuclear
Energy Institute, March 2009, http://www.nei.org/News–Media/News/News–Archives/
memories–come–back–as–nei–staffer–returns–to–three.

6   스리마일섬 사고의 자세한 내용을 이해하는 데는 전 미국 핵규제위원회(NRC) 위
원 빅터 길린스키와 NRC 소속 역사학자 토머스 웰록에게 도움을 받았다. 사고에 관
한 설명은 아래 자료를 참고했다. Charles Perrow, *Normal Accidents: Living with High-
Risk Technologies* (Princeton, NJ: Princeton University Press, 1999); J. Samuel Walker,

Three Mile Island: A Nuclear Crisis in Historical Perspective (Berkeley and Los Angeles: The University of California Press, 2004); John G. Kemeny et al., "The Need for Change: The Legacy of TMI," Report of the President's Commission on the Accident at Three Mile Island (Washington, DC: Government Printing Office, 1979); U.S. Nuclear Regulatory Commission, "Backgrounder on the Three Mile Island Accident," February 2013, https://www.nrc.gov/reading—rm/doc—collections/fact—sheets/3mile—isle.html; "Looking Back at the Three Mile Island Accident," National Public Radio, March 15, 2011, http://www.npr.org/2011/03/15/134571483/Three—Mile—Island—Accident—Different—From—Fukushima—Daiichi; Victor Gilinsky, "Behind the Scenes of Three Mile Island," *Bulletin of the Atomic Scientists*, March 23, 2009, http://the bulletin.org/behind—scenes—three—mile—island—0; Mark Stencel, "A Nuclear Nightmare in Pennsylvania," *Washington Post*, March 27, 1999, http://www.washing tonpost.com/wp—srv/national/longterm/tmi/tmi.htm. [찰스 페로, 『무엇이 재앙을 만드는가?』, 알에이치코리아, 2013.]

7   사실 확인 질문에 관한 답변(2017년 5월 17일)에서 빅터 길린스키는 핵연료 절반이 녹아내린 사실은 몇 년 후 원자로 압력용기를 개봉하고 나서야 밝혀진 것이라고 알려주었다. 그는 이렇게 썼다. "사고 당시는 용융이 일어났더라도 최소한일 것으로 예측했습니다. 1년 후 사고보고서나 그 후의 보고서에서는 노심 용융이 거의 언급되지 않았습니다."

8   많은 자료에서 스리마일섬 멜트다운을 미국 역사상 최악 또는 가장 심각한 핵 사고라고 말한다. 이 사건은 국제 핵 사고 등급International Nuclear and Radiological Event Scale에서 '더 폭넓은 피해를 끼친 사고'를 뜻하는 5등급을 기록했다. 더불어 토머스 웰록이 사실 확인 이메일 답변(2017년 5월 16일)에서 지적했듯이 "건설 중이던 원자력위원회Atomic Energy Commission 소유 원자로에서 사고가 발생해 인명피해를 낸 사례들이 있고, 그중 한 건은 세 명이 사망"했다. 어떻게 봐도 스리마일섬 멜트다운은 미국 상업 핵 발전 역사상 가장 심각한 사고다.

9   길린스키가 보낸 사실 확인 이메일 답변(2017년 5월 16일) '스리마일섬 뒷이야기'. 토머스 웰록은 다음과 같이 확인함. "누군가 들어가 어딘가의 밸브를 열기 위해서 생명의 위험을 감수하려는 진지한 논의는 결코 한 적이 없습니다. 누군가의 생명을 위태롭게 하기 때문만이 아니라 그럴 필요도 없었기 때문입니다. 송풍을 억제하는 밸브는 건설 항목에 포함되지 않았고, 그렇게 고온과 고압 상태인 원자로 용기의 공기를 빼내는 것은 현명하지 못한 일이었을 거예요. ……제 생각에는 [대통령 보좌관이] 단순히 길린스키의 설명을 잘못 이해해 불필요하고 위험한 일을 제안한 게 아닌가 싶어요. 그래서 [과학 보좌관의] 마음 상태를 이해하는 데는 유용한 이야기지만 발전소에서 실제 벌어진 일을 알려주는 데는 도움이 되지 않을 듯합니다."

10　이 사고는 어마어마하게 복잡해서 우리는 여러 가지 세부사항을 생략했다. 예를 들어, 주 급수펌프가 막히자 설계에 따라 즉시 터빈도 멈췄다. 그 순간 역시 설계에 따라 보조 급수펌프가 켜졌지만 이 펌프들에서 나오는 물은 며칠 전 진행한 정비작업 후 우연히 닫힌 채 방치된 두 개의 밸브로 인해 막혔다. 나중에 사고가 나고, 온도가 상승하고, 노심 냉각수가 흘러 들어가자 노심으로 냉각수를 보내는 펌프들이 격렬히 흔들리기 시작했다. 그래서 운전원들이 펌프를 잠갔고, 냉각수 손실로 문제가 악화했다. 사고에 관한 더 자세한 설명은 다음 자료를 참고하라. Walker, *Three Mile Island*.

11　B. Drummond Ayres Jr., "Three Mile Island: Notes from a Nightmare," *New York Times*, April 16, 1979, http://www.nytimes.com/1979/04/16/archives/three-mile-island-notes-from-a-nightmare-three-mile-island-a.html.

12　Gilinsky, "Behind the Scenes of Three Mile Island."

13　페로의 이론과 그 구상을 발전시키는 과정에 관한 설명은 2016년 7월 23일과 24일 진행한 개인 면담 및 그의 책 『무엇이 재앙을 만드는가?』를 바탕으로 한다.

14　이 만평은 다음 책의 표지로 쓰였다. *The Sociologist's Book of Cartoons* (New York: Cartoon Bank, 2004).

15　Kathleen Tierney, "Why We Are Vulnerable," *American Prospect*, June 17, 2007, http://prospect.org/article/why-we-are-vulnerable.

16　찰스 페로의 책 *The Next Catastrophe: Reducing Our Vulnerabilities to Natural, Industrial, and Terrorist Disasters* (Princeton, NJ: Princeton University Press, 2007)에 대한 돌턴 콘리 Dalton Conley 교수의 추천사; 프린스턴대학교 출판부 책 소개 페이지에서 확인할 수 있다. (http://press.princeton.edu/quotes/q9442.html).

17　Charles Perrow, "An Almost Random Career," in Arthur G. Bedeian, ed., *Management Laureates: A Collection of Autobiographical Essays*, vol. 2 (Greenwich, CT: JAI Press, 1993), pp.429~30.

18　Perrow, *Normal Accidents*, p.viii.

19　Laurence Zuckerman, "Is Complexity Interlinked with Disaster? Ask on Jan. 1; A Theory of Risk and Technology Is Facing a Millennial Test," *New York Times*, December 11, 1999, http://www.nytimes.com/1999/12/11/books/complexity-interlinked-with-disaster-ask-jan-1-theory-risk-tech nology-facing.html.

20　페로는 자신의 연구에도 끈질겼지만, 그가 연구하려고 했던 조직 중에는 그의 의도를 의심스러워한 곳들도 있었다. "어떤 경영진은 저를 마티니 병으로 둘러싸인 근사한 점심 식사에 데려가서 인종차별적 발언을 하기 시작했어요"라고 우리에게 말했다. "그들은 제가 혹시 전형적인 좌익 사회주의자인지 아니면 믿을 만한 사람인

지 시험해보려 했어요. 하지만 저는 그들이 뭘 하는지 알았죠. 그래서 자료를 얻으려고 그냥 장단을 맞춰줬어요." 그는 활짝 웃으며 덧붙였다. "그리고 그들은 제가 마티니를 잘 마실 수 있는지 알고 싶어 했어요. 제가 그 술을 좋아한다는 사실이 밝혀졌죠." 2016년 7월 23일 찰스 페로 개인 면담.

21   Lee Clarke, *Mission Improbable: Using Fantasy Documents to Tame Disaster* (Chicago and London: The University of Chicago Press, 1999), pp.xi~xii.

22   Charles Perrow, "Normal Accident at Three Mile Island," *Society* 18, no. 5 (1981): p.23.

23   시스템이 세계를 어떻게 구성하는가에 관해 더 중요한 관점을 살펴보려면 다음 자료를 참고하라. Donella Meadows, *Thinking in Systems: A Primer* (White River Junction, VT: Chelsea Green Publishing, 2008).

24   Edward N. Lorenz, "Deterministic Nonperiodic Flow," *Journal of the Atmospheric Sciences*, 20, no. 2 (1963): pp.130~41; Edward N. Lorenz, *The Essence of Chaos* (Seattle: University of Washington Press, 1993), pp.181~84.

25   페로의 복잡도와 결합의 사분면 관련 설명은 다음 자료를 간략히 옮겨온 것이다. Figure 3.1 in Perrow, *Normal Accidents*, p.97.

26   Perrow, *Normal Accidents*, p.98.

27   Charles Perrow, "Getting to Catastrophe: Concentrations, Complexity and Coupling," *Montréal Review*, December 2012, http://www.themontrealreview.com/2009/Normal-Accidents-Living-with-High-Risk-Technologies.php.

28   Perrow, *Normal Accidents*, p.5.

29   스타벅스 트위터 대참사에 관한 서술은 다음 자료를 바탕으로 한다. "Starbucks Twitter Campaign Hijacked by Tax Protests," *Telegraph*, December 17, 2012, http://www.telegraph.co.uk/technology/twitter/9750215/Starbucks-Twitter-campaign-hijacked-by-tax-protests.html; Felicity Morese, "Starbucks PR Fail at Natural History Museum After #SpreadTheCheer Tweets Hijacked," *Huffington Post UK*, December17, 2012, http://www.huffingtonpost.co.uk/2012/12/17/starbucks-pr-rage-natural-history-museum_n_2314892.html; "Starbucks' #SpreadThe Cheer Hashtag Backfires as Twitter Users Attack Coffee Giant," *Huffington Post*, December 17, 2012, http://www.huffingtonpost.com/2012/12/17/starbucks-spread-the-cheer_n_2317544.html.

30   Emily Fleischaker, "Your 10 Funniest Thanksgiving Bloopers + the Most Common Disasters," *Bon Appétit*, November 23, 2010, http://www.bonappetit.com/entertaining-style/holidays/article/your-10-funniest-thanksgiving-bloopers-the-most-common-disasters.

31   위 자료.

32   Ben Esch, "We Asked a Star Chef to Rescue You from a Horrible Thanksgiving," *Uproxx*,

November 21, 2016, http://uproxx.com/life/5-ways-screwing-up-thanksgiving-dinner. 이런 식으로 시스템을 단순화하기를 선호하는 전문가는 제이슨 퀸만이 아니다. 일례로 《뉴욕타임스》 식품 담당 편집자이자 책 *Thanksgiving: How to Cook It Well* (New York: Random House, 2012) 저자인 샘 시프턴Sam Sifton은 시간과 오븐 안 공간이 제한적일 때 비슷한 방법을 쓰도록 권한다. (Sam Sifton, "Fastest Roast Turkey," *NYT Cooking*, https://cooking.nytimes.com/recipes/1016948-fastest-roast-turkey을 보라.) 비슷하게 *The Food Lab: Better Home Cooking Through Science* (New York: W. W. Norton, 2015) 저자 J. 켄지 로페즈 알트는 복잡도를 줄이고 각 부위가 알맞은 온도에서 요리되기 위해서 칠면조를 조각내서 요리하는 방법을 설명한다. (J. Kenji López-Alt, "Roast Turkey in Parts Recipe," *Serious Eats*, November 2010, http://www.seriouseats.com/recipes/2010/11/turkey-in-parts-white-dark-recipe.html 를 보라.) [J. 켄지 로페즈 알트, 『더 푸드 랩』, 영진닷컴, 2017.]

2장

1   예일대학교 논란에 관한 설명은 다음 자료를 바탕으로 한다. Conor Friedersdorf, "The Perils of Writing a Provocative Email at Yale," *Atlantic*, May 26, 2016, https://www.theatlantic.com/politics/archive/2016/05/the-peril-of-writing-a-provocative-email-at-yale/484418. 이 부분에서 우리는 에리카와 니콜라스 크리스타키스를 '공동 학장'이라고 칭했는데, 이는 비공식 직책이다. 엄밀하게는 사회학자이자 의사인 니콜라스가 학장이었고, 에리카는 영유아 교육 강사였다. 이 사건이 벌어진 후, 직책명이 'master'에서 'head of college'으로 바뀌었다.

2   그 대화에서는 예일이 직접 언급되었다. 다음 자료를 보라. Justin Wm. Moyer, "Confederate Controversy Heads North to Yale and John C. Calhoun," *Washington Post*, July 6, 2015, https://www.washingtonpost.com/news/morning-mix/wp/2015/07/06/confederate-controversy-heads-north-to-yale-and-john-c-calhoun. 칼훈컬리지 Calhoun College는 2017년 그레이스 호퍼컬리지Grace Hopper College로 이름을 바꿨다.

3   이 대치상황에 관한 설명은 위에 언급한 《애틀랜틱》에 실린 코너 프리더스도프 Conor Friedersdorf의 글과 유튜브에서 볼 수 있는 현장 스마트폰 영상을 바탕으로 한다. 니콜라스의 발언은 음성을 녹취한 것이다. "Yale Halloween Costume Controversy," YouTube playlist. 게시자 TheFIREorg, https://www.youtube.com/playlist?list=PLvIqJIL2kOMefn77xg6-6yrvek5kbNf3Z.

4   다음을 보라. "Yale University Statement on Nicholas Christakis," May 25, 2016, https://news.yale.edu/2016/05/25/yale-university-statement-nicholas-christakis-may-2016.

5   예를 들어, 다음을 보라. Blake Neff, "Meet the Privileged Yale Student Who Shrieked at Her Professor," *Daily Caller*, November 11, 2015, http://dailycaller.com/2015/11/09/meet-the-privileged-yale-student-who-shrieked-at-her-professor.

6   Patrick J. Regan, "Dams as Systems: A Holistic Approach to Dam Safety," conference paper, 30th U.S. Society on Dams conference, Sacramento, 2010.

7   위 자료, p.5. 물론 영상을 활용하는 댐 운전원들도 있지만 모두 그렇지는 않고, 그 경우에도 문제가 없지 않다.

8   님버스댐Nimbus Dam 사고를 기록한 리건Regan의 '시스템으로서 댐'을 보라.

9   물론, 전 지구적 금융 시스템은 최근 몇십 년 동안 이룬 발전이 있기 전에도 실패를 겪었다. 예를 들어, 다음을 보라. Liaquat Ahamed, *Lords of Finance: The Bankers Who Broke the World* (New York: Random House, 2009); Ben S. Bernanke, "Nonmonetary Effects of the Financial Crisis in the Propagation of the Great Depression," *American Economic Review* 73, no. 3 (1983): pp.257~76. [리아콰트 아메드, 『금융의 제왕』, 다른세상, 2010.]

10   1987년 롱텀 캐피털 매니지먼트 사태에 관한 더 깊은 이야기와 현대 금융의 더 광범위한 면모(그리고 복잡도와 긴밀한 결합의 역할까지)를 다룬 다음 책을 보라. Richard Bookstaber's excellent book, *A Demon of Our Own Design* (Hoboken, NJ: Wiley, 2007).

11   금융위기를 분석한 또 다른 훌륭한 작가로는 마이클 루이스가 있다. "Wall Street on the Tundra," *Vanity Fair*, April 2009, http://www.vanityfair.com/culture/2009/04/iceland200904; *The Big Short: Inside the Doomsday Machine* (New York: W. W. Norton, 2011). [마이클 루이스, 『빅 숏』, 비즈니스맵, 2010.]

12   페로의 이 말은 2010년 그를 면담한 팀 하포드의 통찰력 넘치는 저서 *Adapt: Why Success Always Starts with Failure* (New York: Farrar, Straus, and Giroux, 2011)에 인용한 문구다.

13   나이트 사건에 관한 서술은 우리가 2016년 1월 21일 나이트 CEO 톰 조이스, 그리고 2016년 1월 14일 '존 뮬러'(가명) 및 다른 거래자들과 가진 면담 내용을 바탕으로 한다. 또한 나이트의 거래 실수에 관한 SEC 보고서도 참조했다. 다음을 보라. "In the Matter of Knight Capital LLC," Administrative Proceeding File No. 3-15570, October 16, 2013. 사고 원인 파악을 목적으로 하는 연방교통안전위원회의 보고서와 다르게 SEC 보고서는 나이트캐피털에 대한 법 집행 근거를 제시한다는 점을 밝혀둔다. 또한 톰 조이스 면담을 포함해 당시 상황을 담은 다음의 자료들을 참고했다. "Market Makers," Bloomberg Television, August 2, 2012; Nathaniel Popper, "Knight Capital Says Trading Glitch Cost It $440 Million," *New York Times*, August 2, 2012, https://dealbook.nytimes.com/2012/08/02/knight-capital-says-trading-mishap-cost-it-440-million/;

David Faber and Kate Kelly with Reuters, "Knight Capital Reaches $400 Million Deal to Save Firm," CNBC, August 6, 2012, http://www.cnbc.com/id/48516238.

14 10시 정각에는 아마 2억 달러 가까이 잃었을 것이라고 한다.(2017년 5월 16일 톰 조이스의 개인적 서신) 그러나 월스트리트 거래자들이 나이트가 실수로 만든 포지션을 거래해야 한다는 걸 알게 되면서 나이트의 손실은 더 커졌다. 그날, 나이트의 거래자들은 종일 거래량을 줄이느라 애써야 했고, 결국 오후 늦게 손해를 보면서 골드만삭스와 대량 거래를 했다.

15 '고빈도high-frequency' 또는 알고리즘 거래의 단점에 관한 수많은 사례가 있지만 장점도 있다. 은행과 거래자를 통한 거래 과정은 고정비용이 비싼데, 거래량이 늘고 기술을 통한 거래가 많아질수록 거래의 한계 비용은 낮아진다. 게다가 자동 거래는 주식 입찰과 매도 사이의 간격을 좁혀 소비자 가격을 낮춘다. 예를 들어, 다음을 보라. Terrence Hendershott, Charles M. Jones, and Albert J. Menkveld, "Does Algorithmic Trading Improve Liquidity?" *Journal of Finance* 66, no. 1 (2011): pp.1-33. 알고리즘 거래는 또한 많은 투자자가 연금 계좌에 ETFs(exchange-traded funds, 상장지수 펀드)나 뮤추얼 펀드mutual funds를 보유하는 인덱스 펀드index funds처럼 비용이 적게 드는 투자를 지원한다. 고빈도 거래가 '구멍가게mom and pop' 투자자*에게 더 나은지 아닌지를 놓고 논쟁이 격하기는 하지만, 접근 비용을 줄여준 것은 분명하다.

16 Chris Clearfield and James Owen Weatherall, "Why the Flash Crash Really Matters," *Nautilus*, April 23, 2015, http://nautil.us/issue/23/dominoes/why-the-flash-crash-really-matters.

17 딥워터 호라이즌 사고에 관한 서술은 다음 몇 가지 자료를 바탕으로 한다. National Commission on the BP Deepwater Horizon Oil Spill and Offshore Drilling, *Deep Water: The Gulf Oil Disaster and the Future of Offshore Drilling*, Report to the President (Washington, DC: Government Publishing Office, 2011); David Barstow, David Rohde, and Stephanie Saul, "Deepwater Horizon's Final Hours," *New York Times*, December 25, 2010, http://www.nytimes.com/2010/12/26/us/26spill.html; Earl Boebert and James M. Blossom, *Deepwater Horizon: A Systems Analysis of the Macondo Disaster* (Cambridge, MA: Harvard University Press, 2016); Peter Elkind, David Whitford, and Doris Burke, "BP: 'An Accident Waiting to Happen,'" *Fortune*, January 24, 2011, http://fortune.com/2011/01/24/bp-an-accident-waiting-to-happen; BP's "Deepwater Horizon Accident Investigation Report," September 8, 2010, http://www.bp.com/content/dam/bp/pdf/sustainability/issue-reports/Deepwater_

---

* 개미투자자.

Horizon_Accident_Investigation_Report.pdf.

18 "Understanding the Initial Deepwater Horizon Fire," *Hazmat Management*, May 10, 2010, http://www.hazmatmag.com/environment/understanding-the-initial-deepwater-horizon-fire/1000370689.

19 National Commission on the BP Deepwater Horizon Oil Spill and Offshore Drilling, *Deep Water*, pp.105~9.

20 위 자료, pp.3~4.

21 David Barstow, Rob Harris, and Haeyoun Park, "Escape from the Deepwater Horizon," *New York Times* video, 6:34, December 26, 2010, https://www.nytimes.com/video/us/1248069488217/escape-from-the-deepwater-horizon.html.

22 위 자료.

23 Andrew B. Wilson, "BP's Disaster: No Surprise to Folks in the Know," CBS News, June 22, 2010, http://www.cbsnews.com/news/bps-disaster-no-surprise-to-folks-in-the-know.

24 Elkind, Whitford, and Burke, "BP."

25 Proxy Statement Pursuant to Section 14(a), filed by Transocean with the U.S. Securities and Exchange Commission on April 1, 2011, https://www.sec.gov/Archives/edgar/data/1451505/000104746911003066/a2202839zdef14a.htm.

26 영국 우체국과 호라이즌 시스템에 관해 서술한 이 단락은 상당 부분 2014년 12월 17일 하원에서 벌어진 휴정 중 토론adjournment debate 내용(*Parliamentary Debates*, Commons, 6th ser., vol. 589 [2014], http://hansard.parlia ment.uk/Commons/2014-12-17/debates/14121741000002/PostOfficeMediationScheme). 특히 다음 의원들의 발언을 바탕으로 한다. James Arbuthnot, Andrew Bridgen, Katy Clark, Jonathan Djanogly, Sir Oliver Heald, Huw Irranca-Davies, Kevan Jones, Ian Murray, Albert Owen, Gisela Stuart, Mike Wood. 또한 다음 자료들도 참고했다. Second Sight, "Interim Report into Alleged Problems with the Horizon System," July 8, 2013; Second Sight, "Initial Complaint Review and Mediation Scheme: Briefing Report—Part Two," April 9, 2015, http://www.jfsa.org.uk/uploads/5/4/3/1/54312921/report_9th_april_2015.pdf. 2017년, 영국 왕좌재판소 고등법원장이 우체국을 상대로 한 집단소송명령Group Litigation Order against을 승인했다. 우체국은 원고 측이었다. 다음을 보라. Freeths, "Group Litigation Order against Post Office Limited Is Approved," March 28, 2017, http://www.freeths.co.uk/news/group-litigation-order-against-post-office-limited-is-approved; HM Courts & Tribunals Service, "The Post Office Group Litigation," March 21, 2017, https://www.gov.uk/guidance/group-litigation-orders#the-post-office-group-litigation.

27   The Post Office, "Post Office Automation Project Complete," PR Newswire, June 21,
      2001, http://www.prnewswire.co.uk/news-releases/post-office-automation-project-
      complete-153845715.html.

28   Neil Tweedie, "Decent Lives Destroyed by the Post Office: The Monstrous Injustice of Scores
      of Sub-Postmasters Driven to Ruin or Suicide When Computers Were Really to Blame,"
      Daily Mail, April 24, 2015, http://www.dailymail.co.uk/news/article-3054706/Decent-
      lives-destroyed-Post-Office-monstrous-injustice-scores-sub-postmasters-driven-
      ruin-suicide-computers-really-blame.html.

29   Tim Ross, "Post Office Under Fire Over IT System," Telegraph, August 2, 2015, http://www.
      telegraph.co.uk/news/uknews/royal-mail/11778288/Post-Office-under-fire-over-IT-
      system.html.

30   Rebecca Ratcliffe, "Subpostmasters Fight to Clear Names in Theft and False Accounting
      Case," Guardian, April 9, 2017, https://www.theguardian.com/business/2017/apr/09/
      subpostmasters-unite-to-clear-names-theft-case-post-office.

31   Parliamentary Debates, Commons, 6th ser., vol. 589 (2014), http://hansard.parliament.uk/
      Commons/2014-12-17/debates/14121741000002/PostOfficeMediationScheme. 제임스
      아버스넛James Arbuthnot 의원이 토론 중 언급했듯, "2000년 우체국은 호라이즌 회
      계 시스템을 도입했습니다. 얼마 안 가서 우려의 목소리가 쏟아져 나오기 시작했습
      니다. 전국의 지역 우편취급소장들이 매일 영업 마감 후 맞춰야 했던 계좌 불일치
      현상을 설명했습니다. 일부 계좌는 그들이 책임질 수준을 넘어섰고, 일부는 그렇지
      않았습니다. 토요일에 마감한 금액과 월요일 개점 시 금액이 완전히 다른 현상을 발
      견한 우편취급소장들도 있었습니다." 아버스넛은 다음 사례도 언급했다. "제 지역
      구민 조 해밀턴은 제가 기억하기로 2000파운드의 차액을 발견했습니다. 고객센터에
      문의 전화를 걸었더니 어떤 버튼을 누르라고 해서 누르자마자 차액이 4000파운드
      로 늘었습니다. 결국 차액은 늘고 또 늘어서 3만 파운드까지 올라갔습니다. 우체국
      에서는 제대로 조사하지 않았습니다." 같은 토론 시간에 앨버트 오언 의원은 다음
      과 같이 말했다. "호라이즌 시스템에는 문제가 있었던 것으로 보였습니다. 어떤 이
      유에서든 매장을 닫고 은퇴하신 분들도 계십니다만, 수많은 지역 우편취급소장들
      이 초기인 2001년에서 2002년 사이에 제게 당시 농촌 지역에서 시스템이 꺼졌다가
      다시 켜지면 문제가 발생한다고 알려주셨습니다. 하여 저는 우체국이 시스템에 아
      무 문제가 없다고 결론 내린 점을 받아들이기 어렵다고 생각합니다." 비슷하게 이
      언 머리Ian Murray 의원은 이렇게 말했다. "우편취급소장들과 전국 곳곳으로부터 심
      각한 문제를 겪고 있다는 이야기를 계속 듣고 있습니다." 그리고 휴 이란카 데이비
      스Huw Irranca-Davies는 이렇게 진술했다. "제 지역구민은 2008년에 오늘 우리가 들

은 것과 같은 차액으로 인해 우체국으로부터 5000파운드 이상을 상환하라는 요구를 받았습니다. 그는 이 일이 호라이즌 컴퓨터 시스템 오류뿐 아니라, 훈련과 지원, 그리고 장애 발생 시 후속조치가 부족해서 벌어진 일이라고 주장했습니다." 또한 다음 자료도 참고하라. Second Sight, "Initial Complaint Review and Mediation Scheme," Freeths, "Group Litigation Order against Post Office Limited is Approved"; HM Courts & Tribunals Service, "The Post Office Group Litigation"; Gill Plimmer, "MPs Accuse Post Office over 'Fraud' Ordeal of Sub-Postmasters," *Financial Times*, December 9, 2014, https://www.ft.com/content/89e1bdf6-7fb1-11e4-adff-00144feabdc0; Michael Pooler, "Sub-Postmasters Fight Back over Post Office Accusations of Fraud," *Financial Times*, January 31, 2017, https://www.ft.com/content/6b6e4afc-e7af-11e6-893c-082c54a7f539; Gill Plimmer and Andrew Bounds, "Dream Turns to Nightmare for Post Office Couple in Fraud Ordeal," *Financial Times*, December 12, 2014, https://www.ft.com/content/91080df0-814c-11e4-b956-00144feabdc0.

32   Second Sight, "Initial Complaint Review and Mediation Scheme: Briefing Report—Part Two", April 9, 2015, http://www.jfsa.org.uk/uploads/5/4/3/1/54312921/report_9th_april_2015.pdf; Testimony of Ian Henderson, "Post Office Mediation," HC 935, Business, Innovation and Skills Committee, February 3, 2015, http://data.parliament.uk/writtenevidence/committee evidence.svc/evidencedocument/business-innovation-and-skills-committee/post-office-mediation/oral/17926.html; Tweedie, "Decent Lives Destroyed by the Post Office."

33   Plimmer and Bounds, "Dream Turns to Nightmare", Second Sight, "Initial Complaint Review and Mediation Scheme." 이런 자료의 결론은 2014년 12월 17일 휴정 중 토론에서 하원 의원들이 내놓은 발언과 일치한다. (*Parliamentary Debates, Commons*, 6th ser., vol. 589 [2014]). 예를 들어, 휴 이란카 데이비스 의원이 "호라이즌과 기존방식의 디자인 차이 문제"와 "지원과 훈련 부족"을 언급한 점, 그리고 마이크 우드 의원이 "어떤 이유에서든 발생하는 부족 금액과 오류로 인한 문제의 책임이 계약상 우편취급소장에게 전가"된다고 언급한 부분을 참고하라.

34   톰 브라운 사례는 하원 휴정 중 토론에서 케빈 존스Kevan Jones 의원이 제시했다. (*Parliamentary Debates*, Commons, 6th ser., vol. 589 [2014]). 이와 관련해 같은 토론에서 제임스 아버스넛, 케이티 클락Katy Clark, 휴 이란카 데이비스가 호라이즌의 지원 시스템에 관해 한 발언을 참고하라. 예를 들어, 케이티 클락은 이렇게 말했다. "전반적으로 공통점은 우체국이 제공한 지원 시스템이 적절하지 않다는 데 있습니다. 이런 문제가 발생할 때 처리하는 역할을 맡은 고객센터가 반복적으로 잘못된 조언과 지원을 했습니다." 같은 토론에서, 휴 이란카 데이비스는 이렇게 말했다. "아주 작은 지역구에서만 사례가 세 건이 있습니다. 세 가지 다 내용은 다르지만, 모두 같은 문

제를 드러냅니다. 호라이즌과 기존방식의 디자인 차이로 인한 문제들입니다. 모두 시스템을 도입한 후 호라이즌이 꺼져 있을 때 계산이 엉망이 되는 문제가 발생했습니다. 문제 발생 시 지원과 훈련 부족 실태는 심각했습니다. 모두 후속 지원과 훈련이 정말 형편없었다고들 말합니다. 이 문제를 해결하기 위해서 우편취급소장 책임에 따라 다들 자기 주머니를 털어야 했습니다." 다음 자료도 참고하라. Second Sight, "Initial Complaint Review and Mediation Scheme," p.25.

35 우체국의 진술은 다음 자료에 인용되어 있다. Karl Flinders, "Post Office Faces Legal Action Over Alleged Accounting System Failures," *Computer Weekly*, February 8, 2011, http://www.computerweekly.com/news/1280095088 /Post-Office_faces-legal-action-over-alleged-accounting-system-failures. 2017년 8월 11일 보낸 사실 확인 이메일에서, 우체국 대변인은 이렇게 썼다. "다른 모든 IT 시스템과 마찬가지로 호라이즌은 완벽하지 않지만 탄탄하고 믿을 만합니다."

36 이 발언은 2017년 8월 11일 우체국 대외협력 팀에서 보낸 이메일을 인용했다. 우리가 보기에 호라이즌은 우편취급소장 수천 명의 거래 수백만 건을 성공적으로 처리했음이 틀림없고, 호라이즌 시스템 전체가 엉망인 것은 아니라는 게 결론이다. 복잡하고 긴밀히 결합한 시스템은 전반적으로 제대로 돌아가는 상황에서조차 충격적이고 비용이 드는 실패를 일으킬 수 있다. 밸류젯 592편 사고처럼, 항공기 사고는 현대 항공 시스템 전체가 엉망이라는 것을 뜻하지 않으면서도 시스템 사고일 수 있다.

37 *Parliamentary Debates*, Commons, 6th ser., vol. 589 (2014); 제임스 아버스넛과 앨버트 오언 의원의 발언을 보라. 또한 다음 자료도 참고하라. Freeths, "Group Litigation Order against Post Office Limited is Approved"; HM Courts & Tribunals Service, "The Post Office Group Litigation"; Pooler, "Sub-Postmasters Fight Back."

38 *Parliamentary Debates*, Commons, 6th ser., vol. 589 (2014); 제임스 아버스넛, 휴 이란카 데이비스, 케빈 존스, 앨버트 오언 의원 발언을 보라. 또한 다음 자료도 참고하라. Freeths, "Group Litigation Order against Post Office Limited is Approved"; HM Courts & Tribunals Service, "The Post Office Group Litigation"; Pooler, "Sub-Postmasters Fight Back"; Ratcliffe, "Subpostmasters Fight to Clear Names."

39 조 해밀턴의 사례는 하원 토론 중 제임스 아버스넛 의원이 자세히 설명했다. (*Parliamentary Debates*, Commons, 6th ser., vol. 589 [2014]) 조 해밀턴의 발언은 다음 보도와 첨부된 음성파일에서 인용했다. Matt Prodger, "MPs Attack Post Office Sub-Postmaster Mediation Scheme," BBC News, December 9, 2014, http://www.bbc.com/news/business-30387973.

40 *Parliamentary Debates*, Commons, 6th ser., vol. 589 (2014); 특히 제임스 아버스넛 의원 발언을 보라.

41   Henderson, "Post Office Mediation." 다음 자료도 참고하라. Second Sight, "Initial Complaint Review and Mediation Scheme"; Charlotte Jee, "Post Office Obstructing Horizon Probe, Investigator Claims." *Computerworld UK*, February 3, 2015, http://www.computerworlduk.com/infrastructure/post-office-obstructing-horizon-probe-investigator-claims-3596589.

42   *Parliamentary Debates*, Commons, 6th ser., vol. 589 (2014). 예를 들어, 제임스 아버스넛 의원은 이렇게 말했다. "이런 문제를 유발할 수 있는 프로그램 결함은 찾아내는 것이 불가능할 때가 많다는 게 가장 염려스러운 부분입니다." 같은 토론에서 조 스윈슨Jo Swinson 경영혁신기술 정무차관은 이렇게 발언했다. "각종 시스템과 수많은 거래를 처리하기 때문에 상당히 많은 사례가 놀라울 만큼 복잡하고 이해하기 어렵습니다." 게다가 《파이낸셜타임스》가 썼듯이 "특히 시스템이 복잡하고 문제를 사후에 조사하는 경우, 이런 유형의 컴퓨터 오류를 추적하기는 극도로 어렵다고 IT 전문가들은 말한다." (Plimmer, "MPs Accuse Post Office"). 다음 자료도 참고하라. Second Sight, "Initial Complaint Review and Mediation Scheme" and Plimmer and Bounds, "Dream Turns to Nightmare."

43   *Parliamentary Debates*, Commons, 6th ser., vol. 589 (2014). 특히 제임스 아버스넛, 앤드루 브리진, 올리버 허드 경, 케빈 존스, 이언 머리 의원이 자기 지역구 우편취급소장이 겪은 일에 관해 한 발언. 다음 자료도 참고하라. Pooler, "Sub-Postmasters Fight Back"; Plimmer and Bounds, "Dream Turns to Nightmare."

44   *Parliamentary Debates*, Commons, 6th ser., vol. 589 (2014); Second Sight, "Initial Complaint Review and Mediation Scheme"; Plimmer, "MPs Accuse Post Office."

45   Alexander J. Martin, "Subpostmasters Prepare to Fight Post Office Over Wrongful Theft and False Accounting Accusations," *The Register*, April 10, 2017, https://www.theregister.co.uk/2017/04/10/subpostmasters_prepare_to_fight_post_office_over_wrongful_theft_and_false_accounting _accusations; "The UK's Post Office Responds to Horizon Report," *Post & Parcel*, April 20, 2015, http://postandparcel.info/64576/news/the-uks-post-office-responds-to-horizon-report.

46   "Post Office IT System Criticised in Report," BBC News, September 9, 2014, http://www.bbc.com/news/uk-29130897. See also Karl Flinders, "Post Office IT Support Email Reveals Known Horizon Flaw," *Computer Weekly*, November 18, 2015, http://www.computerweekly.com/news/4500257572/Post-Office-IT-support-email-reveals-known-Horizon-flaw.

47   HM Courts & Tribunals Service, "The Post Office Group Litigation" and Michael Pooler, "Post Office Faces Class Action Over 'Faulty' IT System," *Financial Times*, August 2, 2017, https://www.ft.com/content/f420f2f8-75fa-11e7-a3e8-60495fe6ca71.

주석

48 *Parliamentary Debates*, Commons, 6th ser., vol. 589 (2014)에서 케빈 존스 의원의 발언. 또한 같은 토론에서 제임스 아버스넛, 앤드루 브리진, 케이시 클럭, 조너선 자노글리, 올리버 허드 경, 휴 이란카 데이비스, 이언 머리, 앨버트 오언, 히셀라 스튜어트 Gisela Stuart, 마이크 우드 의원 발언. 그리고 다음 자료를 보라. Plimmer and Bounds, "Dream Turns to Nightmare."

49 이 문장은 우편취급소장 연합Sub-Postmasters Alliance을 결성한 앨런 베이츠Alan Bates를 인용한 다음 자료에서 가져왔다. Steve White, "Post Office Wrongly Accused Sub-Postmaster of Stealing £85,000 in Five Years of 'Torture,'" *Mirror*, August 16, 2013, http://www.mirror.co.uk/news/uk-news/post-office-wrongly-accused-sub-postmaster-2176052.

3장

1 "Jackpotting: Automated Teller Machines"라는 책의 발표는 널리 알려졌고, 발표 내용과 자료를 영상으로 볼 수 있다. https://www.youtube.com/watch?v=4StcW9OPpPc, 게시자 DEFCONconference, November 8, 2013.

2 이 사건은 주요 언론에서 자세히 보도했지만, 브라이언 크레브스Brian Krebs는 자신이 경험한 결함에 관한 소식을 직접 공개했고("Sources: Target Investigating Data Breach," *Krebs on Security*, December 18, 2013, https://krebsonsecurity.com/2013/12/sources-target-investigating-data-breach/), 이후 결함 자체에 관해 더 자세한 글을 상당수 게재했다.

3 이 단락은 앤디 그린버그와 진행한 2016년 8월 12일 면담, 그리고 그의 기사를 바탕으로 했다. "Hackers Remotely Kill a Jeep on the Highway—With Me in It," *Wired*, July 21, 2015, https://www.wired.com/2015/07/hackers-remotely-kill-jeep-highway; "After Jeep Hack, Chrysler Recalls 1.4M Vehicles for Bug Fix," *Wired*, July 24, 2015, https://www.wired.com/2015/07/jeep-hack-chrysler-recalls-1-4m-vehicles-bug-fix; "Hackers Reveal Nasty New Car Attacks—With Me Behind the Wheel (Video)," *Forbes*, August 12, 2013, https://www.forbes.com/sites/andygreenberg/2013/07/24/hackers-reveal-nasty-new-car-attacks-with-me-behind-the-wheel-video/#60fde1d9228c.

4 Greenberg, "After Jeep Hack, Chrysler Recalls 1.4M Vehicles for Bug Fix." 피아트 크라이슬러Fiat Chrysler는 또한 초기에 해커들의 지프 침입을 막기 위해 모바일 통신사 스프린트Sprint와 협업했다.

5 2016년 8월 12일 앤디 그린버그 개인 면담.

6 Stilgherrian, "Lethal Medical Device Hack Taken to Next Level," *CSO Online*, October 21,

2011, https://www.cso.com.au/article/404909/lethal_medical_device_hack_taken_next_level; David C. Klonoff, "Cybersecurity for Connected Diabetes Devices," *Journal of Diabetes Science and Technology* 9, no. 5 (2015): pp.1143–47; Jim Finkle, "U.S. Government Probes Medical Devices for Possible Cyber Flaws," Reuters, October 22, 2014, http://www.reuters.com/article/us-cybersecurity-medicaldevices-insight-idUSKCN0IB0DQ 20141022.

7   Darren Pauli, "Hacked Terminals Capable of Causing Pacemaker Deaths," *IT News*, October 17, 2012, https://www.itnews.com.au/news/hacked-terminals-capable-of-causing-pacemaker-deaths-319508. 흥미롭게도 책의 연구와 성과는 의료기기 보안업체 메드섹MedSec CEO인 또 다른 뉴질랜드인 저스틴 본이 이어나갔다. 본의 회사는 기기 제조사 세인트 주드 의료기St. Jude Medical가 생산한 이식형 제세동기의 보안 취약점을 발견했다고 주장했다. 세인트 주드는 문제를 부인하고 메드섹을 허위진술로 고소했다. 다음을 참고하라. Michelle Cortez, Erik Schatzker, and Jordan Robertson, "Carson Block Takes on St. Jude Medical Claiming Hack Risk," *Bloomberg*, August 25, 2016, https://www.bloomberg.com/news/articles/2016-08-25/carson-block-takes-on-st-jude-medical-with-claim-of-hack-risk; *St Jude Medical Inc v. Muddy Waters Consulting LLC et al.*, Federal Civil Lawsuit, Minnesota District Court, Case No. 0:16-cv-03002.

8   Barnaby Jack, "'Broken Hearts': How Plausible Was the Homeland Pacemaker Hack?" IOActive Labs Research, February 25, 2013, http://blog.ioactive.com/2013/02/broken-hearts-how-plausible-was.html.

9   갈수록 복잡해지는 현대 시스템과 손상 및 예상치 못한 테러 공격 가능성 사이의 관계를 설명한 다음 자료를 참고하라. Thomas Homer-Dixon, "The Rise of Complex Terrorism," *Foreign Policy* 128, no. 1 (2002): pp.52–62.

10   조직 내 범법행위 이론에 관한 자세한 소개는 부분적으로 찰스 페로의 작업에 영감을 받은 다음 자료를 참고하라. Donald Palmer, *Normal Organizational Wrongdoing* (New York: Oxford University Press, 2013).

11   엔론 관련 부분은 다음 심층보도를 바탕으로 한다. Bethany McLean and Peter Elkind in *The Smartest Guys in the Room: The Amazing Rise and Scandalous Fall of Enron* (New York: Portfolio, 2003); 앞의 책을 바탕으로 2005년 제작한 훌륭한 다큐멘터리 *Enron: The Smartest Guys in the Room* (directed by Alex Gibney); Bethany McLean's article "Is Enron Overpriced?" *Fortune*, March 5, 2001, http://money.cnn.com/2006/01/13/news/companies/enronoriginal_fortune; Kurt Eichenwald's *Conspiracy of Fools: A True Story* (New York: Broadway Books, 2005). 또한 닐 뱃슨Neal Batson이 광범위한 보고내용을 담아 2003년 11월 4일 뉴욕 남부 및 부속 지역 연방 파산법원의 엔론 등에 관한 재판에 제출한 소견서를 포함해 붕괴 이후 파산 과정에 관한 기록물들을 참고했다. [베서니

맥린, 피터 엘킨드, 『엔론 스캔들』, 서돌, 2010.]

12   Bethany McLean, "Why Enron Went Bust," *Fortune*, December 24, 2001, http://archive.
      fortune.com/magazines/fortune/fortune_archive/2001/12/24/315319/index.htm.

13   엔론의 전략은 다음 두 법적 기록에 담겨 있다. Christian Yoder and Stephen Hall,
      "re: Traders' Strategies in the California Wholesale Power Markets/ISO Sanctions," Stoel
      Rives (firm), December 8, 2000; Gary Fergus and Jean Frizell, "Status Report on Further
      Investigation and Analysis of EPMI Trading Strategies," Brobeck (firm) (undated).

14   엔론 거래자들의 전화 통화를 기록한 *Enron: The Smartest Guys in the Room* (Gibney)를
      참고하라.

15   Christopher Weare, *The California Electricity Crisis: Causes and Policy Options* (San
      Francisco: Public Policy Institute of California, 2003).

16   Rebecca Mark quoted in V. Kasturi Rangan, Krishna G. Palepu, Ahu Bhasin, Mihir A. Desai,
      and Sarayu Srinivasan, "Enron Development Corporation: The Dabhol Power Project in
      Maharashtra, India (A)," Harvard Business School Case 596 – 099, May 1996 (Revised July
      1998).

17   시가평가 회계가 투자 조직이 장기적 관점을 갖추는 능력에 부정적 영향을 끼친다
      는 중요한 내용을 담은 다음 자료를 보라. Donald Guloien and Roger Martin, "Mark-to-
      Market Accounting: A Volatility Villain," *Globe and Mail*, February 13, 2013, https://www.
      theglobeandmail.com/globe-investor/mark-to-market-accounting-a-volatility-villain/
      article8637443.

18   이 거래의 자세한 내용은 뱃슨보고서 부록 D를 보라.

19   Peter Elkind, "The Confessions of Andy Fastow," *Fortune*, July 1, 2013, http://fortune.
      com/2013/07/01/the-confessions-of-andy-fastow.

20   이 문구는 뱃슨보고서 부록 F에 자세히 기록된 크레디트 스위스 퍼스트 보스턴Credit
      Suisse First Boston 경영이사 카르멘 마리노Carmen Marino의 이메일을 인용했다.

21   Julie Creswell, "J.P. Morgan Chase to Pay Enron Investors $2.2 Billion," *New York Times*,
      June 15, 2005, http://www.nytimes.com/2005/06/15/business/jp-morgan-chase-to-
      pay-enron-investors-22-billion.html.

22   Owen D. Young, "Dedication Address," *Harvard Business Review 5*, no. 4 (July 1927),
      https://iiif.lib.harvard.edu/manifests/view/drs:8982551$1i. 영의 연설은 다음 자료를
      참고했다. Malcolm Salter, "Lawful but Corrupt: Gaming and the Problem of Institutional
      Corruption in the Private Sector" (unpublished research paper, Harvard Business School,
      2010).

23   Elkind, "The Confessions of Andy Fastow."

24 Sean Farrell, "The World's Biggest Accounting Scandals," *Guardian*, July 21, 2015, https://www.theguardian.com/business/2015/jul/21/the-worlds-biggest-accounting-scandals-toshiba-enron-olympus; "India's Enron," *Economist*, January 8, 2009, http://www.economist.com/node/12898777; "Europe's Enron," *Economist*, February 27, 2003, http://www.economist.com/node/1610552; "The Enron Down Under," *Economist*, May 23, 2002, http://www.economist.com/node/1147274.

25 현재는 수정사항을 반영한 원래 기사를 지금도 《뉴욕타임스》 웹사이트에서 찾아 볼 수 있다. 다음을 보라. Jayson Blair, "Retracing a Trail: The Investigation; U.S. Sniper Case Seen as a Barrier to a Confession," *New York Times*, October 30, 2002, http://www.nytimes.com/2002/10/30/us/retracing-trail-investigation-us-sniper-case-seen-barrier-confession.html; Jayson Blair, "A Nation at War: Military Families; Relatives of Missing Soldiers Dread Hearing Worse News," *New York Times*, March 27, 2003, http://www.nytimes.com/2003/03/27/us/nation-war-military-families-relatives-missing-soldiers-dread-hearing-worse.html; Jayson Blair, "A Nation at War: Veterans; In Military Wards, Questions and Fears from the Wounded," *New York Times*, April 19, 2003, http://www.nytimes.com/2003/04/19/us/a-nation-at-war-veterans-in-military-wards-questions-and-fears-from-the-wounded.html.

26 이 부분은 다음의 신문사 자체 보도를 바탕으로 한다. Dan Barry, David Barstow, Jonathan D. Glater, Adam Liptak, and Jacques Steinberg, "Correcting the Record; Times Reporter Who Resigned Leaves Long Trail of Deception," *New York Times*, May 11, 2003, http://www.nytimes.com/2003/05/11/us/correcting-the-record-times-reporter-who-resigned-leaves-long-trail-of-deception.html; Seth Mnookin, "Scandal of Record," *Vanity Fair*, December 2004, http://www.vanityfair.com/style/2004/12/nytimes200412; the Siegal Committee, "Report of the Committee on Safeguarding the Integrity of Our Journalism," July 28, 2003, http://www.nytco.com/wp-content/uploads/Siegal-Committe-Report.pdf.

27 Jayson Blair, interview by Katie Couric, "A Question of Tust," *Dateline NBC*, NBC, Mah 17,2004, http://www.nbcnews.com/id/4457860/ns/dateline_nbc/t/question-trust/#.WZHenRlrKu6.

28 Barry et al., "Correcting the Record."

29 Mnookin, "Scandal of Record."

30 위 자료.

31 William Woo, "Journalism's 'Normal Accidents,'" *Nieman Reports*, September 15, 2003, http://niemanreports.org/articles/journalisms-normal-accidents.

32 Dominic Lasorsa and Jia Da, "Newsroom's Normal Accident? An Exploratory Study of 10

Cases of Journalistic Deception," *Journalism Practice* 1, no. 2 (2007): pp.159~74.

33   제이슨 블레어 사건에 대응해 《타임스》는 기존 위계 구조로부터 독립적으로 독자가 제기하는 항의를 처리하는 공공 편집자직을 신설했다. 다음을 보라. Margaret Sullivan, "Repairing the Credibility Cracks," *New York Times*, May 4, 2013, http://www.nytimes.com/2013/05/05/public-editor/repairing-the-credibility-cracks-after-jayson-blair.html. 2017년, 《타임스》는 해당 직책을 없앴다.

4장

1   오스카상 관련 내용은 다음을 바탕으로 한다. Jim Donnelly, "Moonlight Wins Best Picture After 2017 Oscars Envelope Mishap," March 3, 2017, http://oscar.go.com/news/winners/after-oscars-2017-mishap-moonlight-wins-best-picture; Yohana Desta, "Both Oscar Accountants 'Froze' During Best Picture Mess," *Vanity Fair*, March 2, 2017, http://www.vanityfair.com/hollywood/2017/03/pwc-accountants-froze-backstage; Jackson McHenry, "Everything We Know About That Oscars Best Picture Mix-up," *Vulture*, February 27, 2017, http://www.vulture.com/2017/02/oscars-best-picture-mixup-everything-we-know.html; 89회 아카데미 시상식 방송.

2   Brian Cullinan and Martha Ruiz, "These Accountants Are the Only People Who Know the Oscar Results," *Huffington Post*, January 31, 2017, http://www.huffingtonpost.com/entry/oscar-results-balloting-pwc_us_5890f00ee4b02772c4e9cf63.

3   Valli Herman, "Was Oscar's Best Picture Disaster Simply the Result of Poor Envelope Design?" *Los Angeles Times*, February 27, 2017, http://www.latimes.com/entertainment/envelope/la-et-envelope-design-20170227-story.html.

4   Michael Schulman, "Scenes from the OscarNight Implosion," *The New Yorker*, February 27, 2017, http://www.newyorker.com/culture/culture-desk/scenes-from-the-oscar-night-implosion.

5   앞서 몇 년 동안 디자인을 맡았던 마크 프리드랜드Marc Friedland는 봉투가 헷갈리지 않게 하려고 무던히 애썼다. 그는 《로스앤젤레스타임스》에 이렇게 말했다. "저희가 만든 봉투가 완벽했다고는 말할 수 없지만, 가능한 한 완벽히 하려고 또렷하고 큰 글씨를 쓰는 등 여러 수단을 동원했어요." Herman, "Oscar's Best Picture Disaster"을 보라. 지난 몇 년 동안 봉투의 부문명은 강한 대조로 무대 뒤에서도 잘 보이도록 크림색 바탕에 검은색으로 찍곤 했다.

6   Charles Perrow, "Organizing to Reduce the Vulnerabilities of Complexity," *Journal of Contingencies and Crisis Management 7*, no. 3 (1999): p.152.

7   Barbara J. Drew, Patricia Harris, Jessica K. Zègre-Hemsey, Tina Mammone, Daniel Schindler, Rebeca Salas-Boni, Yong Bai, Adelita Tinoco, Quan Ding, and Xiao Hu, "Insights into the Problem of Alarm Fatigue with Physiologic Monitor Devices: A Comprehensive Observational Study of Consecutive Intensive Care Unit Patients," *PLOS ONE 9*, no. 10 (2014): e110274, https://doi.org/10.1371/journal.pone.0110274.

8   안전장치와 안전을 보장하려는 생각이 어떻게 사고를 유발할 수 있는지 흥미로운 심층분석은 다음을 참고하라. Greg Ip, *Foolproof: Why Safety Can Be Dangerous and How Danger Makes Us Safe* (New York: Little, Brown and Company, 2015).

9   Robert Wachter, *The Digital Doctor: Hope, Hype and Harm at the Dawn of Medicine's Computer Age* (New York: McGraw-Hill Education, 2015).

10   위 자료, p.130.

11   Bob Wachter, "How to Make Hospital Tech Much, Much Safer," *Wired*, April 3, 2015, https://www.wired.com/2015/04/how-to-make-hospital-tech-much-much-safer.

12   2017년 2월 9일 '게리 밀러'(가명) 개인 면담.

13   물론, 미래에 벌어질 멜트다운의 세부사항을 약간은 정확히 예측할 수 있다. 예측에 관한 흥미로운 글을 다음에서 보라. Philip E. Tetlock and Dan Gardner, *Superforecasting: The Art and Science of Prediction* (New York: Random House, 2016).

14   Thijs Jongsma, "That's Why I Love Flying the Airbus 330," *Meanwhile at KLM*, July 1, 2015, https://blog.klm.com/thats-why-i-love-flying-the-airbus-330.

15   2017년 3월 9일 벤 버먼 개인 면담.

16   이 사고에 관한 자세한 분석은 다음을 참고하라. Chapter 3 in Charles Duhigg, *Smarter, Faster, Better* (New York: Random House, 2016); William Langewiesche, "The Human Factor," October 2014, http://www.vanity fair.com/news/business/2014/10/air-france-flight-447-crash. [필립 E. 테틀록, 댄 가드너, 『슈퍼 예측, 그들은 어떻게 미래를 보았는가』, 알키, 2017.] / 찰스 두히그, 『1등의 습관』, 알프레드, 2016.]

17   Federal Aviation Administration, *The Pilot's Handbook of Aeronautical Knowledge* (Washington, DC: Federal Aviation Administration, 2016). 정확히는, 실속은 어떤 상태에서도 발생할 수 있지만, 두 비행기 모두 조종사가 코끝을 너무 높게 든 탓에 추락했다.

18   2017년 3월 9일 벤 버먼 개인 면담.

19   Peter Valdes-Dapena and Chloe Melas, "Fix Ready for Jeep Gear Shift Problem That Killed Anton Yelchin," CNN Money, June 22, 2016, http://money.cnn.com/2016/06/22/autos/jeep-chrysler-shifter-recall-fix/index.html.

20   위 자료. 옐친 사망 당시 해당 지프는 자발적 리콜 대상이었다.

21   수송 관련 문제가 어떻게 에베레스트산에서 복잡하고 상호연결된 사고를 일으킬

수 있는지에 관한 통찰력 있는 글은 다음에서 보라. Michael A. Roberto, "Lessons from Everest: The Interaction of Cognitive Bias, Psychological Safety, and System Complexity," *California Management Review* 45, no. 1 (2002): pp.136~58.

22   Alpine Ascents International, "Why Climb with Us," Logistics and Planning: Base Camp, accessed August 29, 2017, https://www.alpineascents.com/climbs/mount-everest/why-climb-with-us.

23   항공 분야의 경고체계 서술은 로버트 워터의 훌륭한 저서 「디지털 닥터」를 참고했고, 이 부분의 항공기 관련 기술적 세부사항은 벤 버먼 기장의 도움을 받았다. 혹시 오류가 있다면 전적으로 우리 탓이다.

24   Wachter, "How to Make Hospital Tech Much, Much Safer."

25   2017년 2월 9일 '게리 밀러'(가명) 개인 면담.

5장

1   Danny Lewis, "These Century-Old Stone 'Tsunami Stones' Dot Japan's Coastline," *Smithsonian Magazine*, August 31, 2015, http://www.smithsonianmag.com/smart-news/century-old-warnings-against-tsunamis-dot-japans-coastline-180956448. 율리아 트와록Julia Twarog이 어감을 살린 번역으로 도와주었다.

2   Martin Fackler, "Tsunami Warnings, Written in Stone," *New York Times*, April 20, 2011, http://www.nytimes.com/2011/04/21/world/asia/21stones.html.

3   후쿠시마제1발전소 핵 사고에 관한 자세한 내용은 다음을 참고하라. International Atomic Energy Agency, "The Fukushima Daiichi Accident—Report by the Director General," 2015, http://www-pub.iaea.org/MTCD/Publications/PDF/Pub1710-ReportByTheDG-Web.pdf.

4   Risa Maeda, "Japanese Nuclear Plant Survived Tsunami, Offers Clues," October 19, 2011, http://www.reuters.com/article/us-japan-nuclear-tsunami-idUSTRE79J0B420111020.

5   Phillip Y. Lipscy, Kenji E. Kushida, and Trevor Incerti, "The Fukushima Disaster and Japan's Nuclear Plant Vulnerability in Comparative Perspective," *Environmental Science & Technology* 47, no. 12 (2013): pp.6082~88.

6   위 자료, p.6083.

7   우리가 왜 자연재해나 여타 재앙적 위험에 충분히 대비하지 못하는지는 다음 책을 참고하라. Robert Meyer and Howard Kunreuther, *The Ostrich Paradox: Why We Underprepare for Disasters* (Philadelphia: Wharton Digital Press, 2017).

8   Don Moore and Uriel Haran, "A Simple Tool for Making Better Forecasts," May 19, 2014,

https://hbr.org/2014/05/a-simple-tool-for-making-better-forecasts. For more on overconfidence, see Don A. Moore and Paul J. Healy, "The Trouble with Overconfidence," *Psychological Review* 115, no. 2 (2008): pp.502~17.

9   Don A. Moore, Uriel Haran, and Carey K. Morewedge, "A Simple Remedy for Overprecision in Judgment," *Judgment and Decision Making 5*, no. 7 (2010): pp.467~76.

10   SPIES 계산기는 유리엘 해런의 웹사이트에서 찾아볼 수 있다. http://meltdown.net/spies.

11   Moore and Haran, "A Simple Tool for Making Better Forecasts."

12   Akira Kawano, "Lessons Learned from the Fukushima Accident and Challenge for Nuclear Reform," November 26, 2012, http://nas-sites.org/fukushima/files/2012/10/TEPCO.pdf. 다음 자료도 보라. Dennis Normile, "Lack of Humility and Fear of Public Misunderstandings Led to Fukushima Accident," *Science*, November 26, 2012, http://www.sciencemag.org/news/2012/11/lack-humility-and-fear-public-misunderstandings-led-fukushima-accident.

13   이 부분은 대니얼 카너먼과 게리 클라인의 훌륭한 연구 성과를 참고했다. "Conditions for Intuitive Expertise: A Failure to Disagree," *American Psychologist* 64, no. 6 (2009): pp.515~26; "Strategic Decisions: When Can You Trust Your Gut?" *McKinsey Quarterly* 13 (2010): pp.1~10. 이 자료에 담긴 그들의 토론 내용 ; Gary Klein, "Developing Expertise in Decision Making," *Thinking & Reasoning* 3, no. 4 (1997): pp.337~52; Paul E. Meehl, *Clinical Versus Statistical Prediction: A Theoretical Analysis and a Review of the Evidence* (Minneapolis: University of Minnesota Press, 1954); James Shanteau, "Competence in Experts: The Role of Task Characteristics," *Organizational Behavior and Human Decision Processes 53* (1992): pp.252~66; 다음과 같은 로빈 호거스Robin Hogarth의 연구. Robin M. Hogarth, Tomás Lejarraga, and Emre Soyer, "The Two Settings of Kind and Wicked Learning Environments," *Current Directions in Psychological Science* 24, no. 5 (2015): pp.379~85; Robin M. Hogarth, *Educating Intuition* (Chicago: University of Chicago Press, 2001).

14   『블링크』에도 등장하지만, 원래는 게리 클라인의 훌륭한 책 *Sources of Power* (Cambridge, MA: MIT Press, 1998), p.32에 담겼던 이야기다. [말콤 글래드웰, 『블링크』, 21세기북스, 2005년. / 게리 클레인, 『인튜이션』, 한국경제신문, 2012.]

15   칩 히스Chip Heath와 댄 히스Dan Heath는 이에 대한 정의를 그들의 책 *Decisive: How to Make Better Choices in Life and Work* (New York: Crown Business, 2013)에서 멋지게 설명한다. 직관적 전문성이 발현하는 조건에 관한 연구를 더 깊이 검토한 자료는 다음을 보라. Kahneman and Klein, "Conditions for Intuitive Expertise." 상식이 일상에서는 유

용하지만, 시장에서 전 지구적 기관까지 복잡한 시스템에서는 쉽게 실패하는 이유에 관한 중요한 관점은 다음 자료를 보라. Duncan J. Watts, *Everything Is Obvious (Once You Know the Answer): How Common Sense Fails Us* (New York: Crown Business, 2011). [칩히스, 댄 히스, 『자신 있게 결정하라』, 웅진지식하우스, 2013. / 던컨 J. 와츠, 『상식의 배반』, 생각연구소, 2011.]

16 Shai Danziger, Jonathan Levav, and Liora Avnaim-Pesso, "Extraneous Factors in Judicial Decisions," *Proceedings of the National Academy of Sciences* 108, no. 17 (2011): pp.6889~92; David White, Richard I. Kemp, Rob Jenkins, Michael Matheson, and A. Mike Burton, "Passport Officers' Errors in Face Matching," *PLOS ONE 9*, no. 8 (2014): e103510, https://doi.org/10.1371/journal.pone.0103510; Aldert Vrij and Samantha Mann, "Who Killed My Relative? Police Officers' Ability to Detect Real-Life High-Stake Lies," *Psychology, Crime and Law 7*, no. 1–4 (2001): pp.119~32.

17 이 부분은 다음 자료를 바탕으로 한다. Mark Simon and Susan M. Houghton, "The Relationship Between Overconfidence and the Introduction of Risky Products: Evidence from a Field Study," *Academy of Management Journal* 46, no. 2 (2003): pp.139~49. 본문에 기술한 기상학적 조사 결과는 다음 두 연구를 참고했다. Allan H. Murphy and Robert L. Winkler, "Reliability of Subjective Probability Forecasts of Precipitation and Temperature," *Journal of the Royal Statistical Society, Series C* (Applied Statistics) 26, no. 1 (1977): pp.41~47; Allan H. Murphy and Robert L. Winkler, "Subjective Probabilistic Tornado Forecasts: Some Experimental Results," *Monthly Weather Review* 110, no. 9 (1982): pp.1288~97.

18 Jerome P. Charba and William H. Klein, "Skill in Precipitation Forecasting in the National Weather Service," *Bulletin of the American Meteorological Society* 61, no. 12 (1980): pp.1546~55.

19 복잡한 환경에서 우리가 더 나은 결정을 내리는 데 활용할 수 있는 다양한 도구에 관해서는 다음 책을 보라. Atul Gawande, *The Checklist Manifesto: How to Get Things Right* (New York: Metropolitan Books, 2009); Dan Ariely, *Predictably Irrational: The Hidden Forces That Shape Our Decisions* (New York: HarperCollins, 2009); Richard H. Thaler and Cass R. Sunstein, *Nudge: Improving Decisions About Health, Wealth, and Happiness* (New Haven, CT: Yale University Press, 2008); Dilip Soman, *The Last Mile: Creating Social and Economic Value from Behavioral Insights* (Toronto: University of Toronto Press, 2015). [아툴 가완디, 『체크! 체크리스트』, 21세기북스, 2010. / 댄 애리얼리, 『상식 밖의 경제학』, 청림출판, 2018. / 리처드 H. 탈러, 캐스 R. 선스타인, 『넛지』, 리더스북, 2018.]

20 P. Sujitkumar, J. M. Hadfield, and D. W. Yates, "Sprain or Fracture? An Analysis of 2000

Ankle Injuries," *Emergency Medicine Journal* 3, no. 2 (1986): pp101~6.

21   Ian G. Stiell, Gary H. Greenberg, R. Douglas McKnight, Rama C. Nair, I. McDowell, and James R. Worthington, "A Study to Develop Clinical Decision Rules for the Use of Radiography in Acute Ankle Injuries," *Annals of Emergency Medicine* 21, no. 4 (1992): pp.384~90. 우리는 이 논문에 실린 그림 2를 간략하게 고쳐 넣었다.

22   의사가 어떻게 전문가가 되는지에 관한 또 다른 흥미로운 논의는 다음을 보라. Atul Gawande's *Complications* (New York: Picador, 2002). 여기서 그는 토론토 숄다이스 Shouldice 병원 탈장 치료 성공률을 논한다. 숄다이스에서 탈장 치료에만 집중하는 외과 의사는 보통 수많은 외과 의사가 평생에 걸쳐 이루는 탈장 치료 성과를 1년 안에 거두는 경우가 많다. [아툴 가완디, 『나는 고백한다 현대의학을』, 동녘사이언스, 2003.]

23   2017년 5월 21일 '리사'(가명) 개인 면담.

24   프린스턴의 사회학자 매슈 살가닉Matthew Salganik과 그의 연구 팀이 개발한 방법이다. 무료 오픈소스 웹사이트(www.allourideas.org)에서 누구나 페어와이즈 위키 서베이를 만들 수 있다. 이 도구에 관해서는 다음 자료를 보라. Matthew J. Salganik and Karen E. C. Levy, "Wiki Surveys: Open and Quantifiable Social Data Collection," *PLOS ONE* 10, no. 5 (2015): e0123483, https://doi.org/10.1371/journal.pone.0123483.

25   www.allourideas.org에서 페어와이즈 위키 서베이를 직접 만들어볼 수 있다.

26   타깃 캐나다의 탄생과 소멸에 관한 설명은 상당 부분 조 카스탈도의 심층보도("The Last Days of Target," *Canadian Business*, January 2016, http://www.canadianbusiness.com/the-last-days-of-target-canada), 그리고 2016년 10월 12일 그와 진행한 면담을 바탕으로 한다.

27   Ian Austen and Hiroko Tabuchi, "Target's Red Ink Runs Out in Canada," *New York Times*, January 15, 2015, https://www.nytimes.com/2015/01/16/business/target-to-close-stores-in-canada.html.

28   로버트 모텀Robert Motum이 쓴 연극 *A Community Target*은 전직 타깃 캐나다 직원 50여 명을 면담한 내용을 바탕으로 한다. 사실 확인 이메일(2017년 6월 17일)에서 모텀은 이렇게 썼다. "극본의 90퍼센트는 그들이 한 말을 약간 정리한 것 말고는 그대로 실은 것입니다. 연극의 전반부는 타깃의 특정한 문제들을 파고 들어가고…… 나머지 절반은 현재 캐나다 소매업 생태계로 이야기를 확장하고 성찰하게 합니다. 전체적으로 타깃에서 일했고 그들이 속했던 공동체에 관한 이야기예요."

29   조 카스탈도가 미네소타 공영라디오Minnesota Public Radio의 MPR News 진행자 톰 웨버Tom Weber와 한 인터뷰, "The Downfall of Target Canada," Minnesota Public Radio, January 29, 2016, https://www.mprnews.org/story/2016/01/29/target-canada-failure.

30   Castaldo, "The Last Days of Target."

31   2016년 10월 12일, 조 카스탈도와의 면담.

32   Castaldo, "The Last Days of Target."

33   "Target 2010 Annual Report," http://media.corporate-ir.net/media_files/irol/65/65828/
     Target_AnnualReport_2010.pdf.

34   Gary Klein, "Performing a Project Premortem," *Harvard Business Review* 85, no. 9 (2007):
     pp.18~19.

35   Kahneman and Klein, "Strategic Decisions."

36   Deborah J. Mitchell, J. Edward Russo, and Nancy Pennington, "Back to the Future: Temporal
     Perspective in the Explanation of Events," *Journal of Behavioral Decision Making* 2, no. 1
     (1989): pp.25~38.

37   위 자료, pp.34~35.

38   Kahneman and Klein, "Strategic Decisions."

39   2017년 5월 29일 '질 블룸'(가명) 개인 면담. 사전부검을 하기 전에 블룸과 남편은
     (이 책의 공동 저자인) 크리스가 다양한 사회적 상황 속에서 기술을 활용하는 방법
     을 이야기하는 것을 들은 적이 있다.

40   Kahneman and Klein, "Strategic Decisions."

6장

1   플린트 수도 사고에 관한 서술은 다음 자료들을 바탕으로 한다. Julia Laurie, "Meet
     the Mom Who Helped Expose Flint's Toxic Water Nightmare," *Mother Jones*, January
     21, 2016, http://www.motherjones.com/politics/2016/01/mother-exposed-flint-lead-
     contamination-water-crisis; 2016년 3월 29일 플린트 수도 공공보건 긴급사태에 관
     한 미시간주 합동위원회에서 리앤 월터스가 한 증언 (via ABC News, http://abcnews.
     go.com/US/flint-mother-emotional-testimony-water-crisis-affected-childrens/
     story?id=38008707); Lindsey Smith, "This Mom Helped Uncover What Was Really Going
     On with Flint's Water," Michigan Radio, December 14, 2015, http://michiganradio.org/
     post/mom-helped-uncover-what-was-really-going-flint-s-water; 린지 스미스
     Lindsey Smith의 훌륭한 라디오 다큐멘터리, "Not Safe to Drink," Michigan Radio, http://
     michiganradio.org/topic/not-safe-drink; Gary Ridley, "Flint Mother at Center of Lead
     Water Crisis Files Lawsuit," *Mlive*, March 3, 2016, http://www.mlive.com/news/flint/
     index.ssf/2016/03/flint_mother_at_center_of_lead.html; Ryan Felton, "Flint Residents
     Raise Concerns over Discolored Water," *Detroit Metro Times*, August 13, 2014, http://

www.metrotimes.com/detroit/flint—residents—raise—concerns—over—discolored—water/ Content?oid=2231724; Ron Fonger, "Flint Starting to Flush Out 'Discolored' Drinking Water with Hydrant Releases," *Mlive*, July 30, 2014, http://www.mlive.com/news/flint/index. ssf/2014/07/flint_starting_to_flush_out_di.html; Ron Fonger, "State Says Flint River Water Meets All Standards but More Than Twice the Hardness of Lake Water," *Mlive*, May 23, 2014, http://www.mlive.com/news/flint/index.ssf/2014/05/state_says_flint_river_ water_m.html; Ron Fonger, "Flint Water Problems: Switch Aimed to Save $5 Million— But at What Cost?" *Mlive*, January 23, 2015, http://www.mlive.com/news/flint/index. ssf/2015/01/flints_dilemma_how_much_to_spe.html; Matthew M. Davis, Chris Kolb, Lawrence Reynolds, Eric Rothstein, and Ken Sikkema, "Flint Water Advisory Task Force Final Report," Flint Water Advisory Task Force, 2016, https://www.michigan.gov/documents/ snyder/FWATF_FINAL_REPORT_21March2016_517805_7.pdf; Miguel A. Del Toral, "High Lead Levels in Flint, Michigan—Interim Report," Environmental Protection Agency, June 24, 2015, http://flintwaterstudy.org/wp—content/uploads/2015/11/Miguels—Memo.pdf; 환경 보호국에서 미겔 델 토랄Miguel A. Del이 쓴 내부 이메일 "Re: Interim Report on High Lead Levels in Flint," (다음 자료도 보라. Jim Lynch, "Whistle—Blower Del Toral Grew Tired of EPA 'Cesspool,'" *Detroit News*, March 28, 2016, http://www.detroitnews.com/story/ news/michigan/flint—water—crisis/2016/03/28/whistle—blower—del—toral—grew—tired— epa—cesspool/82365470/).

2   Dominic Adams, "Closing the Valve on History: Flint Cuts Water Flow from Detroit After Nearly 50 Years," *Mlive*, April 25, 2014, http://www.mlive.com/news/flint/index. ssf/2014/04/closing_the_valve_on_his tory_f.html.

3   위 자료.

4   Merrit Kennedy, "Lead—Laced Water in Flint: A Step—by—Step Look at the Makings of a Crisis," National Public Radio, April 20, 2016, http://www.npr.org/sections/thetwo— way/2016/04/20/465545378/lead—laced—water—in—flint—a—step—by—step—look—at— the—makings—of—a—crisis.

5   Elisha Anderson, "Legionnaires'—Associated Deaths Grow to 12 in Flint Area," *Detroit Free Press*, April 11, 2016, http://www.freep.com/story/news/local/michigan/flint—water— crisis/2016/04/11/legionnaires—deaths—flint—water/82897722.

6   Mike Colias, "How GM Saved Itself from Flint Water Crisis," *Automotive News*, January 31, 2016, http://www.autonews.com/article/20160131/OEM01/302019964/how—gm—saved— itself—from—flint—water—crisis.

7   주 공무원들은 시료 채취과정을 조작했고 수많은 지역시설이 그것을 적용했다. 다

음을 보라. Rebecca Williams, "State's Instructions for Sampling Drinking Water for Lead 'Not Best Practice,'" *Michigan Radio*, November 17, 2015, http://michiganradio.org/post/states-instructions-sampling-drinking-water-lead-not-best-practice.

8   Julianne Mattera, "Missed Lead: Is Central Pa.'s Water Testing Misleading?" *Penn Live*, February 1, 2016, http://www.pennlive.com/news/2016/02/lead_in_water_flint_water_samp.html.

9   Mark Brush, "Expert Says Michigan Officials Changed a Flint Lead Report to Avoid Federal Action," *Michigan Radio*, November 5, 2015, http://michiganradio.org/post/expert-says-michigan-officials-changed-flint-lead-report-avoid-federal-action.

10   플린트 수도 공공보건 긴급사태에 관한 미시간주 합동위원회에서 리앤 월터스가 한 증언.

11   이 부분은 공학컨설팅회사 Rowe and LAN의 다음 보고서를 바탕으로 한다. "Analysis of the Flint River as a Permanent Water Supply for the City of Flint," July 2011, http://www.scribd.com/doc/64381765/Analysis-of-the-Flint-River-as-a-Permanent-Water-Supply-for-the-City-of-Flint-July-2011; 특히 이 부분을 보라. "Opinion of Probable Cost" in Appendix 8, https://www.scribd.com/document/64382181/Analysis-of-the-Flint-River-as-a-Permanent-Water-Supply-for-the-City-of-Flint-July-2011-Appendices-1-to-8. 언론에서는 하루 100달러 이상으로 집계한 곳이 있지만, 그 숫자는 찾지 못했다.

12   "Michigan Governor Signs Budget Tripling State Spending on Flint Water Emergency," *Chicago Tribune*, June 29, 2016, http://www.chicagotribune.com/news/nationworld/midwest/ct-flint-water-crisis-20160629-story.html.

13   다음에 인용된 다넬 얼리Darnell Earley의 말. Adams, "Closing the Valve on History." 얼리는 플린트시 상수원 전환 감독자로 미시간 주지사가 임명한 긴급상황 관리자였다. 그는 자신이 임명받기 전에 전임 긴급상황 관리자와 지역 정치인들이 내린 결정을 이행했다. 다음을 보라. Ron Fonger, "Ex-Emergency Manager Says He's Not to Blame for Flint River Water Switch," *Mlive*, October 13, 2015, http://www.mlive.com/news/flint/index.ssf/2015/10/ex_emergency_manager_earley_sa.html.

14   Perrow, *Normal Accidents*, p.214.

15   워싱턴 메트로 시스템의 기술적인 세부사항과 특정 사고에 관한 내용은 NTSB/RAR-10/02를 바탕으로 한다. 메트로 112호 사고 당시 시스템 제어는 워싱턴 D.C. 시내에 있던 현 워싱턴 메트로폴리탄 구역 교통국 본부에서 담당했다. 제어설비는 그 후 근교로 이전했다.

16   NTSB/RAR-10/02, pp.20-23. 메트로의 신호 시스템은 다른 교통 운영에도 사용되지

만, 소음, 송신전력, 그 밖에 여러 가지 변수에 영향을 받는 아날로그신호에 기반한다.

17 NTSB/RAR-10/02, p.44.

18 NTSB/RAR-10/02, pp.40~41. 작업자들은 연방교통안전위원회에 첫 번째 열차가 감지되었다고 말했지만, 기록 자료 검토서에서는 그날 아침 선로 회로에는 어떤 열차도 감지된 바 없다는 사실이 드러났다.

19 NTSB/RAR-10/02, p.81. 선로 회로가 감지를 못하는 경우, 열차는 속도를 0으로 바꾸게 된다. 214호 열차에 앞서 지나간 열차는 전부 문제의 선로 블록을 관성만으로 빠져나가 정상으로 인식되었다.

20 "How Aviation Safety Has Improved," Allianz Expert Risk Articles, http://www.agcs.allianz.com/insights/expert-risk-articles/how-aviation-safety-has-improved.

21 예를 들어, 다음을 보라. Ian Savage, "Comparing the Fatality Risks in United States Transportation Across Modes and Over Time," *Research in Transportation Economics* 43, no. 1 (2013): pp.9~22. 알리안츠가 낸 보고서 "How Aviation Safety Has Improved"는 마일당 위험 수준이 이보다 더 높다고 한다.

22 Federal Aviation Administration, *The Pilot's Handbook of Aeronautical Knowledge*. 비행기는 GPS 추출 항로로 운항하거나 목적지로 바로 날아갈 수도 있다.

23 이 부분은 다음 자료를 바탕으로 한다. National Transportation Safety Board's Aircraft Accident Report NTSB-AAR-75-16, "Trans World Airlines, Inc, Boeing 727-231 N54328, Berryville, Virginia, December, 1 1974," http://libraryonline.erau.edu/online-full-text/ntsb/aircraft-accident-reports/AAR75-16.pdf. 이 보고서에 담긴 그림을 단순하게 고쳐 넣었다.

24 실제 이 차트는 NTSB-AAR-75-16, p.59에 실려 있다. 우리가 삽입한 측면도에는 그들이 놓친 접근 지점이 표시되어 있지 않으며, 본문에 서술한 최소 접근 개념도 넣지 않았다.

25 조종실 대화 녹음 인용. NTSB-AAR-75-16, p.4를 보라.

26 예를 들어, 다음을 보라. Karl E. Weick, "The Vulnerable System: An Analysis of the Tenerife Air Disaster," *Journal of Management* 16, no. 3 (1990): pp.571~93; Karl E. Weick, Kathleen M. Sutcliffe, and David Obstfeld, "Organizing and the Process of Sensemaking," *Organization Science* 16, no. 4 (2005): pp.409~21.

27 NTSB-AAR-75-16, p.12.

28 NTSB-AAR-75-16, p.23.

29 NASA, "Automation Dependency," *Callback*, September 2016, https://asrs.arc.nasa.gov/publications/callback/cb_440.html.

30 NASA, "The Dangers of Complacency," *Callback*, March 2017, https://asrs.arc.nasa.gov/publications/callback/cb_446.html.

31 Perrow, "Organizing to Reduce the Vulnerabilities of Complexity," p.153.

32 우리는 이 실험을 다음의 훌륭한 논문에 기초해 설계했다. Robin L. Dillon and Catherine H. Tinsley, "How Near-Misses Influence Decision Making Under Risk: A Missed Opportunity for Learning," *Management Science* 54, no. 8 (2008): pp.1425-40. 딜런과 틴슬리의 실험은 의사결정을 기반으로 하는 나사의 가상임무를 활용했다. 우리는 공학자 비에코 베기치의 도움을 받아 실험에 사용한 가상상황을 구성했다.

33 더 넓게는, '비일상화'는 위협과 위기를 예상하는 데 있어 비일상적 상황, 즉 계획과 실제 벌어진 상황의 불일치를 인지하고 이해하는 과정을 가리킨다. 이 개념을 엄밀하게 소개한 자료는 다음을 보라. Michelle A. Barton, Kathleen M. Sutcliffe, Timothy J. Vogus, and Theodore DeWitt, "Performing Under Uncertainty: Contextualized Engagement in Wildland Firefighting," *Journal of Contingencies and Crisis Management* 23, no. 2 (2015): pp.74-83.

34 조직이 일어날 뻔한 사고 및 기타 경고신호를 어떻게 학습하는지 이해하는 데는 다음을 참고했다. Catherine H. Tinsley, Robin L. Dillon, and Peter M. Madsen, "How to Avoid Catastrophe," *Harvard Business Review* 89, no. 4 (2011): pp.90-97. 구사일생상황과 일어날 뻔한 사고를 학습하는 방법을 자세하게 소개한 자료는 다음을 보라. Scott D. Sagan, *The Limits of Safety* (Princeton, NJ: Princeton University Press, 1995). 우리가 무엇을 모르는지를 찾아내는 일의 중요성에 관해 더 자세한 내용은 다음을 보라. Karlene H. Roberts and Robert Bea, "Must Accidents Happen? Lessons from High-Reliability Organizations," *The Academy of Management Executive* 15, no. 3 (2001): pp.70-78.

35 Edward Doyle, "Building a Better Safety Net to Detect—and Prevent—Medication Errors," *Today's Hospitalist*, September 2006, https://www.todayshospitalist.com/Building-a-better-safety-net-to-detect-and-prevent-medication-errors.

36 위 자료.

37 실패의 낙인을 줄임으로써 학습을 촉진하는 방법에 관해 더 많은 내용은 다음을 보라. Amy C. Edmondson, "Strategies for Learning from Failure," *Harvard Business Review* 89, no. 4 (2011): pp.48-55.

38 2017년 3월 9일 벤 버먼 개인 면담.

39 Wachter, "How to Make Hospital Tech Much, Much Safer."

40 조직이 모호한 경고신호로부터 배우는 방법에 관한 중요한 사항은 다음을 보라. Michael A. Roberto, Richard M.J. Bohmer, and Amy C. Edmondson, "Facing Ambiguous Threats," *Harvard Business Review* 84, no. 11 (2006): pp.106-13.

41   2017년 4월 13일 클라우스 러럽의 개인 면담.

42   Claus Rerup, "Attentional Triangulation: Learning from Unexpected Rare Crises," *Organization Science* 20, no. 5 (2009): pp.876~93.

43   1년에 한 번 하는 부서들이 있고, 일부 부서는 3년에 한 번 촉진자와 협업했다. 그러나, 모든 부서가 최소한 6년 이내에 한 번은 시행했다. 다음을 보라. Novo Nordisk, "The Novo Nordisk Way: The Essentials," http://www.novonordisk.com/about—novo—nordisk/novo—nordisk—way/the—essentials.html.

44   Novo Nordisk, 2014 Annual Report, http://www.novonordisk.com/content/dam/Denmark/HQ/Commons/documents/Novo—Nordisk—Annual—Report—2014.pdf, p.12.

45   Vanessa M. Strike and Claus Rerup, "Mediated Sensemaking," *Academy of Management Journal 59*, no. 3 (2016): 885. See also Vanessa M. Strike, "The Most Trusted Advisor and the Subtle Advice Process in Family Firms," *Family Business Review* 26, no. 3 (2013): pp.293~313.

7장

1   이 장에서 이그나츠 제멜바이스의 비극적 사연을 설명하는 데는 다음 책에 큰 도움을 받았다. Sherwin B. Nuland, *The Doctors' Plague: Germs, Childbed Fever, and the Strange Story of Ignác Semmelweis* (New York and London: W. W. Norton, 2003).

2   위 자료, p.84.

3   Ignaz (Ignác) Semmelweis, *The Etiology, Concept, and Prophylaxis of Childbed Fever*, trans. and ed. K. Codell Carter (Madison: University of Wisconsin Press, 1983), p.88.

4   Nuland, *The Doctors' Plague*, p.104.

5   Vasily Klucharev, Kaisa Hytönen, Mark Rijpkema, Ale Smidts, and Guillén Fernández, "Reinforcement Learning Signal Predicts Social Conformity," *Neuron* 61, no. 1 (2009): pp.140~51.

6   Elizabeth Landau, "Why So Many Minds Think Alike," January 15, 2009, http://www.cnn.com/2009/HEALTH/01/15/social.conformity.brain.

7   "Social Conformism Measured in the Brain for the First Time," Donders Institute for Brain, Cognition and Behaviour, January 15, 2009, http://www.ru.nl/donders/news/vm—news/more—news/.

8   Gregory S. Berns, Jonathan Chappelow, Caroline F. Zink, Giuseppe Pagnoni, Megan E. Martin—Skurski, and Jim Richards, "Neurobiological Correlates of Social Conformity and Independence During Mental Rotation," *Biological Psychiatry* 58, no. 3 (2005): pp.245~53.

9   위 자료, p.252.

10   Landau, "Why So Many Minds Think Alike."

11   Nuland, *The Doctors' Plague*, p.120.

12   위 자료, p.121.

13   Jeremy P. Jamieson, Piercarlo Valdesolo, and Brett J. Peters, "Sympathy for the Devil? The Physiological and Psychological Effects of Being an Agent (and Target) of Dissent During Intragroup Conflict," *Journal of Experimental Social Psychology 55* (2014): pp.221~27.

14   이 연구(Dan Ward and Dacher Keltner, "Power and the Consumption of Resources," unpublished manuscript, University of Wisconsin – Madison, 1998)는 다음 자료에 요약되어 있다. Dacher Keltner, Deborah H. Gruenfeld, and Cameron Anderson, "Power, Approach, and Inhibition," *Psychological Review* 110, no. 2 (2003): pp.265~84.

15   "How Do Humans Gain Power? By Sharing It," *PBS NewsHour*, June 9, 2016, http://www.pbs.org/newshour/bb/how—do—humans—gain—power—by—sharing—i.

16   Keltner, Gruenfeld, and Anderson, "Power, Approach, and Inhibition," p.277.

17   Dacher Keltner, "The Power Paradox," *Greater Good Magazine*, December 1, 2007, https://greatergood.berkeley.edu/article/item/power_paradox.

18   목소리 내기의 과학을 자세하게 소개한 자료는 이 장에 전반적으로 큰 영향을 준 심리적인 안전, 직원의 의견, 학습에 관한 에이미 에드먼슨Amy Edmondson의 획기적인 연구를 보라. Amy C. Edmondson, "Psychological Safety and Learning Behavior in Work Teams," *Administrative Science Quarterly* 44, no. 2 (1999): pp.350~83; Amy C. Edmondson, *Teaming: How Organizations Learn, Innovate, and Compete in the Knowledge Economy* (San Francisco: Jossey—Bass, 2012); Amy C. Edmondson and Zhike Lei, "Psychological Safety: The History, Renaissance, and Future of an Interpersonal Construct," *Annual Review of Organizational Psychology and Organizational Behavior* 1 (2014): pp.23~43; Amy C. Edmondson, "Speaking Up in the Operating Room: How Team Leaders Promote Learning in Interdisciplinary Action Teams," *Journal of Management Studies* 40, no. 6 (2003): pp.1419~52; James R. Detert and Amy C. Edmondson, "Implicit Voice Theories: Taken—for—Granted Rules of Self—Censorship at Work," *Academy of Management Journal* 54, no. 3 (2011): pp.461~88.

19   목소리 내기에 관한 연구를 이해하는 데는 짐 디터트에게 큰 도움을 받았다. (2016년 10월 17일 개인 면담)

20   James R. Detert and Ethan R. Burris, "Can Your Employees Really Speak Freely?" *Harvard Business Review* 94, no. 1 (2016): p.84.

21   위 자료; 또한 다음을 보라. James R. Detert and Ethan R. Burris, "Leadership Behavior

and Employee Voice: Is the Door Really Open?" *Academy of Management Journal* 50, no. 4 (2007): pp.869~84.

22 Detert and Burris, "Can Your Employees Really Speak Freely?" p.82.

23 당시 제멜바이스에게는 확실히 부족했던. 목소리 낼 때 감정 관리하기의 중요성에 관한 연구는 다음을 보라. Adam M. Grant, "Rocking the Boat but Keeping It Steady: The Role of Emotion Regulation in Employee Voice," *Academy of Management Journal* 56, no. 6 (2013): pp.1703~23.

24 John Waller, *Leaps in the Dark: The Making of Scientific Reputations* (New York: Oxford University Press, 2004), p.155.

25 '로버트'는 가명이다. 로버트의 사연은 리처드 스피어스, 그리고 이름만 공개하기를 요청한 접수 담당자 도나와 2016년 5월 5일에 진행한 개인 면담을 바탕으로 한다.

26 Weick, "The Vulnerable System," p.588.

27 심지어 연구자들이 위험한 기상상황이나 기타 위기상황에서 기장이 비행기 운항 제어권을 가졌을 가능성을 감안한 조건에서도 이런 결과가 나타났다. 다음을 보라. R. Key Dismukes, Benjamin A. Berman, and Loukia D. Loukopoulos, *The Limits of Expertise: Rethinking Pilot Error and the Causes of Airline Accidents* (Burlington, VT: Ashgate, 2007); National Transportation Safety Board, *A Review of Flightcrew-Involved Major Accidents of US Air Carriers, 1978 Through 1990* (Washington, DC: National Transportation Safety Board, 1994).

28 CRM의 역사와 효과에 관해 더 많은 내용은 다음을 보라. Robert L. Helmreich and John A. Wilhelm, "Outcomes of Crew Resource Management Training," *International Journal of Aviation Psychology* 1, no. 4 (1991): pp.287~300; Robert L. Helmreich, Ashleigh C. Merritt, and John A. Wilhelm, "The Evolution of Crew Resource Management Training in Commercial Aviation," *International Journal of Aviation Psychology* 9, no. 1 (1999): pp.19~32; Eduardo Salas, C. Shawn Burke, Clint A. Bowers, and Katherine A. Wilson, "Team Training in the Skies: Does Crew Resource Management (CRM) Training Work?" *Human Factors* 43, no. 4 (2001): pp.641~74. CRM이 지난 몇십 년 동안 가져온 항공술의 변화와 진화를 이해하는 데는 벤 버먼 기장에게 도움을 받았다.

29 Dismukes, Berman, and Loukopoulos, *The Limits of Expertise*, p.283.

30 Richard D. Speers and Christopher A. McCulloch, "Optimizing Patient Safety: Can We Learn from the Airline Industry?" *Journal of the Canadian Dental Association* 80 (2014): p.e37.

31 Michelle A. Barton and Kathleen M. Sutcliffe, "Overcoming Dysfunctional Momentum: Organizational Safety as a Social Achievement," *Human Relations* 62, no. 9 (2009): p.1340.

32 이 실험에 관한 심층설명은 다음을 보라. Chapter 2 in Duhigg, *Smarter, Faster, Better*.

주석

33   James R. Detert, Ethan R. Burris, David A. Harrison, and Sean R. Martin, "Voice Flows to and Around Leaders: Understanding When Units Are Helped or Hurt by Employee Voice," *Administrative Science Quarterly* 58, no. 4 (2013): pp.624~68.

34   Helmreich, Merritt, and Wilhelm, "Evolution of Crew Resource Management," p.21.

35   사실 확인 이메일 답변(May 16, 2017)에서, 버먼 기장은 CRM 자체도 시간이 흐르며 진화했다고 강조했다. 프로그램 도입 초기부터 항공사들은 심리학적 용어 사용을 줄이고 승무원들에게 직접 적용시키기에 알맞은 훈련방식을 만들어냈다.

36   Detert and Burris, "Can Your Employees Really Speak Freely?," p.84.

37   2017년 3월 9일 벤 버먼 개인 면담.

38   Melissa Korn, "Where I Work: Dean of BU's School of Management," *Wall Street Journal*, June 11, 2012, https://blogs.wsj.com/atwork/2012/06/11/where-i-work-dean-of-bus-school-of-management.

39   "A Look Back at the Collapse of Lehman Brothers," *PBS NewsHour*, September 14, 2009, http://www.pbs.org/newshour/bb/business-july-dec09-solmanlehman_09-14.

40   Matie L. Flowers, "A Laboratory Test of Some Implications of Janis's Groupthink Hypothesis," *Journal of Personality and Social Psychology* 35, no. 12 (1977): pp.888~96. 설명을 쉽게 하기 위해서, 플라워스의 집단 응집성 단계에 관한 연구 결과는 건너뛰었다.

41   Jane Nelsen, *Positive Discipline* (New York: Ballantine, 2006), p.220. [제인 넬슨, 『긍정의 훈육』, 프리미엄북스, 2010.]

42   2016년 10월 17일 짐 디터트 개인 면담.

8장

1   "How 'Lehman Siblings' Might Have Stemmed the Financial Crisis," *PBS NewsHour*, August 6, 2014, http://www.pbs.org/newshour/making-sense/how-lehman-siblings-might-have-stemmed-the-financial-crisis.

2   Sheen S. Levine, Evan P. Apfelbaum, Mark Bernard, Valerie L. Bartelt, Edward J. Zajac, and David Stark, "Ethnic Diversity Deflates Price Bubbles," *Proceedings of the National Academy of Sciences* 111, no. 52 (2014): pp.18524~29. 참가자들이 거래한 주식은 (본질적으로나 내재적으로나) 계산 가능한 실제 가치를 지녔다. 그래서 연구자들은 시장 가격이 자산의 실제 가치로부터 이탈한 정도를 측정할 수 있었다.

3   2016년 11월 4일 에번 아펠바움 개인 면담.

4   Levine et al., "Ethnic Diversity Deflates Price Bubbles," 18528.

5   2016년 11월 4일 에번 아펠바움 개인 면담.

6   Sarah E. Gaither, Evan P. Apfelbaum, Hannah J. Birnbaum, Laura G. Babbitt, and Samuel R. Sommers, "Mere Membership in Racially Diverse Groups Reduces Conformity," *Social Psychological and Personality Science* (2017): in press, https://doi.org/10.1177/1948550617708013.

7   2016년 11월 4일 에번 아펠바움 개인 면담.

8   Katherine W. Phillips, Gregory B. Northcraft, and Margaret A. Neale, "Surface-Level Diversity and Decision-Making in Groups: When Does Deep-Level Similarity Help?" *Group Processes & Intergroup Relations* 9, no. 4 (2006): pp.467~82.

9   Katherine W. Phillips, "How Diversity Makes Us Smarter," *Scientific American*, October 1, 2014, https://www.scientificamerican.com/article/how-diversity-makes-us-smarter.

10   Samuel R. Sommers, "On Racial Diversity and Group Decision Making: Identifying Multiple Effects of Racial Composition on Jury Deliberations," *Journal of Personality and Social Psychology* 90, no. 4 (2006): pp.597~612.

11   Lawrence J. Abbott, Susan Parker, and Theresa J. Presley, "Female Board Presence and the Likelihood of Financial Restatement," *Accounting Horizons* 26, no. 4 (2012): p.613. See also Anne-Marie Slaughter, "Why Family Is a Foreign-Policy Issue," *Foreign Policy*, November 26, 2012, http://foreignpolicy.com/2012/11/26/why-family-is-a-foreign-policy-issue. 슬로터가 썼듯 "세계 속에서 미국의 위치를 잡는 데 있어, 대통령이 전원 생물학적 남성인 팀을 꾸리는 것이 문제가 될까? 나는 확실히 그러하며, 그 때문에 21세기의 지구에서 맞이하는 복잡하고 새로운 도전에 대응할 국가의 능력이 저해된다고 생각한다."

12   Phillips, "How Diversity Makes Us Smarter"; see also David Rock, Heidi Grant, and Jacqui Grey, "Diverse Teams Feel Less Comfortable—and That's Why They Perform Better," September 22, 2016, *Harvard Business Review*, https://hbr.org/2016/09/diverse-teams-feel-less-comfortable-and-thats-why-they-perform-better.

13   Lauren A. Rivera, Pedigree: *How Elite Students Get Elite Jobs* (Princeton, NJ: Princeton University Press, 2016), p.227. '헨리'와 '윌'은 가명이다.

14   이 토론에 관해 현장 기록을 발췌해준 로라 리베라에게 도움을 받았다.

15   Claudia Goldin and Cecilia Rouse, "Orchestrating Impartiality: The Impact of 'Blind' Auditions on Female Musicians," *American Economic Review* 90, no. 4 (2000): pp.715~41. 최근 몇 년 동안 다른 노동시장에서도 지원자를 가리는 다양한 면접방식을 사용하는 사례가 늘어났다. 그러나 현재까지 이 개입방식의 효과성에 관한 체계적인 연구는 드물다.

16   다양성 프로그램의 효과성에 관한 연구 요약 내용은 대부분 다음 자료를 바탕으로 한다. Frank Dobbin and Alexandra Kalev, "Why Diversity Programs Fail," *Harvard Business*

Review 94, no. 7 (2016): pp.52~60. 기반이 된 연구는 다음을 보라. Frank Dobbin, Daniel Schrage, and Alexandra Kalev, "Rage Against the Iron Cage: The Varied Effects of Bureaucratic Personnel Reforms on Diversity," *American Sociological Review* 80, no. 5 (2015): pp.1014~44; Alexandra Kalev, Frank Dobbin, and Erin Kelly, "Best Practices or Best Guesses? Assessing the Efficacy of Corporate Affirmative Action and Diversity Policies," *American Sociological Review* 71, no. 4 (2006): pp.589~617.

17   Dobbin and Kalev, "Why Diversity Programs Fail," p.54.

18   위 자료, p.57.

19   위 자료.

20   다양한 조직을 만들고 운영하는 어려움과 차이에 관해서는 다음을 보라. Emilio J. Castilla, "Gender, Race, and Meritocracy in Organizational Careers," *American Journal of Sociology* 113, no. 6 (2008): pp.1479~1526; Emilio J. Castilla and Stephen Benard, "The Paradox of Meritocracy in Organizations," *Administrative Science Quarterly 55*, no. 4 (2010): pp.543~676; Roberto M. Fernandez and Isabel Fernandez~Mateo, "Networks, Race, and Hiring," *American Sociological Review* 71, no. 1 (2006): pp.42~71; Roberto M. Fernandez and M. Lourdes Sosa, "Gendering the Job: Networks and Recruitment at a Call Center," *American Journal of Sociology* 111, no. 3 (2005): pp.859~904; Robin J. Ely and David A. Thomas, "Cultural Diversity at Work: The Effects of Diversity Perspectives on Work Group Processes and Outcomes," *Administrative Science Quarterly* 46, no. 2 (2001): pp.229~73; Roxana Barbulescu and Matthew Bidwell, "Do Women Choose Different Jobs from Men? Mechanisms of Application Segregation in the Market for Managerial Workers," *Organization Science* 24, no. 3 (2013): pp.737~56.

21   Laura Arrillaga~Andreessen, "Five Visionary Tech Entrepreneurs Who Are Changing the World," *New York Times*, October 12, 2015, http://www.nytimes.com/interactive/2015/10/12/t-magazine/elizabeth-holmes-tech-visionaries-brian-chesky.html?_r=0.

22   *Inc.*, October 2015, https://www.inc.com/magazine/oct-2015.

23   Matthew Herper, "From $4.5 Billion to Nothing: Forbes Revises Estimated Net Worth of Theranos Founder Elizabeth Holmes," *Forbes*, June 1, 2016, https://www.forbes.com/sites/matthewherper/2016/06/01/from-4-5-billion-to-nothing-forbes-revises-estimated-net-worth-of-theranos-founder-elizabeth-holmes/#689b50603633.

24   Henry Kissinger, "Elizabeth Holmes," *Time*, April 15, 2015, http://time.com/3822734/elizabeth-holmes-2015-time-100.

25   Arrillaga~Andreessen, "Five Visionary Tech Entrepreneurs."

26 찰스 오른스틴Charles Ornstein이 진행한 프로퍼블리카ProPublica 팟캐스트의 존 커 레이루 인터뷰: "How a Reporter Pierced the Hype Behind Theranos," ProPublica, February 16, 2016, https://www.propublica.org/podcast/item/how-a-reporter-pierced-the-hype-behind-theranos.

27 John Carreyrou, "Hot Startup Theranos Has Struggled with Its Blood-Test Technology," *Wall Street Journal*, October 15, 2015, https://www.wsj.com/articles/theranos-has-struggled-with-blood-tests-1444881901.

28 Kia Kokalitcheva, "Walgreens Sues Theranos for $140 Million for Breach of Contract," *Fortune*, November 8, 2016, http://fortune.com/2016/11/08/walgreens-theranos-lawsuit. 2017년 8월에 《파이낸셜타임스》는 테라노스와 월그린이 비공개 소송 합의를 했다고 보도했다. 월그린은 "상호 수용 가능한 수준에서 문제가 해결되었다"고 말했다. (Jessica Dye and David Crow, "Theranos Settles with Walgreens over Soured Partnership," *Financial Times*, August 1, 2017, https://www.ft.com/content/0d32febf-10f6-39cd-b520-c420c3d5391f).

29 Maya Kosoff, "More Fresh Hell for Theranos," *Vanity Fair*, November 29, 2016, http://www.vanityfair.com/news/2016/11/theranos-lawsuit-investors-fraud-allegations.

30 Jef Feeley and Caroline Chen, "Theranos Faces Growing Number of Lawsuits Over Blood Tests," *Bloomberg*, October 14, 2016, https://www.bloomberg.com/news/articles/2016-10-14/theranos-faces-growing-number-of-lawsuits-over-blood-tests.

31 "The World's 19 Most Disappointing Leaders," *Fortune*, March 30, 2016, http://fortune.com/2016/03/30/most-disappointing-leaders.

32 Herper, "From $4.5 Billion to Nothing."

33 Kevin Loria, "Scientists Are Skeptical About the Secret Blood Test That Has Made Elizabeth Holmes a Billionaire," *Business Insider*, April 25, 2015, http://www.businessinsider.com/science-of-elizabeth-holmes-theranos-2015-4.

34 Nick Bilton, "Exclusive: How Elizabeth Holmes's House of Cards Came Tumbling Down," *Vanity Fair*, October 2016, http://www.vanityfair.com/news/2016/09/elizabeth-holmes-theranos-exclusive.

35 Ken Auletta, "Blood, Simpler," *The New Yorker*, December 15, 2014, http://www.newyorker.com/magazine/2014/12/15/blood-simpler.

36 John Carreyrou, "At Theranos, Many Strategies and Snags," *Wall Street Journal*, December 27, 2015, http://www.wsj.com/articles/at-theranos-many-strategies-and-snags-1451259629.

37 Jillian D'Onfro, "Bill Maris: Here's Why Google Ventures Didn't Invest in Theranos,"

Business Insider, October 20, 2015, http://www.businessinsider.com/bill–maris–explains–why–gv–didnt–invest–in–theranos–2015–10.

38   Jennifer Reingold, "Theranos' Board: Plenty of Political Connections, Little Relevant Expertise," *Fortune*, October 15, 2015, http://fortune.com/2015/10/15/theranos–board–leadership; Roger Parloff, "A Singular Board at Theranos," *Fortune*, June 12, 2014, http://fortune.com/2014/06/12/theranos–board–directors.

39   Reingold, "Theranos' Board."

40   Juan Almandoz and András Tilcsik, "When Experts Become Liabilities: Domain Experts on Boards and Organizational Failure," *Academy of Management Journal* 59, no. 4 (2016): pp.1124–49.

41   2016년 12월 3일 후안 알만도스 개인 면담.

42   전문가 주도와 관련된 다른 위험에 관해서는 다음을 보라. Kim Pernell, Jiwook Jung, and Frank Dobbin, "The Hazards of Expert Control: Chief Risk Officers and Risky Derivatives," *American Sociological Review* 82, no. 3 (2017): pp.511–41.

43   Almandoz and Tilcsik, "When Experts Become Liabilities," p.1127.

44   위 자료, p.1128.

45   위 자료.

46   2016년 12월 3일 후안 알만도스 개인 면담.

9장

1   이 부분은 다음 자료를 바탕으로 한다. Detective Paul Lebsock, "Statement of Investigating Officer, Report Number: 15–173057," Spokane County, July 1, 2015; Senate Law and Justice Committee, "Majority Report: Investigation of Department of Corrections Early–Release Scandal," Washington State Senate, May 24, 2016, and witness statements; Carl Blackstone and Robert Westinghouse, "Investigative Report, Re: Department of Corrections, Early Release of Offenders," Yarmuth Wilsdon PLLC (firm), February 19, 2016; Joseph O'Sullivan and Lewis Kamb, "Fix to Stop Early Prison Releases Was Delayed 16 Times," *Seattle Times*, December 29, 2015, http://www.seattletimes.com/seattle–news/crime/fix–to–stop–early–prison–releases–delayed–16–times; Joseph O'Sullivan, "In 2012, AG's Office Said Fixing Early–Prisoner Release 'Not So Urgent,'" *Seattle Times*, December 20, 2015, http://www.seattletimes.com/seattle–news/politics/in–2012–ags–office–called–early–prisoner–release–not–so–urgent; Kip Hill, "Teen Killed When Men Broke into Tattoo Shop, Witness Tells Police," *Spokesman-Review*, May 28, 2015, http://

www.spokesman.com/stories/2015/may/28/teen-killed-when-men-broke-into-tattoo-shop; Kip Hill, "Mother of Slain Spokane Teenager Files $5 Million Claim Against State," *Spokesman-Review*, February 26, 2016, http://www.spokesman.com/stories/2016/feb/26/mother-of-slain-spokane-teenager-files-5-million-c; Nina Culver, "Second Suspect Arrested in Burglary, Murder of 17-Year-Old," *Spokesman-Review*, July 23, 2015, http://www.spokesman.com/stories/2015/jul/23/second-suspect-arrested-burgglary-murder-17-year-o; Mark Berman, "What Happened After Washington State Accidentally Let Thousands of Inmates Out Early," *Washington Post*, February 9, 2016, https://www.washingtonpost.com/news/post-nation/wp/2016/02/09/heres-what-happened-after-the-state-of-washington-accidentally-let-thousands-of-inmates-out-early/; Bert Useem, Dan Pacholke, and Sandy Felkey Mullins, "Case Study—The Making of an Institutional Crisis: The Mass Release of Inmates by a Correctional Agency," *Journal of Contingencies and Crisis Management* (in press). 통찰력과 넉넉한 시간을 우리에게 할애해준 마이크 패든 상원의원(2016년 7월 21일 개인 면담)과 에릭 스미스Erik Smith에게 감사한다. 위기 관리 분야에서 일하며 이 사례의 정책적 맥락을 폭넓게 논의해준 댄 파콜크와 샌디 뮬린스Sandy Mullins에게도 감사한다.

2   사실 확인 이메일 답장(2017년 6월 30일)에서 한 의원실 직원은 이 문제가 버그가 아니라 2002년 법원 결정을 잘못 해석한 DOC의 인재라고 주장했다. 직원은 그 결과 DOC가 잘못 해석한 내용을 반영하는 방향으로 시스템을 수정하도록 지시했다고 말했다. 개발자들은 일을 제대로 했고, 하드웨어나 소프트웨어 모두 설계대로 움직였다. 그러나 버그 같은 것으로 부른다고 영향을 최소화하거나, 요인을 한정하거나, 사소한 실수 때문이라는 암시를 하는 것은 아니다.

3   "Majority Report: Investigation of Department of Corrections Early-Release Scandal"의 증인보고서에 실린, 2016년 2월 21일, 상원 조사관이 제이 앤 박사Dr. Jay Ahn와 면담한 내용.

4   "Majority Report: Investigation of Department of Corrections Early-Release Scandal"의 증인보고서에 실린, 2016년 2월 19일 상원 조사관이 이라 포이어Ira Feuer와 면담한 내용.

5   2016년 7월 21일 마이크 패든 의원 개인 면담.

6   이 건은 메디나의 어머니와 시저 메디나 자산을 대표해 워싱턴주에 접수되었다. 2017년에 배상액 325만 달러로 합의했다. 2017년 8월 23일 데이비스 법무법인 P.S.의 크리스 데이비스Chris Davis 개인 면담.

7   지멜의 일생, 이론, 영향력을 더 알아보려면 다음을 보라. Lewis A. Coser, "Georg Simmel's Style of Work: A Contribution to the Sociology of the Sociologist," *American Journal of Sociology* 63, no. 6 (1958): pp.635-41; Lewis A. Coser, *Masters of Sociological*

Thought (New York: Harcourt Brace Jovanovich, 1971); Donald N. Levine, Ellwood B. Carter, and Eleanor Miller Gorman, "Simmel's Influence on American Sociology," *American Journal of Sociology* 81, no. 4 (1976): pp.813~45; Rosabeth Moss Kanter and Rakesh Khurana, "Types and Positions: The Significance of Georg Simmel's Structural Theories for Organizational Behavior," in Paul S. Adler, ed., *The Oxford Handbook of Sociology and Organization Studies: Classical Foundations* (New York: Oxford University Press, 2009), pp.291~306.

8   Coser, *Masters of Sociological Thought*, p.195.

9   디트리히 셰퍼Dietrich Schäfer가 쓴 이 편지는 다음 책 영문판에 등장한다. Coser, "Georg Simmel's Style of Work," pp.640~41.

10   Georg Simmel, "The Stranger," in D. Levine, ed., *On Individuality and Social Forms* (Chicago: University of Chicago Press, 1971), pp.143~49.

11   위 자료, pp.145~46.

12   위 자료, p.145.

13   Leandro Alberti is quoted in Lester K. Born, "What Is the Podestà?" *American Political Science Review* 21, no. 4 (1927): pp.863~71.

14   Dennis A. Gioia, "Pinto Fires and Personal Ethics: A Script Analysis of Missed Opportunities," *Journal of Business Ethics* 11, no. 5 (1992): pp.379~89. See also Jerry Useem's excellent article "What Was Volkswagen Thinking?" *Atlantic*, January/February 2016, https://www. theatlantic.com/magazine/archive/2016/01/what-was-volkswagen-thinking/419127.

15   Gioia, "Pinto Fires and Personal Ethics," p.382.

16   위 자료, p.388. For more on Denny Gioia and the Pinto case, see Malcolm Gladwell's fascinating essay "The Engineer's Lament," *The New Yorker*, May 4, 2015. http://www. newyorker.com/magazine/2015/05/04/the-engineers-lament.

17   이 부분은 다음을 바탕으로 한다. Sonari Glinton, "How a Little Lab in West Virginia Caught Volkswagen's Big Cheat," National Public Radio, September 24, 2015, http:// www.npr.org/2015/09/24/443053672/how-a-little-lab-in-west-virginia-caught-volkswagens-big-cheat; Jason Vines's interview with Bob Lutz, *The Frank Beckmann Show*, WJR-AM, Detroit, Michigan, February 16, 2016.

18   *The Frank Beckmann Show*에서 제이슨 바인스Jason Vines가 밥 러츠와 인터뷰한 내용.

19   다음 글에서 밥 러츠를 인용한 내용. Alisa Priddle, "VW Scandal Puts Diesel Engines on Trial," *Detroit Free Press*, September 26, 2015. http://www.freep.com/story/money/cars/2015/09/26/vw-cheat-emissions-diesel-engine-fallout/72612616. 강조는 저자.

20   The Frank Beckmann Show에서 제이슨 바인스Jason Vines가 밥 러츠와 인터뷰한 내용.

21 위 자료.

22 이 부분은 2016년 11월 9일 댄 카더 개인 면담 내용과 웨스트버지니아대학교 연료
    엔진 배출 대안 센터의 그레고리 톰슨 등이 국제청정교통위원회(ICCT)에 제출한 다
    음 보고서를 바탕으로 한다. "In-Use Emissions Testing of Light-Duty Diesel Vehicles in
    the United States" (2014). 뒤에 나오는 것처럼 연구자들은 캘리포니아 대기자원위원
    회와 협업해 실험실 검사를 했다.

23 2016년 11월 9일 댄 카더 개인 면담.

24 Thompson et al., "In-Use Emissions Testing of Light-Duty Diesel Vehicles in the United
    States," p.106.

25 2016년 11월 9일 댄 카더 개인 면담.

26 Thompson et al., "In-Use Emissions Testing of LightDuty Diesel Vehicles in the United
    States."

27 2017년 3월 2일 알베르토 아얄라 개인 면담. 사실 확인 이메일 답변(2017년 5월 17일)
    에서 캘리포니아 대기자원위원회(CARB) 정보공개담당관은 이렇게 썼다.

> CARB는 WVU와 실제로 배출량 연구를 함께 (나머지 절반은 정말로) 했습니
> 다. ICCT는 우리 위원회 소속 기술자들과 내부 설비들을 그 연구를 시작하는
> 데 지원해 연구에 참여하기를 원했습니다. 알베르토는 ICCT가 관여하기 전 언
> 젠가, 유럽 내 폭스바겐 차량의 배출량이 비정상적으로 높다는 이야기를 유
> 럽 규제 당국으로부터 들은 바 있고, 이후 계속해서 관련 논의에 참여해왔습
> 니다. 그래서 CARB는 단지 연구 결과만 처리하지 않고 그 결과를 얻어내는 과
> 정에 적극적으로 참여했습니다. 제가 알기로는 저희가 실험실 검사를 했고,
> WVU는 PEM 검사를 해 엘 몬테에 있는 저희 시설에서 자료를 분석했습니다.
> 제가 말하려는 요지는 CARB는 이 사례에서 결코 수동적인 역할이 아니라 시
> 작부터 끝까지 (이 사례에 끝이 실제로 있다면) 적극적으로 관여했다는 점입니
> 다. 저희는 실제 규제에 필요한 조사와 법정 소송의 당사자이기 때문에 이
> 일에 관해 자세히 밝힐 수 없었을 뿐입니다.

이렇게 상황을 확실히 밝혀달라고 요청한 후, 그는 이렇게 썼다. (2017년 5월 22일)
"저희는 이미 그 건을 조사하고 있습니다. CARB가 관심을 기울일 사안이라고 이미
판단했고, 해야만 하는 일이기 때문에, 그렇다면 판단할 지점(갈림길)은 독자적으로
수행할 것인가 협업할 것인가였습니다. 저희는 여러 대학교, 이 경우에는 WVU와 협
업했습니다."

28 2017년 3월 2일 알베르토 아얄라 개인 면담.

29　Staff Report, "Bosch Warned VW About Illegal Software Use in Diesel Cars, Report Says," *Automotive News*, September 27, 2015, http://www.autonews.com/article/20150927/COPY01/309279989/bosch-warned-vw-about-illegal-software-use-in-diesel-cars-report-says.

30　Diana T. Kurylko and James R. Crate, "The Lopez Affair," *Automotive News Europe*, February 20, 2006, http://europe.autonews.com/article/20060220/ANE/60310010/the-lopez-affair.

31　Kate Connolly, "Bribery, Brothels, Free Viagra: VW Trial Scandalises Germany," *Guardian*, January 13, 2008, https://www.theguardian.com/world/2008/jan/13/germany.automotive.

32　"Labor Leader Receives First Jail Sentence in VW Corruption Trial," *Deutsche Welle*, February 22, 2008, http://www.dw.com/en/labor-leader-receives-first-jail-sentence-in-vw-corruption-trial/a-3143471.

33　폭스바겐 사내 문화에 관해서는 2017년 3월 2일 리처드 밀른 개인 면담, 그리고 다음 자료를 바탕으로 한다. Bob Lutz, "One Man Established the Culture That Led to VW's Emissions Scandal," *Road & Track*, November 4, 2015, http://www.roadandtrack.com/car-culture/a27197/bob-lutz-vw-diesel-fiasco.

34　Lutz, "One Man Established the Culture That Led to VW's Emissions Scandal."

35　Lucy P. Marcus, "Volkswagen's Lost Opportunity Will Change the Car Industry," *Guardian*, October 25, 2015, https://www.theguardian.com/business/2015/oct/18/volkswagen-scandal-lost-opportunity-car-industry.

36　Richard Milne, "Volkswagen: System Failure," *Financial Times*, November 4, 2015, https://www.ft.com/content/47f233f0-816b-11e5-a01c-8650859a4767.

37　2017년 3월 2일 리처드 밀른 개인 면담.

38　Jack Ewing, "Researchers Who Exposed VW Gain Little Reward from Success," *New York Times*, July 24, 2016, https://www.nytimes.com/2016/07/25/business/vw-wvu-diesel-volkswagen-west-virginia.html.

39　Perrow, "Organizing to Reduce the Vulnerabilities of Complexity," p.155.

40　이 부분은 대통령 직속 챌린저호 사고위원회가 대통령에게 제출한 챌린저호 사고조사위원회보고서(Washington, DC: Government Printing Office, 1986), 그리고 다이앤 본의 훌륭한 저서 *The Challenger Launch Decision: Risky Technology, Culture, and Deviance at NASA*(Chicago: University of Chicago Press, 2016)를 바탕으로 한다. 또한 본 교수가 이 부분의 원고 초안을 읽고 보내준 평가 의견에 도움을 받았다. 물론, 오류가 있다면 전적으로 우리 탓이다. 챌린저호 사고에 관한 통찰력 있는 논평은 (본 조사내용과 찰스 페로의 이론에 관해서도 논하는) 다음을 보라. Malcolm Gladwell, "Blowup," *The New Yorker*, January 22, 1996, http://www.newyorker.com/magazine/1996/01/22/

blowup~2.

41   Vaughan, *The Challenger Launch Decision*, pp.62~64.

42   위 자료, p.120.

43   위 자료, p.62.

44   Roger Boisjoly, "SRM O-Ring Erosion/Potential Failure Criticality," Morton Thiokol interoffice memo, July 31, 1985, included in the report of the Presidential Commission on the *Challenger* Accident, Vol. 1, p.249.

45   Richard Cook, "Memorandum: Problem with SRB Seals," NASA, July 23, 1985. Included in the report of the Presidential Commission on the *Challenger* Accident, Vol. 4, pp.1~2.

46   Georg Simmel, "The Stranger," in *The Sociology of Georg Simmel*, translated and edited by Kurt H. Wolff (New York: The Free Press, 1950), p.404.

47   컬럼비아호 재앙과 그 후에 관해 좀 더 자세히 살펴보려면 다음을 보라. William Starbuck and Moshe Farjoun, eds., *Organization at the Limit: Lessons from the Columbia Disaster* (Malden, MA: Blackwell, 2005); Julianne G. Mahler, *Organizational Learning at NASA: The Challenger and Columbia Accidents* (Washington, DC: Georgetown University Press, 2009); Diane Vaughan, "NASA Revisited: Theory, Analogy, and Public Sociology," *American Journal of Sociology* 112, no. 2 (2006): pp.353~93; Roberto, Bohmer, and Edmondson, "Facing Ambiguous Threats"; "Strategies for Learning from Failure."

48   Vaughan, *The Challenger Launch Decision*, pp.xiv~xv.

49   Admiral Harold Gehman, "*Columbia* Accident Investigation Board Press Briefing," August 26, 2003, https://govinfo.library.unt.edu/caib/events/press_briefings/20030826/transcript.html.

50   합동공학위원회 위원들, 특히 브라이언 뮤어헤드Brian Muirhead, 바라트 추다사마 Bharat Chudasama, 크리스 존스Chris Jones, 하워드 아이젠Howard Eisen을 포함해 JPL 의 여러 사람에게 큰 도움을 얻었다. 이 부분은 2016년 9월 13일 JPL 연구단지에서 진행한 깊이 있는 토론을 통해 구성했다.

51   Arthur G. Stephenson et al., "Mars Climate Orbiter Mishap Investigation Board Phase I Report," November 10, 1999, ftp://ftp.hq.nasa.gov/pub/pao/reports/1999/MCO_report.pdf; Arden Albee et al., "Report on the Loss of the Mars Polar Lander and Deep Space 2 Missions," March 22, 2000, https://spaceflight.nasa.gov/spacenews/releases/2000/mpl/mpl_report_1.pdf.

52   Theodore T. Herbert and Ralph W. Estes, "Improving Executive Decisions by Formalizing Dissent: The Corporate Devil's Advocate," *Academy of Management Review* 2, no. 4 (1977): pp.662~67; Michael A. Roberto, *Why Great Leaders Don't Take Yes for an Answer: Managing*

for *Conflict and Consensus* (Upper Saddle River, NJ: FT Press, 2013). [마이클 A. 로베르토, 『합의의 기술』, 럭스미디어, 2007.]

53   Yosef Kuperwasser, "Lessons from Israel's Intelligence Reforms," The Saban Center for Middle East Policy at the Brookings Institution, Analysis Paper no. 14 (2007): p.4.

54   Bill Simmons, "Welcome Back, Mailbag," May 19, 2016, http://www.espn.com/espn/print?id=2450419; 다음 자료도 보라. Bill Simmons, "The VP of Common Sense Offers His Draft Advice," June 20, 2007, http://www.espn.com/espn/print?id=2910007.

55   와튼Wharton의 애덤 그랜트 교수가 자신의 책 『오리지널스』 (New York: Viking, 2016)에 쓴 바로는 동의하지 않는 것이 자기 역할이라는 이유만으로 목소리를 낼 때 사람들은 그가 정말로 염려하는 바를 말할 때보다 덜 심각하게 받아들인다고 한다. (기반이 된 연구는 다음을 보라. Charlan Nemeth, Keith Brown, and John Rogers, "Devil's Advocate Versus Authentic Dissent: Stimulating Quantity and Quality," *European Journal of Social Psychology* 31, no. 6 [2001]: pp.707–20; Charlan Nemeth, Joanie B. Connell, John D. Rogers, and Keith S. Brown, "Improving Decision Making by Means of Dissent," *Journal of Applied Social Psychology* 31, no. 1 [2001]: pp.48–58.) 이는 중요한 지점이다. 확실히 하자면, 우리는 무작위로 선택한 팀원이 맡은 역할을 작위적으로 하라고 주장하는 게 아니다. 그보다는 처음부터 해당 의사결정과정에 참여하지 않은 누군가가 외부인으로서 사안에 관해 더 객관적인 시선을 갖고 내부인이 놓칠 만한 문제를 찾아낼 수 있을 거라고 제안한다. 실제로 팀원 모두가 숙의를 진행하기 전에 외부인이 사려 깊게 작성한 비판적 입장을 전달받으면 도움이 된다고 제안하는 연구 결과가 있다. (예를 들어, 다음을 보라. Charles R. Schwenk, "Effects of Devil's Advocacy and Dialectical Inquiry on Decision Making: A Meta–Analysis," *Organizational Behavior and Human Decision Processes* 47, no. 1 [1990]: pp.161–76). 물론 그랜트가 지적했듯이, 진정한 반대의견이 작위적인 반대의견보다 여전히 더 효과적인 편이다. 진정한 반대의견을 가진 사람이 목소리를 내는 것이 위험구역에서는 결정적인 과제다. (이 책의 7장을 보라.) [애덤 그랜트, 『오리지널스』, 한국경제신문, 2016.]

56   2017년 6월 5일 '사샤 로빈슨'(가명) 개인 면담.

10장

1   이 이야기는 베리 시프Barry Schiff가 쓴 다음의 훌륭한 글에서 처음 읽었다. "Saving Jobs," *AOPA Pilot*, April 5, 2016, https://www.aopa.org/news–and–media/all–news/2016/april/pilot/proficient. 우리가 연락하자 베리는 기꺼이 아들 브라이언 시프 기장을 소개해주었고, 그가 자세한 이야기를 들려주었다. (2016년 11월 2일 개인 면

담) 본문에 인용한 브라이언 시프 기장의 말은 그 면담 자료에서 나왔다. 간단히 설명하기 위해서 전세 비행기라고 표현했다. 엄밀하게는 그 비행기는 마쿨라의 회사 소유로, FAA 규정 91부에 따라 운항했다. 엄격하게 표현하면 그것은 '전세' 비행기가 아니다.

2   Dismukes, Berman, and Loukopoulos, *The Limits of Expertise*.

3   2017년 4월 6일 '대니얼 트렘블리'(가명) 개인 면담.

4   Tinsley, Dillon, and Madsen, "How to Avoid Catastrophe," p.97. 이 사연은 원래 다음 자료에 등장했다. Martin Landau and Donald Chisholm, "The Arrogance of Optimism: Notes on Failure—Avoidance Management," *Journal of Contingencies and Crisis Management* 3, no. 2 (1995): pp.67~80.

5   이 사연과 나선형으로 개선해나가는 위기을 이해하는 데는 말리스 크리스티언슨에게 도움을 받았다. (2017년 1월 16일 개인 면담) 이 방식의 근간이 된 연구는 다음을 보라. Marlys Christianson, "More and Less Effective Updating: The Role of Trajectory Management in Making Sense Again," *Administrative Science Quarterly* (forthcoming).

6   복잡한 위기를 관리하는 리더들에게도 균형이 주는 교훈은 비슷하다. 그들은 직접 행동과 성찰, 혁신, 반대의견을 장려하는 일 사이에서 균형을 맞춰야 한다. 다음을 보라. Faaiza Rashid, Amy C. Edmondson, and Herman B. Leonard, "Leadership Lessons from the Chilean Mine Rescue," *Harvard Business Review* 91, no. 7 – 8 (2012): pp.113~19.

7   Castaldo, "The Last Days of Target."

8   2017년 2월 24일 크리스 마키스 개인 면담.

9   Christopher Marquis and Zoe Yang, "Learning the Hard Way: Why Foreign Companies That Fail in China Haven't Really Failed," *China Policy Review* 9, no. 10 (2014): pp.80~81.

10   Helen H. Wang, "Can Mattel Make a Comeback in China?" *Forbes*, November 17, 2013, https://www.forbes.com/sites/helenwang/2013/11/17/can—mattel—make—a—comeback—in—china/#434cc2961527.

11   David Starr and Eleanor Starr, "Agile Practices for Families: Iterating with Children and Parents," AGILE Conference, Chicago, Illinois (2009), http://doi.ieeecomputersociety.org/10.1109/AGILE.2009.53.

12   Bruce Feiler, "Agile Programming—For Your Family," TED Talk, February 2013, https://www.ted.com/talks/bruce_feiler_agile_programming_for_your_family?language=en.

13   예측하지 못한 사건을 관리하는 방법에 관해 더 엄밀하게 살펴보려면 다음을 보라. Karl Weick and Kathleen Sutcliffe's magisterial book, *Managing the Unexpected: Resilient Performance in an Age of Uncertainty*, 2nd ed. (San Francisco: Jossey—Bass, 2007). 국가 전체에 영향을 주는 예기치 못한 대형 재난으로부터의 회복을 심층연구한 자료는

다음을 보라. Michael Useem, Howard Kunreuther, and Erwann Michel-Kerjan, *Leadership Dispatches: Chile's Extraordinary Comeback from Disaster* (Palo Alto, CA: Stanford University Press, 2015).

14 특수기동대와 영화제작진이 돌발상황에 대응하는 방법에 관한 설명은 다음을 바탕으로 한다. Beth A. Bechky and Gerardo A. Okhuysen, "Expecting the Unexpected? How SWAT Officers and Film Crews Handle Surprises," *Academy of Management Journal* 54, no. 2 (2011): pp.239-61.

15 위 자료, p.246.

16 위 자료, p.247.

17 위 자료, p.246.

18 위 자료, p.253.

19 위 자료, p.255.

20 Morten T. Hansen, "IDEO CEO Tim Brown: T-Shaped Stars: The Backbone of IDEO's Collaborative Culture," January 21, 2010, http://chiefexecutive.net/ideo-ceo-tim-brown-t-shaped-stars-the-backbone-of-ideoaes-collaborative-culture__trashed.

21 이 사연에 관한 우리의 설명은 페이스북 IPO 오류에 관한 SEC 보고서 "In the Matter of the NASDAQ Stock Market, LLC and NASDAQ Execution Services, LLC," Administrative Proceeding File No. 3-15339, May 29, 2013를 바탕으로 한다. 사고 원인 파악을 목적으로 하는 연방교통안전위원회보고서와 다르게 SEC 보고서는 나스닥에 대한 법 집행 근거를 제시한다는 점을 밝혀둔다. 우리는 또한 나스닥 고위급 임원 및 IPO 직전에 나스닥을 떠난 고위급 기술자와 전화로 나눈 대화도 참고했다.

22 U.S. Securities and Exchange Commission, "NASDAQ Stock Market, LLC and NASDAQ Execution Services, LLC," Administrative Proceeding File No. 3-15339, May 29, 2013, https://www.sec.gov/litigation/admin/2013/34-69655.pdf, p.6. Emphasis ours.

에필로그

1 Jim Haughey, *The First World War in Irish Poetry* (Lewisburg, PA: Bucknell University Press, 2002), p.182.

2 Ed Ballard, "Terror, Brexit and U.S. Election Have Made 2016 the Year of Yeats," *Wall Street Journal*, August 23, 2016, https://www.wsj.com/articles/terror-brexit-and-u-s-election-have-made-2016-the-year-of-yeats-1471970174.

3 Steven Pinker and Andrew Mack, "The World Is Not Falling Apart," *Slate*, December 22, 2014, http://www.slate.com/articles/news_and_politics/foreigners/2014/12/the_world_

is_not_falling_apart_the_trend_lines_reveal_an_increasingly_peaceful.html. For more on this fascinating topic, see Steven Pinker, *The Better Angels of Our Nature: Why Violence Has Declined* (New York: Viking, 2011). [스티븐 핑커, 『우리 본성의 선한 천사』, 사이언스북스, 2014.]

4   Jared Diamond, *Collapse: How Societies Choose to Fail or Succeed* (New York: Viking, 2005); Al Gore, *The Future: Six Drivers of Global Change* (New York: Random House, 2013); Jeffrey D. Sachs, *Common Wealth: Economics for a Crowded Planet* (New York: Penguin Press, 2008). [재레드 다이아몬드, 『문명의 붕괴』, 김영사, 2005. / 앨 고어, 『앨 고어, 우리의 미래』, 청림출판, 2014. / 제프리 삭스, 『커먼 웰스』, 21세기북스, 2009.]

5   Mohamed El-Erian, *The Only Game in Town: Central Banks, Instability, and Avoiding the Next Collapse* (New York: Random House, 2016).

6   Max H. Bazerman and Michael Watkins, *Predictable Surprises: The Disasters You Should Have Seen Coming, and How to Prevent Them* (Boston: Harvard Business School Press, 2004); Michele Wucker, *The Gray Rhino: How to Recognize and Act on the Obvious Dangers We Ignore* (New York: St. Martin's Press, 2016). [미셸 부커, 『회색 코뿔소가 온다』, 비즈니스북스, 2016.]

7   예를 들어, 다음을 보라. Alliance for Board Diversity, "Missing Pieces Report: The 2016 Board Diversity Census of Women and Minorities on Fortune 500 Boards," http://www2.deloitte.com/us/en/pages/center-for-board-effectiveness/articles/board-diversity-census-missing-pieces.html; C. Todd Lopez, "Army Reviews Diversity in Combat Arms Leadership," July 19, 2016, https://www.army.mil/article/171727/army_reviews_diversity_in_combat_arms_leadership; Gregory Krieg and Eugene Scott, "White Males Dominate Trump's Top Cabinet Posts," CNN, January 19, 2017, http://www.cnn.com/2016/12/13/politics/donald-trump-cabinet-diversity/index.html.

8   예를 들어, 다음을 보라. Aleda V. Roth, Andy A. Tsay, Madeleine E. Pullman, and John V. Gray, "Unraveling the Food Supply Chain: Strategic Insights from China and the 2007 Recalls," *Journal of Supply Chain Management* 44, no. 1 (2008): pp.22~39; Zoe Wood and Felicity Lawrence, "Horsemeat Scandal: Food Safety Expert Warns Issues Have Not Been Addressed," *Guardian*, September 4, 2014, https://www.theguardian.com/uk-news/2014/sep/04/horsemeat-food-safety-expert-chris-elliott; "Horsemeat Scandal: Food Supply Chain 'Too Complex'—Morrisons," BBC News, February 9, 2013, http://www.bbc.com/news/av/uk-21394451/horsemeat-scandal-food-supply-chain-too-complex-morrisons.

9   Eric Schlosser, *Command and Control: Nuclear Weapons, the Damascus Accident, and the*

Illusion of Safety (New York: Penguin Press, 2013).

10 예를 들어, 다음을 보라. Dan Lovallo and Olivier Sibony, "The Case for Behavioral Strategy," *McKinsey Quarterly*, March 2010, http://www.mckinsey.com/business-functions/strategy-and-corporate-finance/our-insights/the-case-for-behavioral-strategy; Günter K. Stahl, Martha L. Maznevski, Andreas Voigt, and Karsten Jonsen, "Unraveling the Effects of Cultural Diversity in Teams: A Meta-Analysis of Research on Multicultural Work Groups," *Journal of International Business Studies* 41, no. 4 (2010): pp.690-709; Edmondson, "Psychological Safety and Learning Behavior in Work Teams."

11 Ole J. Benedictow, "The Black Death: The Greatest Catastrophe Ever," *History Today* 55, no. 3 (2005): p.42; Barbara Tuchman, *A Distant Mirror: The Calamitous 14th Century* (New York: Alfred A. Knopf, 1978).

12 Mark Wheelis, "Biological Warfare at the 1346 Siege of Caffa," *Emerging Infectious Diseases* 8, no. 9 (2002): p.971.

13 이에 관한 경쟁이론들을 이해하는 데는 글래스고대학교 새뮤얼 콘Samuel K. Cohn 교수(2017년 5월 2일 개인 면담)와 그의 논문 "Book Review: The Black Death 1346 – 1353: The Complete History," *New England Journal of Medicine* 352 (2005): pp.1054-55의 도움을 받았다.

14 Benedictow, "The Black Death."

찾아보기

멜트다운

편리한 위험의 시대

1판 1쇄 인쇄 2019년 4월 16일
1판 1쇄 발행 2019년 4월 24일

지은이 크리스 클리어필드, 안드라스 틸시크
옮긴이 장상미
펴낸이 김영곤
펴낸곳 아르테

책임편집 김지은 **인문교양팀** 장미희 전민지 박병익 **교정** 원미연 **디자인** 채홍디자인
미디어사업본부 본부장 신우섭 **마케팅** 김한성 정지연 김종민 **영업** 권장규 오서영
해외기획 임세은 장수연 이윤경 **제작** 이영민 권경민

출판등록 2000년 5월 6일 제406-2003-061호
주소 (10881) 경기도 파주시 회동길 201(문발동)
대표전화 031-955-2100 **팩스** 031-955-2151 **이메일** book21@book21.co.kr

ISBN 978-89-509-8040-5 03300

아르테는 (주)북이십일의 문학·교양 브랜드입니다.

(주)북이십일 경계를 허무는 콘텐츠 리더

아르테 채널에서 도서 정보와 다양한 영상 자료, 이벤트를 만나세요!
방학 없는 어른이를 위한 오디오클립 〈역사탐구생활〉
페이스북 facebook.com/21arte 블로그 arte.kro.kr
인스타그램 instagram.com/21_arte 홈페이지 arte.book21.com